Asta Scheibs Kindheitsroman über das Aufwachsen in der deutschen Provinz in den fünfziger Jahren kann stellvertretend für das Erwachsenwerden der gesamten Nachkriegsgeneration stehen. Die Autorin vermittelt einzigartige Eindrücke in die Verdrängungsmechanismen der Elterngeneration, die nicht die Gnade der späten Geburt für sich beanspruchen kann.

«Asta Scheib verknüpft auf gleichermaßen ernste wie heitere Weise ein Bündel Menschenleben mit den historischen Konditionen und erreicht, dass ihre Geschichte sowohl belehrt wie amüsiert.»
(Frankfurter Allgemeine Zeitung)

Asta Scheib, geboren 1939 in Bergneustadt/ Rheinland, lebt als Schriftstellerin in München. In der Reihe der rororo-Taschenbücher erschienen bereits ihre Romanbiografien «Beschütz mein Herz vor Liebe» (Nr. 22438) und «Eine Zierde in ihrem Hause» (Nr. 22744) sowie der Roman «Das zweite Land» (Nr. 22705).

Asta Scheib

SEI FROH, DASS DU LEBST

Roman

Rowohlt Taschenbuch Verlag

3. Auflage Februar 2003

Veröffentlicht im
Rowohlt Taschenbuch Verlag GmbH,
Reinbek bei Hamburg, Juli 2002
Copyright © 2001 by
Rowohlt · Berlin Verlag GmbH, Berlin
Umschlaggestaltung any.way,
Barbara Hanke/Cordula Schmidt
(Foto: Tony Stone Bilderwelten/Hulton Getty)
Druck und Bindung Clausen & Bosse, Leck
Printed in Germany
ISBN 3 499 23239 1

Die Schreibweise entspricht den Regeln
der neuen Rechtschreibung.

«Dies betraf mich, ich beobachtete etwas,
ich habe es erlebt, ich war Zeuge.»

WOLFGANG KOEPPEN

1. KAPITEL

Weiße Weihnachten, wankende Christbäume und ein Puppenschädeltrauma

Es war Krieg. Seit ich denken konnte, war Krieg.
«Es ist Krieg», sagte meine Mutter, wenn sie mir die Bitte um ein Stück Brot abschlagen musste. «Krieg» war das erste Wort, das ich hörte, ich lebte in diesem Krieg, der in meinem Geburtsjahr begann. Der Krieg stülpte sich wie ein Sack über meinen Kopf. Meine Umgebung, die Häuser, die Menschen schienen sich von mir zu trennen, wurden fremd, undeutlich, verschwanden schließlich. Ich war allein in einer Art chaotischem Traum, aus dem ich wahrscheinlich bis heute nicht aufgetaucht bin.

Eine meiner ersten Erinnerungen ist meine Mutter, die mich in höchster Eile auf das Bett setzt, mir unter dem Jaulen des Voralarms, des lang anhaltenden ununterbrochenen Sirenentons, warmes Wollzeug über den Schlafanzug zieht. Eigentlich liebe ich dieses Bild, es ist eines der wenigen, in denen meine Mutter sich mit mir beschäftigt, mich berührt, wenn auch flüchtig, in aller Hast, dann brüllt schon der Vollalarm, ein auf- und wieder abschwellender Heulton, der meine Mutter zu noch mehr Eile hetzt, mein Bruder packt einen Rucksack, zieht meine Schwester hinter sich her, Mutter reißt mich vom Bett und wir rennen die Treppe runter in den Keller unseres alten Hauses.

«Luftlagemeldung», sagen die alten Roths, die schon unten hocken, «Luftlagemeldung: Schwerer Kampfverband im Anflug.»

Frau Thomas mit Rutha betet den Rosenkranz, Milla sitzt bei ihrer Mutter auf dem Schoß und hat ihr in die Schürze gepinkelt, Tante Änna, die Tochter der Roths und Schwester von Frau Thomas, erzählt von den Bombardierungen in Köln, dass in den Kellern die Heizungsrohre platzen und alle im kochenden Wasser gebrüht werden. Und verschüttet sowieso. «Und in den Straßen kocht der Teer, und alle verbrennen im glühenden Asphalt», sagt Änna.

In unserem Keller gibt es keine Heizungsrohre, und meine Mutter sagt, dass Änna gefälligst aufhören solle mit den Kölner Bombardierungsgeschichten, schließlich sei sie nicht dabei gewesen. Änna verteidigt sich damit, dass die Evakuierten es ja wohl wissen müssten. Sie hätte noch gern weitererzählt, aber auch Frau Thomas sagt: «Denkst du denn gar nicht an die Kinder?» Mein Bruder sieht begehrlich die Einmachgläser mit Erdbeeren und Rharbarber an, die auf den Regalen stehen.

«Lass die nur ja in Ruhe», sagt meine Mutter, «die sind für Weihnachten.»

«Wenn wir dann noch leben», sagt Änna, und diesmal bleibt meine Mutter still.

Den Heiligabend im letzten Jahr vergesse ich sicher nie. Die Christbäume hatten keine grünen Nadeln, sondern Leuchtkugeln aus Magnesium, die in Form eines Dreiecks zu Boden schwebten, mit dem die Bomber ihr Ziel markierten. Vorwarnung war, wenn der Anflug von Bombern im Radio angekündigt wurde, damit wir wussten, was uns blühte. Unsere Mütter hielten immer reihum am Radio Wache, damit wir rechtzeitig in die Luftschutzbunker kamen. Und die Bomben fielen, Bombenfontänen schleuderten Erde in die Luft, die Sirenen heulten fast immer zu spät. Es war, als käme ein Sturm auf, mein Herz schlug wie verrückt. Die Bomben fielen auf unser Krankenhaus.

«Eine schöne Bescherung», sagte meine Großmutter, und

meine Mutter sah sie ungehalten an. «Bitte, Mama, geh nicht mit den Kindern zum Krankenhaus! Ich will nicht, dass sie so viel Entsetzliches sehen!»

Meine Mutter und Tante Im trafen sich mit Tante Klara zur Hamsterfahrt nach Belmicke. Mutter trug feste Schuhe, Söckchen und einen Mantel vom Großvater, einen eigenen hatte sie nicht mehr, alles eingetauscht gegen Lebensmittel. Mutters Rucksack war auch vom Großvater, der größte Rucksack in der Familie. Ohne Not hätte Mutter uns auch am Heiligabend nicht bei der Großmutter zurückgelassen, doch sie musste noch einmal ausrücken, sonst war an ein Weihnachtsessen nicht zu denken. Bei ihrer gestrigen Hamsterfahrt war meine Mutter mit dem Bauern Engel, den sie sonst sehr gern mochte, nicht einig geworden. Teppiche hatten Engels in ihrem Haus doppelt und dreifach liegen, und so musste meine Mutter unseren Wohnzimmerteppich, von dem sie sich im Tausch eine Gans und Eier erhofft hatte, auf dem Bollerwagen wieder mit heimnehmen. Die Bäuerin hatte erzählt, dass ihre Älteste heiraten werde, einen richtigen Doktor mit vornehmer Verwandtschaft, man bräuchte rasch festliche Kleider für alle Töchter, ob meine Mutter so etwas habe.

Und so brauchte meine Mutter am Heiligabend den Bollerwagen nicht mitzuschleppen, der Rucksack reichte für das Verlobungskleid aus blauer Spitze, an das ich mich sehr gut erinnere, weil an seinem Gürtel merkwürdige ornamentverzierte Schließen waren. Auch das cremefarbene Hochzeitskleid meiner Mutter mit dem Spitzengeriesel am Ausschnitt habe ich noch genau im Gedächtnis, ebenso wie den Duft von Vanille und Zimt, den es ausströmte, denn meine Mutter hatte die Angewohnheit, in ihre festlichen Kleider geöffnete Parfumfläschchen zu hängen.

Als Mutter fortging zu ihrer Hamstertour, als sie ihre Kleider, sorgsam verpackt in Kissenbezüge, in den Rucksack gesteckt hatte, sah ich, dass an ihren dichten, seltsam starren

Wimpern Tränen hingen. Ich sah auch, dass meine Geschwister sich betreten anschauten, und meine Großmutter wandte sich stumm ab. Ich fühlte wieder Wut auf den Krieg, dies Tier in der Dunkelheit, das immer noch lebte und uns bestahl.

Trotz der Vorhaltungen meiner Mutter siegte die Neugierde und das Gefühl, unentbehrlich zu sein, über meine Großmama – sie nahm uns mit zum Krankenhaus. Mein Bruder, meine Schwester und ich mussten schwören, niemals und nirgends zu erzählen, dass wir doch das Entsetzliche gesehen hatten. Dann gingen wir entschlossen die Hauptstraße hinunter, nahmen die Abkürzung durch das steile Schmittenloch, einen Schotterberg, der wenig begangen wurde. Die meisten Attenberger liefen oder radelten die Hauptstraße hinunter, die in zwei großzügigen Kurven in die Kölner Straße mündete. Das Schmittenloch war nicht ganz so steil wie die hohe Ziegelmauer am untersten Teil der Hauptstraße, doch stellte es gewisse Forderungen an seine Bezwinger: Aufwärts brauchte man gewaltig Puste, abwärts galt es, die Schwerkraft im Zaum zu halten. Das kriegten meine Geschwister und ich heute richtig zu spüren, wo wir alle drei unsere Großmutter zugleich stützen und abbremsen mussten. Meine Herren! Wenn nicht im ersten Drittel linker Hand die große Eiche gestanden hätte, die zweitgrößte Eiche in Attenberg nach der Friedenseiche, die zu Häupten des Schmittenlochs steht, wenn wir unsere Großmutter nicht zu dieser Eiche hätten lenken und damit den ersten starken Schwung abbremsen können, wer weiß, ob die Abkürzung unseres Weges nicht schlecht ausgegangen wäre. Wir berieten uns, ob es nicht klüger sei, zurückzugehen und doch die Hauptstraße zu nehmen, aber meine Großmutter wollte davon nichts wissen.

«Mitgehangen, mitgefangen», entschied sie und blickte gefasst die Schotterpiste hinunter. Die zwei letzten Drittel des Schmittenlochs passierten wir nicht mehr im Schuss, sondern in einem großzügigen Zickzack. Eia und Mia nahmen unsere

Großmama in die Mitte, ich ging hinter ihr, die Arme um ihre Hüften, und versuchte so, sie vor einem gefährlich ansteigenden Tempo zu bewahren. Großmama, die in unserer Familie wegen ihrer beachtlichen Körpergröße und aufrechten Haltung «der General» genannt wurde, rannte ziemlich flott – «du glaubst es nicht», sagte mein Bruder später jedem. Am Fuße des Schmittenlochs nahm sie wieder würdevoll Haltung an und rief mich an ihre Seite. Jetzt ging es noch einen kleinen Hügel aufwärts, und das Krankenhaus würde vor uns liegen. Mein Bruder nahm meine Schwester bei der Hand. So etwas tat er sonst nie, er machte sich nichts aus Weibern. Doch jetzt hielt er sich eng bei der Großmutter.

Mir wurde immer beklommener zumute, je näher wir dem Krankenhaus kamen. Wir sahen, dass in den Bäumen und Büschen weiße Federn hingen.

«Weiße Weihnachten sind das», sagte meine Großmutter, und sie sah dabei gar nicht fröhlich aus. Überall lagen die Federn, es sah aus wie geschneit. Viele Leute waren vor dem Krankenhaus versammelt, fast alle Nachbarn aus der Oberstadt und der Unterstadt. Sie gruben wie verrückt im Schutt, fanden Kranke in Schlafanzügen und versorgten sie mit Decken und Kaffee. Vorndammes Karl transportierte schon gerettete Patienten mit seinem Leichenwagen, den er ausgepolstert hatte, nach Derschlag ins dortige Krankenhaus.

Beckers Friedchen stürzte sofort auf unsere Großmutter zu, berichtete, dass die Bombe mitten im Herausoperieren des Blinddarms von Ochels Trude in den OP eingeschlagen habe. Dr. Mundt und sein Assistenzarzt Vierkötter, drei OP-Schwestern – alle perdu. Beckers Friedchen, uralt und sich immer wieder die Lippen leckend, wieselte herum, hob Matratzen auf, Decken, unter denen Tote lagen. Obwohl Friedchen und wir Kinder hier nichts zu suchen hatten, ließ man uns gewähren, wenn uns überhaupt jemand wahrnahm, zu groß war der Schock.

Auch meine Großmama hatte uns offenbar vergessen. Sie schloss sich einem Trupp Nachbarn an, die dabei waren, im Seitenflügel Steine und Schutt beiseite zu räumen, um nach Verschütteten zu suchen. Als die Männer merkten, dass meine Großmutter wortlos das Richtige tat, drückten sie ihr Arbeitsgerät in die Hand, und ich sah, wie sie kräftig schaufelte und dabei doch behutsam vorging. Mein Bruder begann, hinter der Großmutter Steine beiseite zu tun, meine Schwester und ich halfen. Dann hielt meine Großmutter inne, fühlte vorsichtig, bückte sich, tastete. Plötzlich stieß sie einen Schrei aus, hoch und wie erstickt, warf ihre Schippe beiseite, mein Bruder stützte sie, dann kletterte sie in den Schacht und brachte ein Bündel nach oben. Ein Bündel Mensch, klein und voller Staub. Die Männer und Frauen, die um uns herum geschaufelt und geräumt hatten, kamen näher, andere, die den Schrei gehört hatten, liefen herbei, auf einmal konnte ich gar nichts mehr sehen von meiner Großmutter. Doch mein Bruder quetschte sich durch die Großen hindurch, meine Schwester zog mich hinter sich her, und wir kämpften uns zu meiner Großmutter vor, gerade als sie einen Säugling auswickelte, ein neugeborenes Kind, das jämmerlich zu quäken begann.

Die Attenberger, staubig, erschöpft und entsetzt, wie sie waren, liefen zu dem Kind, das seine Fäustchen ballte und immer lauter schrie. Sie sahen auf meine Großmutter, die das Baby, immer noch staunend, ein wenig von sich abhielt, als habe sie noch nie einen schreienden Säugling gesehen. Plötzlich fühlte ich mich hochgehoben, es war Immickers Karl, der mich mit einem Jauchzer stemmte und durch die Luft schwenkte. «Frohe Weihnachten», rief der Karl dabei, und alle fielen einander in die Arme, lachten und riefen «Frohe Weihnachten».

Und dann, auf dem Heimweg, sah ich unter einer Hecke den toten Soldaten. Er gehörte sicher zu dem Flakgeschütz, das die Deutschen auf dem Dach des Krankenhauses installiert hatten. Obwohl auf die Dachpappe ein großes rotes Kreuz aufgemalt worden war, hatten unsere Soldaten noch versucht, die alliierten Kampfverbände zu beschießen.

«Das müssen alles Verrückte sein», sagte Großvater, «die bringen uns noch um!»

Aber laut sagen durfte der Großvater das nicht, niemand durfte laut sagen, was er dachte, und nun lag so ein Verrückter im Gebüsch, er tat mir Leid, trotz allem. Wir zogen ihm sehr vorsichtig den Soldatenrock aus, denn meine Mutter brauchte wirklich dringend einen Mantel.

Am frühen Abend, noch rechtzeitig zum Heiligabend-Kartoffelsalat, kam meine Mutter von der Belmicke zurück. Sie trug schwer an ihrem Rucksack, und ihre Augen lachten. So sahen wir unsere Mutter selten, und wir wussten, dass ihr auch etwas Schönes, Unverhofftes passiert sein musste. Die Bäuerin Engel, froh über die festlichen Kleider, hatte gespürt, dass meine Mutter sehr an diesen Erinnerungsstücken hing, gerade jetzt, wo unser Vater im Krieg war. Frau Engel machte meiner Mutter ein Angebot: die Kleider als Leihgabe und als Zins eine Gans, einen Topf Schmalz und zwölf Eier.

Über die Tat meiner Großmutter war meine Mutter längst unterrichtet. Sie hatte immerhin vom Bahnhof in die Oberstadt hinaufmarschieren müssen. Bis sie bei uns eintraf, hatte sie ungefähr fünf Versionen der Begebenheit gehört. Mit einem sanften Kopfschütteln nahm meine Mutter unsere Großmutter in den Arm, und ich dachte, dass es auf der Welt am schönsten ist ohne Worte, wenn keiner den anderen belehren will.

Mutter und Großmutter wollten nämlich an jedem Weihnachten unseren Großvater dazu bringen, nicht mehr den Christbaum aufzustellen. Er war in den letzten Jahren immer umgefallen, lag über den Geschenken, wenn wir aus der Christmette kamen. Deshalb waren die Frauen entschlossen, das mit dem Baum und dem Christbaumständer allein zu machen, Eia sollte helfen. Aber Großvater schwor, diesmal werde der Baum nicht umfallen, garantiert nicht, er habe sich schon Steine besorgt, feste schwere Steine, die würden seinen Baum halten, bombensicher. Großmutter war nicht einverstanden, sie sagte, Großvater wolle nur einen zwitschern, während wir in der Messe sängen, er solle lieber mitkommen, er habe es nötig, das wisse Gott.

Alles war wie immer, die dunkle Kirche, der Küster Immicker, der feierlich mit seinem meterlangen Fidibus Kerze um Kerze an dem großen Baum anzündete, der linker Hand im Kirchenschiff stand, zu seinen Füßen die Krippe aus Baumwurzeln, der kleine Jesus in seiner Windel auf Stroh, seinetwegen sang Milla immer «knabenbringende Weihnachtszeit», und sie ließ sich davon auch nicht abbringen, weil sie noch klein war und doof. Bei der Weihnachtspredigt, die natürlich auch das arme, gerade mal mit einer Windel versorgte Kind in der Krippe zum Inhalt hatte, rief der Treuden Alex, ein Schwiegersohn von Neumanns Lebensmitteln, der meistens blau und die Schande der Familie war, von der Empore herunter: «Nackt und bloß, jaja, nackt und bloß!»

Keiner wusste, wie der Treuden Alex auf die Empore gekommen war, jedes Jahr passte man scharf auf, dass der betrunkene Treude nicht wieder dem Pastor die Predigt vermassele, aber man sollte es nicht meinen, der Alex hing auch diesmal über der Brüstung, sabbelte seinen Beitrag, und die Neumanns durften sich das ganze Jahr dafür schämen.

Großvaters Baum stand aufrecht, als wir heimkamen, die Steine hatten offenbar den Stamm gehalten, wir bewunderten den wirklich schönen alten Baumschmuck, die Kerzen, es waren acht Stück, die Großvater ergattert hatte, dann stellten wir uns nebeneinander, hielten uns an den Händen und sangen nochmals «Stille Nacht, heilige Nacht», obwohl wir das gerade erst in der Mette getan hatten. Schon bei «alles schläft, einsam wacht» begann Großvaters Baum sich sanft zu neigen. Zuerst wollten wir es nicht glauben, aber beim «schlaf in himmlischer

Ruh» lag unser Christbaum wieder über den Geschenken wie in den Jahren vorher, und ich sagte schnell zu Großvater, ein so lustiges Weihnachten wie wir hätte bestimmt niemand.

Meine Schwester Mia hatte wahrhaftig eine Puppe bekommen, eine richtige mit Porzellankopf und so. Ich fand zwar, dass sie blöd guckte, ein bisschen wie Milla, aber das sagte ich nicht, schließlich war Weihnachten, und ich wusste, was sich gehörte. Ich hatte ein weißblau geblümtes Kleid unterm Baum liegen, ich erkannte den Stoff sofort wieder, er war aus einem Bettbezug meiner Großmama, das Kleid war in Ordnung, und ich musste es ja erst im Sommer anziehen. Ich glaube, mein ewig wacher Hunger machte, dass mich alle Weihnachtsrituale nicht so sehr interessierten wie die Gans, die meine Mutter von der Belmicke mitgebracht hatte, schon in der Kirche hatte ich mich auf sie gefreut und gar nicht so recht zugehört bei der Weihnachtslesung. Ich wusste ohnehin, worum es dem Apostel Lukas ging, ich war nicht so gemein wie die Leute von Bethlehem, die für den Nährvater Josef und die schwangere Maria keine Herberge frei machen wollten, wir hatten schließlich unser ganzes Haus voller fremder Leute, und als ich nach der Mette hörte, dass außer uns auch noch die Ames und die alte Frau Wind am Gansessen teilnehmen würden, war ich nur für einen kurzen Moment wütend. Dann dachte ich an die Bethlehemer und daran, dass ich nicht sein wollte wie die und dass ich es Weihnachten nicht bei der Herberge belassen durfte, sondern auch das Essen mit den Fremden teilen musste. Wenigstens waren die Zinnikus woanders eingeladen, wahrscheinlich zum ersten Mal, ich konnte mir nicht vorstellen, dass außer meiner Mutter noch ein Mensch die Zinnikus ein zweites Mal einlud, denn wo Herr Zinnikus aß, da gab es für die anderen nur noch Heulen und Zähneklappern.

Als der Duft vom Gänsebraten durchs Haus zog, als auch aus der Steinernen Küche Gutes zu riechen war, beschlossen die Frauen, dass alle Festspeisen auf einen Tisch kommen sollten. Also brachten die Großväter und der junge Herr Waller alle Tische in den großen Flur, der Herd in der Steinernen Küche wurde befeuert mit allem, was die Familien für Weihnachten zusammengespart hatten, und dann wurde es so festlich und schön, dass ich mich für meine anfänglichen Bedenken schämen musste. Oma Waller hatte falsches Beefsteak gebraten, das schmeckte bei ihr wunderbar und war in Wasser geweichtes, entrindetes Brot, sehr gut ausgedrückt, mit Zwiebel, Schnittlauch, Petersilie vermengt, in Mehl gewälzt und im Backofen braun gebacken. Dazu gab es Kartoffelbrei mit gerösteten Zwiebelringen. Roths und Frau Thomas hatten ein Karnickel im Topf, mit viel Zwiebeln und Möhren, aber der Höhepunkt war unbestritten unsere Gans. Gefüllt mit getrockneten Äpfeln, Birnen und Pflaumen aus dem Bestand meiner Großmutter, hatte sie im eigenen Fett geschmort, und Großvater tat sein Bestes, um wirklich für jeden ein Stück Gans aus dem Vogel herauszuschneiden.

Ich fand es schade, dass unser Pastor diese wunderbare Weihnachtstafel nicht sehen konnte. Dass er niemals wissen würde, wie wir in der Hauptstraße 21 alles miteinander teilten. Dann hätte er nämlich nicht so reden können von dem Lukasevangelium und dass auch wir Heutigen oft kalten Herzens seien und anderen keine Herberge und kein Essen gönnen.

Später überraschte meine Großmama uns mit Karamellbonbons, die sie aus Zucker und Sahne in der Pfanne für uns gemacht hatte. Rutha und ich stritten nicht ein einziges Mal miteinander, im Gegenteil, ich freute mich mit ihr. Rutha hatte vom Christkind einen Puppenwagen bekommen. Ein ungewöhnliches Gefährt mit sehr hohen, filigranen Rädern. Eine Puppe für diesen Wagen hatte Rutha nicht. Es war klar, dass man beides einfach nicht haben konnte. Ich sah zufällig, dass meine Schwester mit der jungen Frau Waller Mühle spielte, und sofort kam mir ein Gedanke. Rasch zog ich mich an, Rutha holte ihren Puppenwagen, ich nahm die Puppe meiner

Schwester aus der Sofaecke, es würde ja nur für ein paar Minuten sein, und dann führen Rutha und ich die Puppe meiner Schwester spazieren.

Es war ein frostiger Wintertag. Schnee lag nicht, noch nicht, aber die Straße mit ihrem Kopfsteinpflaster war vom Frost rutschig, und wir hatten alle Mühe, Ruthas vornehmen Puppenwagen richtig in der Spur zu schieben. Jede von uns durfte ein paar Meter die Mutter sein, dann war wieder die andere dran. Wir waren sehr stolz, Rutha und ich, Stein um Stein eroberten wir uns die Straße unseres Puppenmutterglücks, die Bewunderung der Nachbarn war Musik in unseren Ohren, wir zeigten unser stolzes Gefährt auch Uhlmanns Martha, die dick vermummt auf der Bank saß. Martha, die sich sonst um nichts kümmerte, lächelte unsere Puppe an, nur ein ganz klein wenig, ich hatte Martha noch nie lächeln sehen, mir war, als durchschwämme ich ein Meer an Freude, ich hatte das Gefühl, zu wachsen, durch immer helleren Raum zu gehen – plötzlich ein Schrei Ruthas, der Wagen, den ich wie auf Flügeln gleitend geschoben hatte, war mit seinem filigranen Rad von einem dicken Kopfstein abgerutscht, er kippte, ich konnte ihn zwar noch halten, aber die Puppe! O Himmel! Die Puppe flog, den porzellanenen Kopf voraus, aufs Pflaster, dort lag sie, der Schädel gebrochen, das dumme Millagesicht tragisch entseelt.

Das Leben legt einem Lasten auf!

2. KAPITEL

Es ist still in Deutschland
Portugal soll sehr schön sein, und
Friedrich singt immer noch

Es ist still. Überall um mich herum ist es still. Ich kam erst später drauf, dass es für mich ungewohnt ist. Früher, das heißt noch vor kurzem, war immer Heulen in der Luft von Sirenen und Flugzeugen, alles auf der Erde kam in Bewegung, die Menschen rannten den tiefen Kellern zu, den Luftschutzbunkern. Früher hab ich nie in den Himmel hinaufgesehen, glaube ich. Er war dunkel, gefährlich, schließlich spie er die verdammten Bomben aus, ganze Teppiche von Bomben – doch damit ist jetzt Schluss.

«Du musst keine Angst mehr haben. Der Krieg ist aus.»

Endlich ist es still. Schön still. Und ich sehe über mir den Himmel, er ist blau und die Luft auch, glaube ich. Sie riecht gut, kein bisschen nach Feuer und nach Ruinen, hier jedenfalls nicht.

Das Leben in Attenberg hat wieder angefangen. Schnelllöpers Lene rennt in die Unterstadt, weil es bei Mengels Fisch geben soll, Uhlmanns Martha sitzt schon längst frisch gewaschen auf der Bank vor dem Haus und schaut in die Luft oder vor sich hin, Tante Korb jagt laut schimpfend ihre Kinder ums Haus, weil sie wieder in der Nacht das Brot aus dem Kasten aufgefressen haben, Otto der Seltsame geht gestikulierend und mit sich selbst redend in die Wirtschaft zur Bockemühlen Emma, seine Frau Amanda wirft ihm schmutzige Wäsche aus dem Fenster hinterher, Schneeweißchen und Rosenrot fahren auf Hamstertour, Rucksäcke auf dem Rücken, ihre Katzen im

Arm, denn sie leben in der ständigen Angst, einer könne Miez und Maunz schlachten und als Karnickel essen.

Überhaupt schienen alle vor irgendetwas Angst zu haben. Sie streckten auch nicht mehr die hocherhobene Hand aus und riefen «Heil Hitler», wie sie das sonst immer gemacht hatten. Ich auch. Es gibt Fotos in unserer Kommode, da bin ich als Kindergartenkind zu sehen. Ich trage einen dicken Blumenkranz um die Stirn, stehe mit Horsti und Rutha, Karin, Dagmar, Hans-Werner und vielen anderen vor unseren Tanten in einer Reihe, und alle recken wir die Arme hoch. Dazu mussten wir immer laut rufen: «Wir grüßen unseren Führer, Heil Hitler!» Die Tanten hinter uns schreien das auch, alle, und alle recken sie den rechten Arm hoch, noch höher als wir, und sie gucken ziemlich komisch, so mit glühenden Augen. Mein Bruder Eia hat einen Lehrer, den Brocksieper, der hatte früher auch solche Augen, bloß gefährlicher. Unser Eia musste mal Briketts vom Kohlenhändler heimtragen, an jeder Hand so einen Korb, da kam der Brocksieper, und Eia grüßte mit «Heil Hitler», wie sie es ihm beigebracht hatten. Der Brocksieper brüllte, ob er nicht wisse, was sich für einen deutschen Jungen gehöre. Er riss ihm den Arm hoch, dass die Briketts purzelten, und drohte, wenn er das nächste Mal nicht anständig grüße, werde er was erleben. Was man vom Brocksieper erleben konnte, wusste Eia.

Jetzt ist der Brocksieper immer noch Lehrer, aber er lässt den Arm unten, und Großvater sagt, er sei nur noch ein blasser Verirrter.

SS und Nazi sind beim Teufel. Alles dahin, wie die Häuser, die Brücken, der Goebbels und der Gauleiter. Sie haben sich selber und ihre Familie umgebracht. Der Goebbels mit Gift, unser Gauleiter Schumann mit der Pistole. «Die ganze schöne Schumann-Villa ist hin», klagte Beckers Friedchen. «Das Blut ist in die Holzdielen eingezogen, nie mehr wegzukriegen. Und die alten Butzenfenster! Alles voll mit eingetrocknetem Blut!»

Meine Tante Im sagte, die Nazis hätten Angst, dass die Juden kommen und sich an ihnen rächen. Oder die Amerikaner. Oder die Engländer. Oder die Russen. Oder alle.

Angst kenne ich gut, ich habe auch welche. Wenn es dunkel wird und ich bin allein, bekomme ich Angst, wenn ein Fremder mich anspricht oder wenn ein großer Hund an mir hochspringt. Aber die Erwachsenen haben eine andere Angst. Angst, weil sie verrückt nach dem Hitler gewesen sind. Großvater sagte, die meisten Deutschen hätte Hitler immer noch in seinen Klauen, aber sie würden es verbergen, und wenn sie noch so stark zappelten. Das begriff ich. Hätten die Attenberger sonst überall weiße Bettlaken an die Häuser gehängt, die sie vor kurzem noch üppig mit Fähnchen und Fahnen der Nazis geschmückt hatten? Nur Ruthas Mutter wollte das nicht, sie hielt fest an der roten Fahne mit dem Hakenkreuz. «Wer weiß», sagte sie, «wie viel SS hier noch kämpft, die stellen uns doch alle an die Wand!» Mein Großvater, der meiner Mutter das mit dem Bettlaken geraten hatte, sagte zu Frau Thomas, sie könne sich ja ins Heim der NS-Frauenschaft setzen, wie früher auch, und die Hakenkreuzfahne da raushängen. Das duldeten aber die alten Roths nicht. Sie fragten ihre Tochter, ob sie immer noch nicht die Nase voll hätte von dem Hitler.

Dann passierte das mit meiner Tante Amelie, sie war auch eine Cousine meiner Mutter, die mir liebste, nicht nur, weil sie meine Patentante war. Ich wollte unbedingt an ihrem Sarg bleiben, bis der Vorndamme Karl sie mit seinem Leichenwagen abholte. Es war ein kalter Februartag mit einem Haufen Schnee und Glatteis, als meine Tante Amelie starb, und der Doktor kam zu spät und hielt Tante Amelie an den Schultern und fragte meine Mutter immerzu: «Warum, verdammt nochmal, warum denn nur?» Ich fragte das auch dauernd, aber auf mich achtete keiner, alle sahen nur den Doktor an. Er war fast so bleich wie Amelie, die Haare hingen ihm in die Stirn, und dann ging er, und ich schaute meine Tante an, die so weiß und still in der Diele lag, und ich wusste, dass Tante Amelie nur durch Intrigen den Doktor nicht bekommen hatte, das hatte ich meine Mutter sagen hören, und das tat mir weh und beleidigte mich, denn Tante Amelie war sehr schön und gebildet, als Einzige in Attenberg hatte sie jedes Jahr im August Goethes Geburtstag gefeiert, und ich durfte dabei sein und nur ich. Wir hatten einen richtigen Altar mit späten Rosen und einem Bild des Dichters, der einen seltsamen Umhang trug und einen Frauenhut auf dem Kopf. So saß dieser Herr Goethe auf braunen Steinen und machte sich bestimmt seinen weißen Umhang schmutzig. Tante Amelie hat mir erklärt, dass Herr Goethe nicht Herr Goethe sei, sondern Johann Wolfgang von Goethe, und dass er Deutschlands größter Dichter sei und ein Genie. Dann las sie mir aus dem «Faust» vor, und ich muss sagen, die Geschichte machte mich sehr wütend. Wie der Gretchen behandelt hat! Am nächsten Tag wollte ich Rutha, Milla und Horsti von dem gemeinen Faust erzählen, doch sie stritten mit mir, behaupteten, es müsse «die Faust» und nicht «der Faust» heißen und ich solle jetzt endlich mitkommen zum Völkerballspielen.

Ein anderes Mal las mir Amelie «Die Leiden des jungen Werthers» vor, und wir weinten beide, und ich erzählte nichts mehr auf der Straße. Ich fragte Großmutter, ob sie etwas wisse von Amelie und dem Doktor, doch sie hob die Schultern und meinte: «Das verstehe, wer will. Amelie hatte doch alles, sie war jung und hübsch, das Haus schuldenfrei von den Eltern geerbt, der Beruf machte ihr Spaß, was wollte sie mit dem Doktor, der war doch viel zu alt für sie – na ja, wo die Liebe hinfällt, vielleicht wusste Amelie nicht, dass der Doktor –»

Hier brach Großmama ab, es war ihr nur so herausgerutscht, glaube ich. Als ich fragte, was denn Amelie nicht gewusst habe, sagte Großmama hastig, dass ich am besten alles vergessen solle. Amelie sei tot, und damit basta. Ich ging in den Garten und setzte mich auf die alte hölzerne Schaukel, die noch aus Amelies Kindheit da war. Ich schwang mich so hoch, wie es nur ging, flog durch den Garten und sah Amelie auf der Schaukel. Meine Amelie. Ich weinte. Weinen ist schön und Unglücklichsein auch, weil von einem selbst gar nichts mehr übrig bleibt, man ist nichts als dieses eine Gefühl, besonders wenn die anderen schuld sind.

Meine Tante Amelie war für mich so wichtig gewesen wie nichts anderes auf der Welt, wenn man einmal von meinem Großvater absieht. Aber er wohnte in der Unterstadt und er hatte nicht so viel Zeit für mich wie meine Patentante. Fast immer war sie daheim in ihrem kleinen Schieferhaus mit dem Fachwerk. Unser Haus war alt und sehr groß, von der Straße lief ich direkt in die dunkle Höhle des Flurs, besonders im Sommer war es, als stürze ich aus der Sonne in einen dunklen Tunnel. Ich musste mich dann an der Steinernen Küche vorbei die Treppe richtig hinauftasten, und der obere Flur war auch sehr duster. Dagegen war Tante Amelies Haus heiter und freundlich. Durch einen blühenden, buschigen Vorgarten, den ein schmiedeeiserner Zaun umgab, kam man an ihre Tür, die Tante Amelie von Zeit zu Zeit selber grün lackierte. Im hellen Wohnraum mit den vier Sprossenfenstern gab es außer dem großen Zeichentisch nur noch einen kleinen Teetisch, an dem ich auch Tee bekam, meist aus Pfefferminzblättern gebrüht oder aus Zitronenmelisse. Zwischen den Sprossenfenstern waren Regale voller Bücher, Kunstzeitschriften, Modejournale – aus Friedenszeiten natürlich.

Meine Tante war Künstlerin. Wenn ich das stolz erwähnte, sagten die anderen «na ja», sodass es mich ärgerte. Ich spürte, wie sie meine geliebte Tante Amelie ablehnten, wie sie schlecht von ihr dachten, schlecht von ihr sprachen. Das konnte ich mir einfach nicht erklären, aber ich spürte es umso schmerzhafter. Niemand wollte mir sagen, was sie gegen meine Patentante hatten, schon gar nicht meine Mutter, die auf meine Fragen nur das übliche «Das verstehst du doch nicht» entgegnete. Ich ahnte dunkel, dass es mit Ines Simon zusammenhängen musste, denn meine Tante Amelie war der einzige Mensch in Attenberg, der in die Villa Simon eingeladen worden war. Dafür konnte man sie doch nicht hassen! Bei der Beerdigung spürte ich es aber deutlich. Ganz Attenberg war auf dem Ohl, aber zwischen unserer Familie und den anderen war ein Abstand, den es sonst nicht gab. Sie standen da und schwiegen, und dann gingen sie, und keiner kam ans Grab, um Erde auf den Sarg zu tun, wie sonst immer bei Beerdigungen.

Ich vermisse Amelie. Wie sehr, kann ich gar nicht sagen. Es würde auch niemanden interessieren. Sie sind alle beschäftigt. Amelie war die Einzige, die immer Zeit für mich hatte, die ich alles fragen konnte. Nur wenn die Rede auf die Villa Simon kam, wurde auch Tante Amelie zögernd und leise. Dort wohnte Ines Simon. Sie kam aus einem Land, das nach Auskunft meines Großvaters Portugal hieß, ans Meer grenzte, sonnig und unbeschreiblich schön sein musste, nach Attenberg, ins Oberbergische, wo es kein Meer gab außer der Talsperre und wo die blauen, häufig weinenden Tannen einen auch zum Heulen bringen konnten. Selbst jetzt in der Maienzeit, wo Attenberg in seinen verschiedenen Grüns prunkte und prangte, regnete es manchmal prasselnd und wild, es donnerte und blitzte, über die großen grünen Weiden zogen Nebelschlieren, aus den schwarzweißen Fachwerkhäusern schimmerte trüb das Licht, und die schwarzweißen oberbergischen Kühe standen an den Zäunen und schienen von Zeit zu Zeit die Köpfe zu schütteln. Wenn ich an Ines Simon dachte, versuchte ich mir vorzustellen, wie sie fror und traurig war, vielleicht hatte sie Sehnsucht nach ihrem Portugal. Welch ein Name. Portugal. Lauter richtige Portugiesen lebten da, sagte mein Großvater. Lauter Kommunisten, sagte Beckers Friedchen, und als Großvater entgegnete, dass Ines Simon eine geborene Salazar sei, aus einer berühmten Politikerfamilie stamme, da zog Beckers Friedchen die Mundwinkel herunter, und sie war nicht die Einzige. «Kann doch genauso gut von Sardinenfischern abstammen, von Kommunisten, wir können das ja nicht nachprüfen, die kann sonst etwas erzählen, Portugal ist weit», so hieß es bei vielen.

Ich war oft am Zaun bei den Simons, dort stand eine riesige Buche, deren Ableger durch das Drahtgeflecht gewachsen waren und ein dichtes Gebüsch bildeten, in dem ich mir so etwas Ähnliches wie eine Höhle frei getrampelt und mit Moos ausgepolstert hatte. Niemanden nahm ich hierhin mit. Im Winter, wenn es früh dunkel wurde, sah ich manchmal eine Frau am Fenster stehen, es musste Ines Simon sein, denn Immickers Karla, die Haushälterin, konnte ich durch ihren umfangreichen Busen und die korpulente Gestalt einwandfrei von Frau Simon unterscheiden, die groß gewachsen und dünn war und manchmal ihr dichtes Haar aus der Stirn strich, wenn sie am Fenster stand und rauchte.

Ines Simon selber bekam niemand zu Gesicht. Früher war das anders gewesen. Meine Großeltern, die Tanten, unsere Nachbarn, alle hatten sie gesehen, wenn sie mit ihrem Mann zum Schützenfest gekommen war oder in die Weihnachtsmette. Großvater sagte, sie sei eine wunderschöne Frau, was Großmama offenbar nicht passte. Dann gab sie zu, dass Ines Simon schönes Haar habe. «Das hätte ich auch gerne», sagte Großmama, «nur einen einzigen Tag lang.»

Ich wollte unbedingt das Kind in der Villa Simon sein. Dort hatten sie nämlich keines. Von Tante Amelie wusste ich, dass Herr Simon Jude war, der Bruder eines bekannten Kölner Rabbiners. Was ein Jude und was ein Rabbiner war, erklärte mir Tante Amelie auch, und ich hörte Geschichten von einem alten Volk, von einer alten Tradition, von Synagogen und Thorarollen und Gebetsriemen. Tante Amelie sagte, viel mehr wisse sie nicht über diese Religion, aber mir schien es groß und fremd und geheimnisvoll. Ich wollte dann natürlich wissen, wo

Herr Simon jetzt sei und sein Bruder, der Rabbiner. Da wurde Tante Amelie ziemlich still und sagte, das sei ein böses Kapitel in Attenberg, doch darüber wolle sie mit mir nicht reden. Aber wo Herr Simon und sein Bruder jetzt seien, das könne sie mir doch sagen, bettelte ich, und Tante Amelie hob die Schultern. Beide würden wohl nicht mehr leben, sagte sie schließlich leise, ihre Stimme klang matt, sie seien jedenfalls ins Kölner El-De-Haus gebracht worden, das sei der Sitz der Gestapo gewesen, mit einem Gefängnis im Keller. Ines Simon sei wieder und wieder nach Köln gefahren, um ihren Mann und ihren Schwager da rauszuholen. Umsonst.

Jetzt verstand ich, warum Frau Simon ihr Haus und den Park nicht verließ. Die Attenberger waren schuld daran, also auch ich. Niemals konnte ich das Kind der Frau Simon werden. Wie beneidete ich Immickers Karla. Sie war der einzige Mensch aus Attenberg, der Zugang hatte zu Ines Simon. Karla wohnte sogar in der Villa, und selbst bei ihren Attenberger Verwandten schwieg sie eisern über die Vorgänge im Hause Simon.

Friedrich wurde sofort gehässig, wenn der Name Simon fiel, er erlaubte sich natürlich auch ein Urteil über Ines Simon. «Soll sie doch zurückgehen nach Portugal, wenn es ihr hier nicht passt, die ist genauso arrogant wie Marlene Dietrich, was haben diese Weiber eigentlich in Deutschland zu suchen, wenn sie gegen uns sind?»

Der größte Esel, der in meiner Umgebung herumläuft, ist dieser Friedrich. Er nimmt meiner Mutter den Lippenstift aus der Hand, schraubt ihn zu und sagt, dass die deutsche Frau sich nicht schminke. Dabei lächelt er, und meine Mutter lächelt ein bisschen komisch zurück, vielleicht wäre sie lieber keine deutsche Frau, damit sie sich die Lippen schminken dürfte.

Am siebten Mai, dem Geburtstag meiner Mutter, der zufällig auch der Geburtstag dieses Friedrich ist, den ich nun auch noch Onkel nennen soll, was ich aber nie tun werde, nie, nie, nie – an diesem Maitag, der mit Sonnenschein begann, sich leicht windig fortsetzte, sodass die Blüten der Obstbäume wie Schnee auf unserer Wiese lagen, gab es abends ein krachendes Gewitter. Der Himmel hatte sich schon am Nachmittag bezogen, gegen Abend ging er in ein tückisches Rosaschwarz über, und dann prasselten Hagelkörner herunter, die Bäume bogen sich im Wind, und wir räumten in Hast das Geschirr und die Tischdecken ab, denn wir hatten im Garten Kaffee getrunken. Mir passte das mit dem Gewitter, ich war natürlich die Einzige, die solche Gedanken hatte, aber ich konnte es kaum ertragen, diesen Friedrich neben meiner Mutter an der Tafel zu sehen, die mit dem besten Geschirr und Silber meiner Großmutter gedeckt war, weil wir nichts mehr hatten, und der frühere Verlobte saß da, als habe er schon immer dort gesessen. Einmal hob er eine silberne Kuchengabel auf, die besonders schön silbrig verschnörkelt war, hielt sie meiner Großmutter entgegen und sagte: «Die kenne ich noch aus früheren Zeiten.» Meine Großmutter lief rot an, auch meiner Mutter war das peinlich, sie schaute weg, ich wusste, dass Friedrich genau das beabsichtigt hatte, und dafür hasste ich ihn noch mehr. Später fragte ich meine Großmutter verzweifelt, ob Friedrich denn keine eigene Frau und eigene Kinder habe, bei denen er bestimmen könne. Ich begriff nicht, dass dieser Mann schon so selbstverständlich um uns war. «Großmama, warum hat Mama den Friedrich?» Ich heulte, ich wusste, wenn ich jetzt meine Großmutter nicht weich machen konnte, würde ich es nie erfahren. Schließlich gab meine Großmutter nach. «Des Menschen Wille ist sein Himmelreich», seufzte sie, und dann begann sie mir zu erklären, warum ich mich mit diesem Verlobten herumschlagen musste.

Richtig verlobt waren sie nie gewesen, meine Mutter und er. Dafür hatten die beiden Elternpaare gesorgt, die stockkatholischen meiner Mutter und die protestantischen des Friedrich. Also wurde meine Mutter nach Königswinter in ein Internat gegeben, das von Nonnen geführt wurde und wo man meinen Großeltern schwor, dass kein Friedrich Röder sie je in die Fänge kriegen würde. Dafür lernte meine Mutter auf der Fähre nach Bad Godesberg einen jungen schönen Mann namens Michael Hans Ruge kennen, sie wurde flugs schwanger, was den Nonnen nicht verborgen blieb, und sie schickten meine Mutter umgehend heim ins Oberbergische. Sie muss vor Angst fast gestorben sein, doch sie stellte ihr Gepäck in den Keller, tat, als habe sie überraschend Ferien bekommen. Gegen Abend machte sie ihrer arglosen Mutter den Vorschlag, ihr die Haare zu waschen, die seien doch recht fettig. Als meine Mutter dann den großen, schweren General vor der Badewanne knien hatte, als sie ihr Kübel von Wasser über die Haare schüttete, beichtete sie rasch, dass sie ein Kind bekomme, worauf meine Großmutter heftige Versuche machte, aus ihrer knienden Haltung hochzukommen, aber meine zarte Mutter war in der besseren Position. Sie drückte und überflutete den General so lange, bis sie losgeworden war, dass der Kindsvater aus katholischem Hause sei.

Die Vonderweidts machten sich mit ihrer schwangeren Tochter auf nach Königswinter zur Familie Ruge, man fand sich herzlich aufgenommen von einer Klavier spielenden Auguste und einem schönen Edmund, die eine gut gehende Konditorei betreiben, einen eleganten Opel fuhren und sich ständig stritten. Auguste sagte ohne Umschweife, dass ihr Edmund ein Casanova sei, sie könne nicht garantieren, ob Michael Hans nach Edmund geriete oder nach ihr, die seit dem Zeitpunkt ihrer Hochzeit nicht mehr nach links oder nach rechts gesehen habe, und nun stände sie da. So viel rheinische Offenheit setzte meine oberbergischen, eher an «Schwigg de Mule» gewöhnten Großeltern außer Gefecht.

Beim Frühstück am nächsten Morgen wurde der Hochzeitstag meiner Eltern festgesetzt. Meine Mutter war inzwischen im vierten Monat, das Hochzeitsbild zeigt sie als zartes Reh im geschnitzten Sessel, auf der Lehne hängt mein Vater über ihr, ein neunzehnjähriger, vielleicht doch etwas banger Hochzeiter, aber er lächelt liebenswürdig, und er ist der schönste Mann der Welt.

«Warum», frage ich meine Großmutter, «warum schimpft denn Mutter immer mit Papa, wenn er im Urlaub ist? Warum hat sie ihn nicht lieb? Warum läuft der Friedrich immer hier herum?»

Großmutter sagte, dass Friedrich wohl niemals verwunden habe, dass meine Mutter von ihm getrennt wurde. Er sei immer ein verwöhnter Junge gewesen. Man habe von ihm erzählt, dass er noch als Schulkind auf einer morgendlichen Milchflasche bestanden habe. Und zwar habe er die öffentlich im Vorgarten getrunken, zum Gaudium der Nachbarskinder. Vom Gymnasium sei er geflogen, von einem aufs andere, die Eltern hätten ihm ein kleines Motorrad gekauft, er habe eine Filmkamera besessen, einfach alles. Aber es habe nichts genützt. Friedrich lebe bis heute von dem, was seine Eltern ihm hinterlassen hätten. Bei den Nazis habe er sich sogar mit seinem Geld vor dem Krieg drücken können, und seit er gewusst habe, dass Michael Ruge im Krieg und in Gefangenschaft sei, habe er wieder angefangen, sich um Margarethe zu bemühen. Und es scheine so, als habe ihre Tochter diesen Friedrich auch nie wirklich vergessen. Sie dulde ihn und er werde jeden Tag aufdringlicher.

«Aber das darf er doch gar nicht», schrie ich wütend, «das steht doch in den Zehn Geboten. Du sollst nicht ehebrechen, das steht da.»

«Nun, nun», sagte meine Großmutter lächelnd, «ehebrechen werden die nicht, das wäre ja noch schöner!»

Friedrich wohnte in Bergisch-Gladbach, am Abend gab es keinerlei Verbindung mehr dorthin, sodass er bei uns schlafen musste. Aber wo? Vorsichtig versuchte ich, das herauszukriegen, es war mir selber peinlich. Meine Geschwister und ich waren seit der Einquartierung gemeinsam in einem ziemlich großen Schlafzimmer untergebracht, das früher Mia und ich miteinander geteilt hatten. Das Bett meines Bruders war in die Nische neben der Tür gestellt worden, ein Vorhang sollte uns wohl vorgaukeln, dass wir wenigstens zwei Zimmer hätten, Eia, Mia und ich. Meine Schwester Mia redete im Schlaf, redend wälzte sie sich durchs Bett, und ich konnte nicht einschlafen.

So ging es mir auch in dieser Geburtstagsnacht meiner Mutter. Manchmal hilft es mir, wenn ich über den Flur in unsere alte Badestube gehe und etwas trinke. Dann kann ich meistens doch einschlafen. Wenn ich viel Glück habe, erzählt mir mein Bruder Eia auch eine Geschichte, so wie die von den Füchsen, die einen Hasenbau belauern, aber von den tapferen Hasensöhnen ausgetrickst werden. So ein Hasensohn ist nämlich mein Bruder. Er hat nichts zu sagen, außer natürlich auf der Straße, da ist er der Größte, da bestimmt er alles, aber nicht zu Hause. Mein Bruder Eia ist immer hungrig, noch mehr als ich, weil er schon zwölf ist und in diesem Alter, wo man lieber frisst als isst, sagt meine Großmutter, aber es nützt alles nichts, wir haben meistens nichts zu fressen, kaum was zu essen. Deshalb kommen in den Geschichten von Eia auch immer Eltern vor, die alles für die Kinder in den Bau schleppen, sogar die Füchse versteht mein Bruder, wenn sie für ihre Kinder Futter ranschleppen wollen und am liebsten saftige Hasenkinder zur Strecke bringen.

Aber heute schlief mein Bruder schon fest, und ich ging rasch durch den langen, dunklen Flur, dessen funzelige Glühbirne nie funktioniert, den ich fürchte, weil mich da immer die Angst im Nacken packt. Ich kann das richtig spüren, diese harte, kalte Hand, sie fasst zu, im Nacken stellen sich alle Haare auf, mir wird heiß und kalt und ich mache rasch, dass ich in unser Zimmer komme, und manchmal, wenn ich überall zittere, schlüpfe ich zu meiner Schwester ins Bett. Sie mault dann und will mich wieder rausschieben, aber schließlich lässt sie mich doch, denn sie hat selber auch manchmal Angst. Heute schaute ich zufällig von der Treppe hinunter ins Erdgeschoss, wo unser Wohnzimmer liegt, denn ein sonst um diese Zeit ungewohnter Lichtschimmer lag vor der Tür und erhellte den Flur, ich hörte auch Musik, ein Lied, das ich kannte. *Deutschland, Deutschland über alles* hieß dieses Lied, und ich ging, ohne nachzudenken, die Treppe hinunter zum Wohnzimmer. Sanft stoße ich die Tür, die ohnehin offen ist, noch etwas weiter auf und sehe Friedrich, den Angeberfriedrich, den Allesbesserwisserfriedrich, den nach Parfüm duftenden, sich die Haare mit Brillantine anklatschenden Nichtsnutzfriedrich, allein im Wohnzimmer stehen. Er hat seine Haare so schräg an den Kopf und den Schnurrbart in der Weise gekämmt wie dieser Hitler, von dem es früher an jeder Ecke Bilder gab und jetzt nirgends mehr. Friedrich hatte einen Arm hochgereckt, er sang leise das Deutschlandlied, das aus unserem Plattenspieler tönte, und ich sah die leere Cognacflasche auf dem Tisch und die Tränen, die ihm übers Gesicht liefen.

Friedrich bemerkte mich nicht, und ich wollte zurückschleichen, da packte mich eine harte Hand im Nacken. Diesmal war es wirklich eine Hand, die Hand meiner Mutter. «Und dass du niemals, nie und nirgends jemandem, und wenn es auch nur die kleinste Silbe, und nicht ein Sterbenswort, und versprich mir das hier und auf der Stelle!» Meine Mutter drückte mich auf den Boden, ich musste knien und ihr versprechen, dass ich nie, niemandem und nirgends und nicht ein Sterbenswort von dem Gesehenen erzählen würde. Und schon gar nicht dem Großvater. Und den Tanten nicht und ... Jedes Mal, wenn Mutter jemanden nannte, der es nicht wissen durfte, schon gar nicht wissen durfte, dann riss sie meinen Kopf an den Haaren nach hinten, und bald liefen mir auch die Tränen übers Gesicht, vor Schmerz und vor Wut. Warum dieser Friedrich heulte, interessierte mich nicht. Wahrscheinlich um seinen toten Hitler.

Und meine Mutter? Wieso tat sie mir weh? Warum schimpfte sie nicht mit dem da drinnen, der mitten in der Nacht Musik hörte und sang? Der Schmerz über die Ungerechtigkeit meiner Mutter würgte mich in der Kehle, aber ich weinte erst, als ich im Bett war. Angst hatte ich keine mehr, aber unbändige Wut.

3. KAPITEL

Meine erste Liebe
Radtour durch Ruinen
Ein Bild bleibt hängen

Seit Tante Amelies Tod spürte ich noch deutlicher, dass ich nicht dazugehörte in Attenberg. «Wem gehörst du denn», fragten die Alteingesessenen uns Kinder, und wenn Rutha und Milla ihre Namen sagten, hellten sich die Gesichter auf: «Ach, du bist dem Thomas Robert seins, und du gehörst dem Bonnacker Franz.» Bei meinem Namen hoben sie die Schultern, ich hätte vielleicht den Namen meines Großvaters nennen müssen, und sie wären im Bilde gewesen, aber das wollte ich nicht, ich wollte fühlen, dass sie meinen Vater nicht kannten, der vom Rhein stammte und bald nach dem Umzug von Königswinter nach Attenberg fortmusste in den Krieg. Ich wollte mir in höchster Theatralik und süßestem Schmerz bewusst sein, dass ich keine von ihnen war, obwohl ich jeden kannte, wenn auch nur von außen. Ich lief in Attenberg herum wie im nahen Schloss Homburg, dem Museum, in dem leere Ritterrüstungen standen, der große Kamin war kalt, leer waren die Kupfertöpfe und Pfannen, und auf die geschnitzten Möbel durfte man sich nicht setzen. Fröstelnd stand ich an der dicken roten Absperrkordel, und die Kälte der Räume erfüllte mich mit derselben dramatischen Fremdheit, die sich in Attenberg in mir verdichtete und die mir neben Trauer einen merkwürdigen Genuss bescherte.

Dem Vorndamme Karl, dessen war ich mir sicher, ging es ebenso. Er stand stolz, knorrig und unabhängig im Leben wie die Friedenseiche am Schmittenloch. Wünschte ihm einer einen guten Tag, rief er zwar nicht unfreundlich, aber doch gemessen: «Ok chudden Dach», und man konnte deutlich hören, dass Karl einen Sprachfehler hatte. Eine Hasenscharte. Ich wusste, dass es in den Augen der anderen ein Makel war, derart undeutlich zu schnarren wie der Vorndamme Karl. Selbst meine Mutter hörte ich zu Großmama sagen, dass sie nicht wisse, was ich an dem struppigen Karl fände. «Wenn sie nur das Pferd hört», sagte meine Mutter, «dann rennt sie schon auf die Straße, den Karl zu begrüßen. Er ist der einzige Mensch, zu dem Agnes höflich ist.»

Ich liebte meine Mutter, was hätte ich sonst tun sollen, aber ich schaffte es nicht, ein liebes Kind zu sein. Seit sie bei einer Wahrsagerin gewesen war und sich über ihre Kinder die Karten hatte lesen lassen, lief meine Mutter mit einem seltsam starren Gesicht herum. «Mit Ihren Kindern werden Sie kein Glück haben», hatte die Wahrsagerin ihr mitgeteilt, ich bekam zufällig mit, wie Mutter es Großmama berichtete, mit vom Weinen erstickter Stimme. «Mein Gott, bist du blöd, Margarethe», hörte ich Großmama sagen, und das beruhigte mich auf der Stelle. Ich war ein gutes Kind, viel besser als die anderen aus der Oberstadt, die den Vorndamme Karl hänselten, die versuchten, ihn zum Schnarren zu bringen. «Karl, din Perd verlüst sin Kugellager», riefen sie ihm zu, wenn Napoleon äpfelte.

Karl ignorierte das. Er und sein Napoleon waren unantastbar. Souverän. So schien es mir jedenfalls. Karl Vorndamme brauchte niemanden, ihn jedoch brauchten alle. Am meisten ich.

Mein Vorbild war einzig der Vorndamme Karl. Der wollte niemandem gefallen, nicht seiner Schwester, nicht den Nachbarn, nicht einmal dem Pastor.

Mit seinem Pferd Napoleon kam mein Karl schon früh am Morgen die Hauptstraße herunter. Hörte ich die Hufe auf dem Kopfsteinpflaster klappern, ein mich elektrisierendes und zugleich beruhigendes Geräusch, rannte ich die Treppe hinunter, durch den dunklen Flur unseres Hauses raus in die Helligkeit des Morgens, hockte mich an den dicken grauen Basaltstein, der unser Haus an einer Seite begrenzte, und wartete auf den Karl. Da die Hauptstraße am Horizont hügelabwärts lief, schien es mir, als käme der Karl aus dem Himmel direkt zu mir, er brachte einen hellen Ton mit, den Morgenton, den man nur dort oben am Kopf des Hügels hören konnte. Jeden Tag um halb sieben, wenn die Glocke vom Kirchturm zweimal schlug. Sommers und winters braun gebrannt, kam Karl aus dem hellen, tönenden Licht, er trug die immer gleichen blauen Arbeitshemden, die geflickten Hosen, die Lina peinlich sauber hielt. Unter Karls dichtem dunklem Schnauzer steckte seine krumme Pfeife, die er auch im Gehen, Napoleon an der Trense, stopfen konnte. Mir schien es, als käme mit dem Karl die Kraft und die Herrlichkeit die Hauptstraße hinunter. Ohne den Vorndamme Karl lief nichts in unserer Oberstadt. Er schleppte mit Napoleon Bäume aus dem Wald. Er transportierte die Toten auf den Friedhof, und bei Hochzeiten oder Taufen spannte er Napoleon vor eine leichte hell gestrichene Kutsche.

Das Schönste war, dass ich Karl mit niemandem teilen musste. Er galt, obwohl er mir begehrenswert erschien, als Hagestolz, als eiserner Junggeselle, und das hieß schon was in unserer Oberstadt, wo die Männer im Krieg gefallen, in Gefangenschaft oder vermisst und somit eine Rarität waren. Ich hätte Karl sofort geheiratet, auch wenn Frau Thomas sagte, dass er es zu nichts gebracht habe, dabei hätten ihm seine Eltern einen großen Bauernhof hinterlassen und viel Land. Frau Thomas war dumm, sie konnte nicht begreifen, dass die wirklich großen und klugen Menschen es im Leben nie zu etwas bringen. Mein Großvater, den ich fast noch mehr liebte als den Karl, war klug über jedes Maß hinaus und hatte es auch zu nichts gebracht, nur bis zum Sekretär bei der Bahn, Herr Thomas dagegen, bevor er im Krieg fiel, war Lokomotivführer gewesen, ein richtiger Beruf für einen richtigen Mann, sagte Frau Thomas. Vielleicht hätte sie, als Kriegerwitwe, sich den Karl samt Bauernhof und Ländereien in Wahrheit gern einverleibt, doch Karl war klug genug, sich von Frau Thomas fern zu halten. Ihm genügte seine alte hüpfende Schwester, die von allen Hüppetüpp genannt wurde. Aber auch von ihr ließ er sich nichts sagen, hieß es, und das verstand ich gut, es imponierte mir, denn mir hingen die Frauen auch zum Hals heraus, abgesehen von meiner Tante Amelie. Aber die war ja tot.

Und so wartete ich jeden Morgen auf meinen Karl, den einzig Verlässlichen. Bedächtig an seiner Pfeife ziehend, ging Karl neben Napoleon seiner Wege. Er kam mit dem Glockenton, gleichgültig, ob die Sonne ihn noch leuchtender erscheinen ließ oder ob Regen an ihm heruntertroff, es schien ihn nicht zu berühren, er schien niemanden und nichts um sich herum wahrzunehmen. Das strebte ich auch an, unbedingt.

Morgens, noch vor der Schule, musste ich beim Bäcker Valbert Brot holen, hintenherum, das bedeutete direkt in die Backstube, denn später war alles ausverkauft. Valberts Bäckerei befand sich unserem Haus gegenüber auf der anderen Straßenseite, ich brauchte nur hinüberzulaufen, aber die Backstube lag zurückversetzt hinter den Verkaufsräumen in einem Hof. Die wenigen Schritte über diesen gepflasterten Platz lief ich in der allergrößten Furcht, denn Valberts hatten einen großen Schäferhund, Rex, dessen Wolfsmaul mit den Hauern und Lefzen ich fürchtete, weil er jedes Mal aus vollem Hals bellte, wenn ich so früh in die Backstube wollte. Daher wartete ich immer, bis der Vorndamme Karl mit Napoleon kam. Karl kannte meine Not. Er stellte sich mit Napoleon vor die Treppe der Bäckerei, schwang seine Peitsche, Rex kuschte und röchelte, und ich konnte Brot kaufen.

Ebenso schwer fiel es mir, an der Heikamp'schen Villa vorbeizugehen. Sie lag am untersten Ende der Hauptstraße, Ecke

Kölner Straße, und die alten Kastanienbäume des Parks gaben dem Haus eine dunkle Wucht, und auf der anderen Straßenseite ragte eine für mich unabsehbar hohe schwarzrote Ziegelsteinwand auf, die offenbar die Oberstadt daran hinderte, auf die Unterstadt hinabzustürzen. Eine dunkle Höhle war das, durch die ich mich jedes Mal hindurchängstigen musste, denn in der Villa lebten zwei Drachen, sie spuckten Gift und Feuer und wussten genau, wann ich zur Kirche ging.

Heikamps Töchter, die beiden Drachen, hießen Puppa und Dagmar und besuchten mit mir die Schule. Sie fanden die Kleider unmöglich, die meine Mutter für mich nähte, und so fielen sie fauchend und speiend vor Lachen aus dem Gartentor, wenn sie mich sahen, und ich musste ziemlich oft an ihrem Tor vorbei. Jedes Mal, wenn ich Puppa und Dagmar schon von weitem im Garten wahrnahm, stellten sich im Nacken meine Haare auf, begann mein Herz zu klopfen, ich fühlte ihre Verachtung, ihren Spott, mir fiel nichts ein, wie ich sie mir vom Hals halten könnte. Bis mich eines Tages der Karl aufsitzen ließ auf seinen Napoleon. Da ritt ich aus sicherer Höhe an ihnen vorbei, der Karl ließ seine Peitsche dicht an den Ohren der beiden vorbeisausen. Ich hob jovial die Hand zum Gruß und hatte Ruhe vor ihnen.

Von da an wollte ich noch dringender sein wie der Vorndamme Karl. An ihm orientierte ich mich. Obwohl ich nur von ihm wusste, dass er einer der letzten Bauern in der Oberstadt war, glaubte ich ihn zu kennen, fühlte mich ihm nah, ahmte ihn nach, indem ich niemanden mehr zuerst grüßte, nicht einmal den Pastor oder die Lehrer. Ich bekam von Karl eine alte Peitsche und ging oft neben ihm, eine Meerschaumpfeife im Mund. Die war auch von Karl. Zum Nikolaustag hatte er mir beim Bäcker Valbert einen Stutenmann gekauft aus Hefeteig. Der hatte im Mund eine weiße Pfeife, und die rauchte ich jetzt. Die Stunden mit Vorndammes Karl waren meine glücklichsten.

Da mir die schnarrende Sprechweise meines Karl imponierte, suchte ich ihn auch hier nachzuahmen. Schnell bekam ich heraus, dass ich durch eine bestimmte Drehung meiner Zunge am Gaumen fast ebenso interessant sprechen konnte wie der Karl. Ich übte immer wieder, sprach es meinem Bruder vor, der sagte, ich solle den Unsinn lassen, aber ich war stolz in dem Gefühl, dass ich nun auch in der Sprache meinem Karl ähnlich sein würde.

Als ich anderntags neben Karl und seinem Napoleon dahinschritt, pfeiferauchend, peitscheschwingend und mich voller Triumph eins fühlend mit Karl, mit meiner Welt, da grüßte uns eine Frau, und ich schnarrte genauso undeutlich wie Karl: «Ok chudden Dach.» Erwartungsvoll sah ich meinen Karl an, der ein paar Schritte weiterging, als habe er plötzlich Scheuklappen. Dann blieb er stehen, griff seinem Napoleon an die Trense und wandte mir sein Gesicht zu. Es schien mir seltsam verzogen und fremd, die dunklen Augen leer, sodass ich erschrak. Noch nie hatte ich meinen Karl so gesehen, und mir fiel zum ersten Mal die grobe Narbe in dem dichten Schnurrbart auf.

Langsam nahm der Karl die Pfeife aus dem Mund, als wolle er etwas sagen. Doch er schob sie wieder zurück, deutete mit dem Daumen über seine Schulter und wandte sich ab. Wortlos ging er mit Napoleon weiter. Ich stand da, begriff, dass ich nicht mehr mitgehen durfte, nicht mehr die Peitsche schwingen, nicht mehr die Tonpfeife rauchen, nicht mehr triumphieren. Ohne etwas zu fühlen, starrte ich den beiden hinterher, bis sie in der Kurve zum Schmittenloch verschwanden.

Würde er mir je verzeihen? Ich wusste inzwischen, wie verabscheuungswürdig ich mich verhalten hatte. Dass der Karl grausam von mir enttäuscht sein musste. Völlig allein war ich darauf gekommen, in der Sekunde, als der Karl am Schmittenloch verschwand. Auf den Gedanken, zum Karl zu gehen und ihm alles zu erklären, kam ich nicht.

Als meine Mutter mir eröffnete, dass ich mit ihr und Tante Im nach Köln fahren würde, und zwar auf dem Gepäckträger von Großvaters Rad, da war ich vor lauter Unglück zu schwach, mich zu wehren. Ergeben ließ ich mich auf die Tortur ein, vor der meine Großmutter warnte.

Stundenlang saß ich schon auf dem verfluchten Gepäckträger, den Mutter mittels eines rotsamtenen Sofakissens aufzupolstern versucht hatte, aber es tat nach einiger Zeit weh, mit gespreizten Beinen auf dem trotz des Polsters unbequemen Ding zu sitzen, und wie lange schon sehnte ich mich danach, daheim im Bett zu liegen und nicht mit steifen Beinen, die ich von der Kette fern halten musste, auf dem Rad des Großvaters zu sitzen, um in Köln nach dem bombardierten Haus meiner Tante Im zu suchen. Typisch, dass ich mitfahren musste, meine Geschwister waren daheim geblieben in Attenberg, schliefen tief in ihren Betten, während ich mit meiner Mutter und Tante Im in aller Herrgottsfrühe aufgebrochen war zu dieser Kölnfahrt, wo es für mich nichts zu sehen gab außer Häusern oder Ruinen, je nachdem, Straßen mit Schutt, vor dem wir dann absteigen mussten, hinüberlaufen mit den Rädern, und dann konnten wir auf den geräumten Straßenstücken wieder weiterfahren.

Klar, dass das kein Spaß ist für jemanden wie mich, der für seine sieben Jahre zu dünn ist, ständig Hunger hat und dann noch auf einen Gepäckträger gezwungen wird von seiner Mutter.

Eigentlich ist es schön, einmal nicht in Attenberg zu sein, andere Häuser, andere Bäume und einen anderen Himmel zu sehen. Ich bin zum ersten Mal verreist. Alles scheint allein für mich da zu sein, auch die Bäume und das Vogelgeschrei darinnen. Doch eigentlich dauert mir das alles schon viel zu lange. Hin und wieder fährt ein Bauer seinen Mist aus. Das ist langweilig für jemanden wie mich, nach dem kein Huhn kräht und kein Hahn. Mal davon abgesehen, dass Mist auch noch stinkt.

Auf der Fahrt von Attenberg nach Köln gibt es Gott sei Dank viel mehr grüne Gegend als Häuser und graue Ruinen, die einen traurig anschauen, vorwurfsvoll. Ich verstehe es ja, aber ich habe die verdammten Bomben nicht geworfen. Mir ist es lieber, wenn wir durch einfaches oberbergisches Grün fahren, über sanfte Straßen mit Weiden und Wiesen und Bäumen. Ich brauche auf Reisen keine Häuser. Schon gar keine, die grauschwarze Löcher anstatt Fenster haben und fast so aussehen wie die Männer, von denen die Amerikaner uns Fotos zeigen. Ihr habt sie verhungern lassen, sagen die Amerikaner, und ich glaube es ihnen aus irgendeinem dunklen Grund sofort, dabei glaube ich nicht alles, was mir die Leute sagen, besonders, wenn sie aus Amerika kommen, in grünlichen Panzern mit Sternen drauf sitzen und entweder gar kein Deutsch sprechen oder ein komisches. Aber das mit den armen kahlköpfigen, verhungerten Männern, das war keine Lüge, das fühlte ich und es machte mir Angst. Ich fühlte mich schuldig und ich schämte mich so sehr, dass ich jede Pore in meinem Nacken spürte, die Luft um mich herum war voll von dieser Schuld, alle waren schuld, selbst mein Großvater. Das wusste ich, aber ich konnte es mir nicht erklären.

Meine Tante Im war es, die hinter Ründeroth kategorisch sagte: «Jetzt muss das Kind aber mal wieder runter vom Rad!» Meine Mutter bremste, hielt an, ließ mich absteigen, und steif, wie ich war, ahnte ich, wie sich Lina fühlen musste, die Schwester vom Vorndamme Karl, die Hüppetüpp genannt wurde, weil sie wegen ihres Hüftleidens mühsam humpelte, und ich nahm mir vor, nie mehr Hüppetüpp zu ihr zu sagen. Zumal ich ohnehin elend wurde, wenn ich an den Vorndamme Karl dachte, der so lange mein Karl und mein Ein und Alles gewesen war und es jetzt nicht mehr sein wollte. Und ich war schuld. Hatte meinen Karl verloren, mein Idol, auf dessen Freundschaft ich so stolz gewesen war. Eigentlich soll man sich die Eltern zum Vorbild nehmen, jedenfalls sagte das der

Pastor: «Agnes, nimm dir deine Mutter zum Vorbild.» Ich wollte das aber nicht. Aus vielen Gründen. Einer davon war, dass meine Mutter immer Gutes tun wollte, und ich fand das vollkommen sinnlos in diesen Zeiten, wo wir immer Hunger hatten, besonders mein großer Bruder, der oft schon um sechs Uhr am Abend mit meiner Schwester und mir zu Bett gehen musste, weil Mutter kein Abendbrot für uns hatte. Gestern war es wieder so weit gewesen. Wir lagen in unseren Betten, die Fenster waren weit geöffnet, wenigstens gute Luft sollten wir haben, ich hörte von der Hauptstraße und den Gassen die Stimmen der anderen, die Verstecken spielten, sie klangen hallend und fremd, als würde ich sie nicht alle kennen, Hans-Werner und Horst, Kurti, Renate, Rutha, sogar Milla war noch draußen. Sie konnten sich zu Hause satt essen, weil ihre Mütter nicht immer Gutes tun wollten wie unsere. Sie gab unser Essen oftmals den Leuten aus Köln, weil die evakuiert waren, alles verloren und daher nichts zum Tauschen bei den Bauern hatten. «Man kann sie doch nicht verhungern lassen», sagte meine Mutter, aber uns am hellen Tage ins Bett schicken mit knurrendem Magen, vor allem meinen großen, immer hungrigen Bruder, das konnte sie. Ich ahnte, dass das mit der Kirche, mit der Bibel und dem Pastor zusammenhing, und es passte mir nicht. Manchmal, wenn die alte Frau Wind oder die Familien Ames und Zinnikus um die Essenszeit bei uns schellten, rannte ich rasch zur Tür, rief hinaus, meine Mutter sei nicht da, es gebe heute bei uns kein Mittagessen. Ich wollte nicht, dass sie uns die Magermilchsuppe mit Backpflaumen wegaßen, auf die ich mich den ganzen Morgen freute und in die meine Mutter gerade die letzte Hand voll Kartoffeln reinrieb, die wir noch vorrätig hatten. Kamen Tischgäste, mussten wir Kinder warten, bis die Erwachsenen genommen hatten, da kannte meine Mutter keine Gnade. Das wirkte sich immer unvorteilhaft für uns aus, und deshalb wollte ich in der Mittagszeit keine Besucher. Das mit dem Lügen würde ich später einmal beichten, aber beim Essen dachte ich trotzdem an die Schützlinge meiner Mutter.

Die weißen Haare der alten Frau Wind hatten sich aus dem Knoten gelöst, sie wandte sich schweigend zum Gehen, Herr und Frau Ames lächelten ihr um Verzeihung bittendes Lächeln, das sehr vornehm war, ich wusste das, und mir war vollkommen klar, wie gemein ich handelte, ich war ein abstoßendes, böses Mädchen, meine Mutter würde über meine Kaltherzigkeit weinen, und wieder sagte unser Pastor, dass ich mir ein Beispiel an meiner Mutter nehmen solle und Reue und Vorsatz fassen, aber ich dachte nicht daran.

Beim Picknick am Straßenrand hinter Ründeroth bekam ich ein Maisbrot mit falscher Leberwurst, es war matschig, das Maisbrot, die falsche Leberwurst ein Brei aus Grießmehl und Gewürzen, ich aß es, ich war hungrig. Ich kannte keine echte Leberwurst, und Weißbrot hatten nur die Amerikaner, von denen mein Bruder manchmal welches geschenkt bekam, weil er übersetzte, was Hotelier Schramm mit den Amerikanern zu bereden hatte, die aus seinem stillen Hotel Negermusik herausquellen ließen, «Chattanooga Choo-Choo» und «In the Mood», was Herr Schramm nicht verstand. Das machte ihn wütend auf meinen Bruder, denn wir waren keine Einheimischen. Meine Eltern und meine Großeltern, die früher in Ründeroth gewohnt hatten, waren zwar schon vor dem Krieg nach Attenberg gezogen, doch wir zählten nicht, und nun musste er den unverschämten Bengel immer zum Übersetzen holen, weil die Amerikaner das so wollten. Sein eigener Sohn, der Ansgar, saß hinten in der Gartenlaube, er war fast schon zurückgekommen aus dem Krieg, da hatte er als Letzter seiner Einheit eine Brücke sprengen müssen und wurde von seiner eigenen Sprengladung erwischt. Rechtes Bein ab, rechter Arm ab. Splitter in den Augen hatten Ansgar blind gemacht. Seine Eltern kauften ihm einen Rollstuhl und einen Hund, Baron, der immer neben Ansgar auf der Terrasse lag. Als sich die Amerikaner in Attenberg einquartierten, wurde Ansgar in die Laube verräumt, und der Hund saß dort bei ihm, nur einmal lag er auf der Hoteltreppe in der Sonne. Baron gefiel mir, ich hätte gern so einen großen schwarzen Hund gehabt, aber meine Mutter fragte barsch, womit ich den denn füttern wolle. Das verstand sogar ich, und ich kniete mich zu Baron und streichelte ihn ausgiebig, obwohl Herr Schramm oben auf der Treppe stand, mit dem Zahnstocher in seinen Zähnen pulte und murmelte, dass ich endlich abhauen solle. Ich dachte nicht daran, zu gehorchen, streichelte weiter das warme, weiche Fell, plötzlich biss mich Baron in die Hand, genau dahin, wo die Pulsadern sind, ich sah benommen, dass meine Hand blutete, sogar ziemlich stark, Herr Schramm brüllte, warum ich den Hund streichle, obwohl er es ausdrücklich verboten hätte, der Hund gehöre Ansgar, ich solle machen, dass ich heimkäme, und meine Mutter hat aufgeschrien, den Arm fest abgebunden, sodass es wehtat. Der Doktor hat mir später die Wunde geklammert. Darauf war ich stolz, und für längere Zeit musste ich daheim nicht abspülen.

Wir fahren erst einmal nur bis Engelskirchen, wo meine zweite Großmutter Auguste seit der Trennung von ihrem schönen Edmund wohnte, da konnte ich wieder absteigen vom Rad, und vor allem gedachte ich mich bei Auguste wieder einmal richtig satt zu essen. Von ihr hieß es, dass sie immer noch einiges an Schmuck, Kleidern und leidlich wertvollen Bildern besaß und auf dem Schwarzmarkt tauschen konnte. So hatte Auguste vielleicht Mehl und Eipulver und würde mir einen Pfannekuchen machen. Meine Engelskirchener Großmutter hieß Auguste im Gegensatz zu Großmama Marie, der Mutter meiner Mutter, die mit dem Großvater Ewald in der Unterstadt lebte und die ich fast täglich sah.

Mutter und Tante Im schien nichts wehzutun, sie schienen nicht zu ermüden, und auf der Ebene oder bergab fuhren sie genauso schnell wie der Höhö in Attenberg, dessen Rad weder

Bremse noch Klingel besitzt und der deshalb ständig «Höhö» schreit. Dann lachten sie, und Tante Im schaute lachend zu mir zurück und ich dachte daran, dass sie von ihrem österreichischen Mann geschieden war, dass alle Österreicher «küss die Hand» und «baba» sagen und dass sie Heiratsschwindler sind. Sagte Tante Im, und sie haderte mit sich, dass sie auf ihn reingefallen war, aber heute sah sie aus wie ein lustiges Kind. Kein Wunder, die beiden hatten es gut, die durften Fahrrad fahren, während ich hier hinten klemmte. Wann kommt denn endlich Engelskirchen! «Wann kommt denn endlich Engelskirchen?», quengele ich, und sofort ruft meine Mutter, ohne sich nach mir umzusehen: «Jetzt stell dich nicht so an, wir haben doch in Ründeroth noch Pause gemacht!»

Schließlich lag das kleine Haus meiner Großmutter Auguste vor uns, das sie von einer Tante geerbt hatte, und Tante Im arbeitete wie wild an ihrer Fahrradklingel, es war so lustig, dieses Klingeln, meine Mutter stimmte mit ein, für einen Moment sah auch meine Mutter aus wie ein junges Mädchen auf einem Ausflug, und ich wünschte mir, dass sie öfter so lustig wäre. Plötzlich gefiel mir die Fahrt nach Köln schon besser, besonders wenn ich an den Eierkuchen dachte, den Auguste für mich backen würde. Sie kam aus dem Haus, duftete nach Parfum und küsste uns alle, besonders mich. «Agnessche, Liebsche, du wirst meinem Michael immer ähnlicher!» Sofort sah ich auf meine Mutter, aber ihr Gesicht verriet nicht, was sie dachte, sie stellte das Rad an die Hauswand und bat ihre Schwiegermutter um ein Glas Wasser. Wir gingen ins Haus, Auguste machte sich tatsächlich daran, Eierkuchen zu backen. Sie trug ein gelb geblümtes Kleid zu ihren roten Haaren, und ich dachte daran, was in der Familie über sie erzählt wurde. In der Friedenszeit war Auguste regelmäßig von Königswinter nach Köln gefahren, um sich die Haare rot färben zu lassen. In einem Modeatelier bestellte sie unanständige Kleider aus französischen Magazinen, in diesem Aufzug kreuzte sie dann auch noch in Attenberg auf. Meine Großmutter Marie trug unter ihrer Blümchenschürze Schwarz mit höchstens einem kleinen Spitzenjabot auf dem Busen. Marie fand Haarefärben und Pariser Kleider unpassend, «von hinten Lyzeum, von vorne Museum». Strafmildernd für Auguste galt immerhin, dass der schöne Edmund ausdauernd fremdging, sodass man Augustes Bemühungen schließlich doch mit Milde begegnete.

Ich aß so viele Pfannekuchen, bis ich wirklich nicht mehr konnte, meine Großmutter versprach, mir für die Weiterreise noch welche einzupacken, dann kochte sie Kaffee für meine Mutter und Tante Im, sie röstete Körner und mischte sie mit einigen echten Bohnen, bald roch es köstlich in der voll gestopften Küche, meine Großmutter hatte nach der Trennung von Edmund nicht gewusst, wohin mit all den Möbeln, wir hatten auch keinen Platz dafür, nirgends war Platz, überall waren zu viele Möbel und Menschen.

Mir wurde langweilig. Überm Kaffee und überm Reden vergaßen mich die drei Frauen, und ich ging vors Haus, ich wusste nichts anzufangen mit meiner ungewohnten Sattheit und Schläfrigkeit. Da sah ich unser Rad. Großvaters Rad. Derzeit das einzige Rad in unserer Familie, das wirklich in Ordnung war. Ohne nachzudenken, stieg ich auf das Rad und fuhr los. Ich konnte überhaupt nicht Rad fahren, war viel zu klein, um auf dem Sattel zu sitzen, aber ich hatte schon oft gesehen, wie Jägers Horsti oder Hans-Werner auf den Rädern ihrer Väter oder Onkel herumsausten, indem sie das eine Bein unter der Stange durch auf das Pedal schoben, und dann ab die Post. Das, so glaubte ich, konnte ich auch, und für eine Weile schaffte ich es tatsächlich. Da es vor dem Haus meiner Großmutter etwas bergab ging, gewann ich auch an Tempo, und ich wünschte mir, mein Großvater oder Eia oder Mia oder am besten alle drei könnten sehen, wie gut ich Rad fuhr! Besonders mein Großvater würde staunen, er würde mich bewundern, Eia auch, Mia wäre vielleicht ein bisschen neidisch. Da mich in Engelskirchen niemand kannte, würde mich niemand für meine Radfahrkunst bewundern, aber das machte nichts. Ich fühlte mich fast wie in einem Rausch – ich war satt und ich fuhr, nein, ich sauste auf dem Fahrrad meines Großvaters dahin, als hätte ich niemals etwas anderes getan, es war ein Triumphgefühl, wie ich es noch nie erlebt hatte. Doch ich kannte die Straße nicht, plötzlich stellte sich mir eine große Villa quer in den Weg, sie kam näher, diese Villa, immer näher, eine weiße, große Villa, die Straße führte geradewegs auf sie zu, dann machte sie eine jähe Kurve nach links, und ich wusste nicht, ob diese Straße nicht noch steiler hinunterging als die, auf der ich jetzt schon sauste. Diese Gedanken gingen mir undeutlich durch den Kopf, die Villa kam näher, immer näher, und ich wünschte sehnlichst, so geschickt zu sein wie der Höhö, der vor jedem Hindernis «Höhö» schrie und abspringen konnte, da sein Rad keine Bremse hatte. Meines hatte eine, aber so wie ich fuhr, konnte ich nicht bremsen, so viel wusste ich, und mit letzter Kraft riss ich vor der Villa das Rad nach links und landete schmerzhaft in einem Drahtzaun, der sich durch den Aufprall ein wenig verbeulte und mich vom Rad warf. Ich blickte mich um. Neben mir lag die Villa mit einer großen, überdachten Eingangshalle. Niemand war zu sehen. Zitternd vor Angst und Enttäuschung, an den Knien Blut und Öl, rappelte ich mich auf. Wie sah das Fahrrad meines Großvaters aus! Wie sollte ich mich meiner Mutter unter die Augen wagen? Sicher konnten wir nun nicht mehr nach Köln fahren, Tante Ims Haus suchen. Meine Knie taten weh, gemein weh, trotzdem hob ich das Rad auf, es hatte eine gewaltige Acht, und ich konnte es nicht schieben.

Da kamen sie auch schon. Voran Auguste, dann Im, dahinter zögernd, als traue sie ihren Augen nicht, meine Mutter. «Is jarnit esu schlimm, dat kriegen wir schon widder!», rief Tante Im meiner Mutter zu, und Auguste nahm mich eng zu sich und streichelte mich. «Denk dir nichts, ich red schon mit deiner Mutter», sagte sie, doch es half mir nichts. Ich wusste, ich hatte wieder einmal versagt, hatte meiner Mutter, die schon genug Kummer hatte, durch meinen Ungehorsam wieder Schwierigkeiten gemacht. Ich war schuld, wenn wir jetzt nicht weiterfahren konnten, wenn auch Großvater kein Rad mehr hatte, ich war überhaupt an allem schuld. Meine Mutter schaute mich kurz und prüfend an, dann machte sie sich mit Im und Auguste daran, den Achter wieder zurechtzubiegen. Inzwischen waren noch andere Leute dazugekommen, Nachbarn von Auguste, und gemeinsam schafften sie es, das Fahrrad meines Großvaters in einer halben Stunde wieder herzurichten. «Glück im Unglück», sagte ein Junge, und er wolle mir das mit dem Radfahren schon richtig zeigen, wenn ich noch eine Weile in Engelskirchen bliebe.

Tatsächlich schliefen wir, anders als geplant, in dieser Nacht bei Großmutter Auguste und fuhren sehr früh am andern Morgen weiter. Ich war es endgültig leid, mit Mutter und Tante Im nach Köln zu fahren, obwohl sie beide ziemlich lieb zu mir waren. Doch ich hasste es inzwischen immer mehr, auf dem Gepäckträger zu sitzen, ich hätte meine Mutter auf den Rücken boxen können, so dumm und hilflos fühlte ich mich. Und was Mutter mir wegen meines Radausflugs erzählen würde, wenn wir heimkamen, daran dachte ich lieber nicht. Großmama Auguste machte Mutter den Vorschlag, mich dort zu lassen, bei ihr, und auf der Rückreise von Köln wieder mitzunehmen. «Nein. Agnes kommt mit», sagte meine Mutter, und ich glaubte in ihrer Stimme eine Drohung zu hören, meine Mutter hatte einiges mit mir abzurechnen, das war mir klar, deshalb sprach sie auch nicht mit mir, sie sah mich nicht einmal an. Nichts wurde mit mir besprochen. Nicht, wie lange die Fahrt noch dauern würde, wann wir in Köln ankamen oder so. Nur die beiden Frauen vor mir wissen, wie lange wir noch so herumfahren, wenn sie es überhaupt wissen. Amerikanische

Soldaten auf einem Laster, vor denen wir erst Angst haben, weil sie uns befehlen, abzusteigen vom Rad, wuchten die Fahrräder auf den Laster, heben uns rauf und nehmen uns mit bis zur Deutzer Brücke. Einer der Soldaten bricht ein Stück Schokolade von einer kleinen Tafel, wortlos reicht er mir den Rest, ich hocke zwischen Decken in einer Ecke, kaue und fühle einen seltsamen süßen Rausch, eine vage Hoffnung, die ich nicht benennen kann. Sie hat ganz allein mit mir und der Schokolade zu tun. Ich schließe die Augen, um an nichts zu denken. Ich will in diesem schaukelnden Laster auf den Decken sitzen, kauen und sonst gar nichts.

In Deutz drängeln und schubsen wir uns mit den Rädern auf ein Boot, mit dem viele Leute übersetzen wollen. Ich fürchte mich, da das Boot schwankt, die Leute schieben und reden sich grob an. Ein Junge winkt mich nach vorn, fragt mich, ob ich schwimmen kann, darauf kriege ich noch mehr Angst, denn ich kann nicht schwimmen, obwohl Eia mich im Attenberger Schwimmbad ins Nichtschwimmerbecken schubst und erst rausholt, wenn ich schon ganz unten in der trüben Brühe paddle. Der Rhein sieht auch so aus, als sei er auf seinem Grund so schlammig wie das Schwimmbad von Attenberg, aber er ist zum Fürchten breit und glänzt in der Morgensonne. Wellen gibt es auch und gar nicht so wenig, unser Boot neigt sich gewaltig nach einer Seite, der Mann, der offenbar alles zu bestimmen hat, verteilt die Leute gleichmäßig und schimpft, wenn sie nicht tun, was er sagt.

Das Boot liegt im Schatten riesiger, zerborstener Brückenpfeiler, sie machen mir Angst, so weit ragen sie auf neben dem kleinen Boot. Der Junge zieht mich an der Hand bis zum Bug des Bootes, dort hocken wir uns in einen Winkel unter die Reling, ich bin dem Jungen dankbar, ich sehe die grausigen Brückenpfeiler nur noch undeutlich, drücke mich bebend in den Schatten des Bootes und schaue den Jungen an, konzentriere mich auf seine dunklen Augen unter den blonden, strubbeligen Haaren. Wir sind die einzigen Kinder auf dem Boot, und er heißt Harald. Schade, dass ich die ganze Schokolade allein gegessen habe. Sonst könnte ich jetzt Harald ein Stück abgeben. Er sieht ein bisschen aus wie Eia, denke ich, weil ich es mir wünsche und weil ich keine solche Angst habe, wenn ich an Eia denke.

Ein mir riesengroß erscheinender Frachtdampfer, der rheinaufwärts an uns vorbeifährt, macht so starke Wellen, dass ich fast in die Hosen mache vor Angst. Ich schreie nicht, aber einige Frauen kreischen, Harald dagegen lacht, er lässt sich von der Gischt bespritzen, während ich mich angstvoll noch tiefer im Bug verstecke. Doch dann kriege ich mit, dass der Bootsführer sich bereitmacht zum Anlegen, nur noch wenige Meter sind es bis zum Ufer, wo viele Leute bereitstehen, um gleichfalls überzusetzen. Als wäre ich nie bange gewesen, setze ich mich zu Harald auf die Reling, lasse die Beine baumeln und tue so, als sei ich auf diese Weise über den Rhein gereist. Mit Harald springe ich ab, meine klatschnassen Schuhe interessieren mich nicht, ich bin ein lässiger, mutiger Passagier und springe immer so von Schiffen herunter. Tschüss, Agness, ruft Harald, und ich winke ihm zu, auf eine gestohlene Weise fühle ich mich froh, steige wieder auf den Foltergepäckträger und höre mir an, dass ich mich nächstens nicht so einfach verdrücken soll. Auf einem Schiff. Unter so vielen Leuten. Dauernd hätten sie nach mir gerufen, aber ich hätte ja noch nie folgen können.

Diesmal ist aber schnell Schluss mit der Strafpredigt, denn wir sind in Köln, und Tante Im und Mutter finden sich nicht zurecht. Wenn es den Dom nicht gäbe, der bald schwarz und hoch vor uns aufragt, wäre sogar Tante Im ratlos. Ein bisschen freut es mich, wie sie in Trümmerbergen nach Straßenschildern suchen, nach Wegweisern oder so was. Aber es gab keine mehr, immer konnten sie bestimmen, wohin es gehen soll, aber nun finden sie den Weg nicht zu Tante Ims Haus. Und jetzt standen wir am Dom, ein harter Wind blies mir kalt an die nassen Füße, rasch fuhren wir weiter oder kletterten über Schutt. In den Fassaden der ausgebrannten Häuser bewegten sich vorsichtig Menschen, es war still dabei, seltsam still, alte Leute und junge Frauen schienen nach etwas zu suchen, obwohl sie wissen mussten, dass sie unter diesen Steinen nichts mehr finden würden, nie mehr. Sie suchten nach Steinen, stapelten sie ordentlich an den schon geräumten Straßen auf, dazwischen spielten die Kinder, eine Frau kochte auf Ziegelsteinen Suppe, ich konnte es riechen, und augenblicklich hatte ich wieder Hunger.

Ich war abgestiegen vom Rad, Mutter und Tante Im suchten, folgten provisorisch gelegten Schienensträngen, Frauen füllten Steine in bereitgestellte Loren, ein alter Mann mit einer kalten Kippe im Mund deutete in eine Richtung, wir suchten weiter, plötzlich rief meine Mutter: «Im, Im, hier ist es doch!»

Wir standen tatsächlich vor dem Haus von Tante Im, die Steinstufen zum Laden mit den beiden großen gebogenen Fenstern waren noch erhalten, vom Wohnhaus daneben stand nur mehr eine Mauer, ich sah die Efeutapete, hörte Tante Im, die plötzlich in einem scharfen Ton ausrief: «Ausjerechnet dä, ausjerechnet dä is uns hängenjeblieben!»

Ich sah, wie meine Mutter den Hals reckte, die Augen zusammenkniff, auch ich bemühte mich, näher zu kommen, kletterte über die Schuttberge zum Haus, doch Mutter riss mich sofort zurück. «Bist du wahnsinnig, Kind, das kann doch jeden Moment einstürzen!» Da sah ich, was Tante Im mit hoher Kopfstimme kreischen ließ – ein schwarz gerahmtes Bild Hitlers hing noch an der Efeuwand, streng schaute der Führer in die Ruinen. Tante Im hob einen Stein, holte weit aus, zielte und traf sogar – doch das Bild zitterte nur leicht und blieb.

«Ausjerechnet dä», sagte Tante Im. Sie sah müde aus, und meine Mutter legte ihr den Arm um die Schultern.

4. KAPITEL

Zwei Orangen
für einmal spökenkieken

Am nächsten Tag in Attenberg habe ich auf der Straße mit meiner Reise nach Köln angegeben. Zuerst bei Milla und Rutha. Die glaubten mir nicht, dass ich auf einem Boot über den Rhein gefahren war, oben auf der Reling gesessen, mit den Beinen gebaumelt und schon vor der Landung einen riskanten Sprung ins Wasser gemacht hatte. Ich glaube, ich muss endlich mal über Rutha und Milla berichten, die meine ältesten Freundinnen sind, aber nicht meine liebsten. Meine richtige Freundin, also die, die ich bewundere, der ich gleichen möchte, das ist Hedy, aber darauf komme ich noch, und eigentlich waren wir Feindinnen, Rutha und ich. Milla war mit ihren fünf Jahren noch zu klein, um Feindin zu sein, mir reichte schon Rutha. Sie hieß auch gar nicht Rutha, sondern Ruth-Anna, doch nur unsere Mütter riefen sie so. Ruthas Mutter ist Frau Thomas, sie ist mit meiner Mutter ziemlich befreundet, glaube ich, jedenfalls leihen sie sich gegenseitig Zwiebeln und Magermilch, und meine Mutter, die himmlische Muster stricken kann, bringt es mit viel Geduld auch Frau Thomas bei, die fast so schlecht strickt wie ich.

Rutha und ich stritten dauernd, obwohl die Mütter uns beschworen: «Hört doch endlich auf, ihr seid doch Freundinnen!» Dabei hat Rutha mir noch letzte Woche einen Stein an den Kopf geworfen, sie hat gut gezielt, ich hatte ein richtiges Loch oben überm Ohr, glaube ich, jedenfalls hat es stark geblutet, und wie ich das Blut an der Hand gesehen habe, bin ich hinter Rutha her, die schon einen Vorsprung hatte, weil sie mich kennt. Ich hab sie eingeholt und hingeschmissen, ich hing richtig schön über ihr und wollte sie verdreschen, dann sah Rutha mich aber so an, ich weiß nicht wie, mit Angst in den Augen, so wie die Kaninchen gucken, wenn der Metzger Ochel sie aus dem Stall holt, und ich konnte einfach nicht auf Rutha eindreschen, dabei hätte ich es so gerne getan. Wie ich mich hasste. Jetzt hatte ich Rutha bildschön unter mir liegen und konnte ihr nichts tun. Ich stellte mir vor, wie Rutha an meiner Stelle auf mich einhauen würde, es half aber nichts. Die Mütter kamen auch schon gelaufen, meine Mutter riss mich weg von Rutha, und sie riefen wieder, dass wir doch Freundinnen seien, und Rutha schwor ihrer Mutter, dass sie mich nicht hatte treffen wollen. Ich wusste das besser, aber mir glaubte in der Oberstadt sowieso keiner ein Wort, und ich wusste noch nicht, wie ich mich an Rutha rächen würde, aber mir würde was einfallen, sicher.

Wir wohnten alle in unserem großen Haus, und ich hätte Rutha am liebsten auf den Mond gewünscht und sie mich dahin, wo der Pfeffer wächst. Rutha gönnte mir nicht, dass ich meinen Bruder Eia hatte und sie keinen. Und sie gönnte mir nicht, dass Eia alles am besten konnte: schwimmen, Rad fahren, Ski laufen, Äpfel klauen, Frösche aufblasen und neuerdings für die Amis übersetzen und Weißbrot heimbringen und Kaffee. Rutha hatte nur ihre kleine Cousine Milla. Die konnte gar nichts. Meist hockte sie an unserer Hausecke, an dem Stein, auf dem ich auch manchmal sitze und warte, aber Milla hatte immer einen Fuß zwischen die Schenkel geklemmt, damit sie nicht zur Toilette musste. Oft ging das in die Hose. Da hatte ich aber andere Cousinen, und das sagte ich Rutha auch oft.

Außerdem hatte ich meine Schwester, Mia. Sie reichte mir eigentlich. Mia hat rote Haare, und die Kölner Kinder rufen: «Rude Fuss, de Kirch is uss!» Wenn mein Bruder Mia ärgern will, sagt er: «Rote Haare, Sommersprossen sind des Teufels

Volksgenossen!» Und: «Dich haben sie in der Klinik vertauscht!» Das sagt er, weil es weit und breit in unserer Familie niemanden gibt mit roten Haaren und grünen Augen. Alle sind dunkel und haben braune Augen, alle. Meine Großmutter bekam mit, wie Mia heulte, da erzählte sie uns, es gebe sehr wohl in der Verwandtschaft ein Abbild meiner Schwester, das sei ihre Mutter gewesen, Juliane Vasbender. Sie habe rotes Haar gehabt, Sommersprossen und grüne Augen. Und sie sei eine sehr schöne und tapfere Frau gewesen, die nach dem frühen Tod ihres Mannes vier Kinder alleine durchgebracht habe.

Eia wollte gar nicht gemein sein, er nahm sich nur alles heraus, weil er auf der Straße der Räuberhauptmann war. Ich glaube, meine Schwester ist ein ziemlich hübsches Mädchen. Aber das würde ich ihr nie sagen, und wenn, dann würde sie es mir nicht glauben. Sie ist drei Jahre älter als ich, und ich finde, dass sie schöne grüne Augen hat. Die können richtig sprühen, wenn Mia mit mir schimpft. Das tut sie dauernd. Wenn ich dann abhaue, ruft sie: «Bleib hier, verdammte Ziege, ich will mit dir schimpfen!» Mia hasst ihre roten Haare und mehr noch ihre Sommersprossen. Und ich glaube, mich hasst sie auch, oder wenigstens ein bisschen. Überall erzählt sie, wie faul und schlampig ich sei und dass ich alle Hausarbeit ihr aufbürden würde. Wenn nicht alles gelogen gewesen wäre, hätte meine Schwester einem richtig Leid tun können. Doch so wollte ich sie brennend gern eintauschen gegen Tante Änna Roth. Aber die gehörte Rutha, war die Schwester ihrer Mutter. Rutha behauptete, ihre Tante Änna würde demnächst heiraten, und dann würden Rutha und Milla Streuengelchen sein mit langen weißen Kleidern und Kränzen im Haar aus Vergissmeinnicht. Genauso wie wir das oft in unserer Kirche sahen. Sonntags nach der Neunuhrmesse, bei den Trauungen. Das muss man sich vorstellen: ein langes weißes Kleid, vielleicht Spitze oder so, dann einen dicken Kranz aus Vergissmeinnicht oder Rosen oder von allem was, und dann Mengen Blumenköpfe in einem Korb, und das streust du dann vor deiner Tante beim Einzug in die Kirche und beim Auszug, und alle sehen dir dabei zu. «Hast du die Streuengel gesehen, so schöne findet man selten», sagen die vielen Zaungäste dann, und das wäre ich gewesen. Und Hedy.

Streuengelchen zu sein, etwas Herrlicheres konnte ich mir nicht vorstellen. Und ausgerechnet Rutha und Milla sollten – diesen Gedanken mochte ich nicht zu Ende denken.

Heulend lief ich zu meiner Mutter. Warum wir denn keine Tante Änna hätten und warum meine Tante Amelie, die viel schöner gewesen sei als Änna, tot sei, warum! Und nun würde Änna heiraten und Rutha – doch da unterbrach mich meine Mutter. Sie hatte so ein feines Lächeln um den Mund, und sie meinte, Tante Änna würde niemals heiraten, und ich solle meiner Mutter nicht noch den letzten Nerv rauben. Verwirrt ging ich weg. Im unteren Flur, vor der Steinernen Küche, begegnete mir Tante Änna. Sie trug ein Haarnetz und einen Frisierumhang und wollte in die Badestube, und ich wusste im selben Moment, dass meine Mutter die Wahrheit gesagt hatte, und das teilte ich sofort Rutha und Milla mit. Die beiden protestierten heulend, Milla stand sogar auf aus ihrem Eck und versuchte, mich vors Schienbein zu treten.

Abends nannte meine Mutter mich ein widerliches Kind und sprach nicht mehr mit mir. Rutha hatte gepetzt. Na warte.

Am Sonntagmorgen gingen wir alle zur Kirche. Rutha, Milla, Änna, meine Geschwister, unsere Mütter, Tante Malchen, Liesbeth und Loni. Männer hatten wir nicht, höchstens Opa Roth und Herrn Waller aus Königsberg, aber die gingen nicht zur Kirche. Es war ein heller Maientag mit einem im Oberbergischen seltenen klarblauen Himmel, die Luft roch frisch, und es war schon überraschend warm. Rutha und Milla hatten neue Kleider an. Auch Millas Mutter war im Nähen geschickter als im Stricken, und die Kleider waren ziemlich schön.

Doch ich war immer noch wütend und fragte die beiden, wieso sie denn im Nachthemd zur Kirche wollten. Darauf weigerten sie sich, mit zur Kirche zu gehen, und die Mütter machten mir wieder Theater.

Das mit dem Nachthemd konnte ich später, wenn ich zur ersten heiligen Kommunion gehen würde, beichten. Das hatte Zeit. Aber Rutha kniete neben mir in der Bank, und ich sah an ihrem Gesicht, dass sie beim Agnus Dei überhaupt nicht an das Lamm Gottes dachte. Rutha brütete Rachepläne aus gegen mich. Das hätte ich an ihrer Stelle auch getan. In diesem Moment hatte ich Rutha fast gern.

Wir sangen gerade «o Jesu, all mein Leben bist du», und ich sah Rutha dabei an und sang lauter «meine Ruhe bist du, ohne dich nur Streit» – da gab mir meine Mutter von hinten einen Stoß. Sie sagte, ich solle gefälligst anständig singen und nach vorne zum Altar schauen.

Niemandem konnte ich etwas recht machen. Trotzdem war ich guten Mutes, seitdem unser Pfarrer aus einem Brief an die Römer vorgelesen hatte, dass keine Gewalt imstande sein würde, uns von der Liebe Gottes zu scheiden. Na also.

Rutha holte am nächsten Tag Christa Stein zum Spielen ab. Christa war viel mehr meine Freundin als Ruthas. Sie ging mit mir in eine Klasse, und ihre Mutter gab mir immer ein Glas Kartoffelsalat, wenn wir mit dem Turnverein zum Wandern gingen. Steins handelten mit Kohlen und Mineralwasser, und oft half ich Christa, in einer Tasche Briketts zu unseren Lehrern zu tragen. Das war ziemlich schwer. Die guten Noten dafür bekam aber nur Christa.

Heute musste ich zusehen, wie Rutha und Christa mit einer Schüssel Zucker in der Bäckerei Valbert verschwanden, um Eis zu holen. Bäcker Valbert warf seine Eismaschine nur an, wenn ihm genügend Leute Zucker brachten. Ich weiß nicht mehr, was stärker in mir wühlte, mein Heißhunger auf Eis oder der Zorn auf Rutha. Sie ging ohne mich zum Eisessen, schlimmer konnte sie sich nicht rächen. Eis war für mich unerreichbar, da weder meine Mutter noch meine Großmutter Zucker besaßen. Christa und Rutha konnten den Zucker nur von Oma Stein haben, die über Kohlen und Briketts zum Tauschen verfügte. Andere Mütter und Omas hatten das meistens nicht. Leider. Niemand kann sich vorstellen, wie das roch beim Bäcker Valbert, wenn der die Eismaschine drehte. Nach Vanille roch es da, nach Großmama Augustes Pralinen und Bockemühlen Emmas roter Limonade, nach Kühle und Himmel. Nach Seligkeit. Das hatten nun Christa und Rutha. Ohne mich.

Ich zweifelte schon fast an dem Römerbrief, da brachte Helga Ringsdorf die Orange mit in die Schule. Ringsdorfs gehörte die Strickwarenfabrik, für die meine Tante Amelie Modelle gezeichnet hatte, und Ringsdorfs hatten natürlich immer Sachen zum Tauschen. Helga brachte Schätze mit in die Schule. Pudding. Pausenbrote. Amerikanisches Weißbrot mit echter Butter. Helga stellte immer eine Bedingung. Man musste jemanden für sie verdreschen, jemandem Juckpulver in den Nacken streuen, für Helga die Rechenaufgaben machen. Irgend so was. Es war immer ziemlich leicht, was Helga verlangte, und wir verabredeten uns für Punkt drei an der Friedenseiche beim Schmittenloch.

Fast meine ganze Klasse war da. Sogar Hedy, Irmtraut, Doris, Söffchen, Veronika, Christa, Rutha und ich. Von den Jungen war Hans-Werner gekommen, Karl-Adolf, Horsti, Jürgen und Klaus-Albrecht. Die Jungen hatten fast alle so komische Doppelnamen. Mein Bruder Eia auch. Er hieß Hans-Ewald, nach den Großvätern Ewald und Hans Edmund. Wir fanden das alles doof. Auch unsere Kleider und die blöden Wasserscheitel. Irgendwie sahen wir alle gleich aus, und wir waren uns ziemlich ähnlich in unseren Wünschen und Bedürfnissen. Im Moment wollten wir alle Helgas Orange. Keiner von uns hatte je eine besessen, obwohl die Amerikaner manchmal welche an Kinder verschenkten.

Helga wusste das alles, und sie rückte sich zufrieden auf dem Stein zurecht, auf dem sie Platz genommen hatte. Sie unterschied sich schon durch ihre ständig neuen Kleider von uns, heute trug sie eines in Dunkelblau, dazu die makellosen Strümpfe in derselben Farbe und taubenblaue mit Dunkelblau abgesetzte echte Lederschuhe. Wir waren daran gewöhnt, dass Helga so ziemlich alles hatte, was wir nicht besaßen, aber das war schon immer so gewesen, und wir hatten begriffen, dass es auch im Krieg reiche Leute gab und andere. Mir erschien es natürlich, arm zu sein, doch da ich zu den Kindern gehörte, die jederzeit in Helgas Garten kommen konnten, machte ich mir über den Reichtum der Ringsdorfs keine Gedanken.

Helga legte die Orange dicht neben sich und sagte, nur der bekomme sie, der ihr heute am meisten Leid tue.

Da meldeten sich natürlich sofort alle, deren Väter im Krieg gefallen waren. Söffchen, Irmtraut, Doris, Karl-Ernst und Karl-Adolf. Am lautesten schrie Rutha. Ihre Mutter hatte erst vor drei Wochen die Nachricht vom Tode ihres Mannes, des Lokführers Thomas, erhalten, und ich hörte noch das jäh aufsteigende Klagen aus dem Erdgeschoss unseres Hauses, in dem Frau Thomas mit Rutha und ihren Eltern Roth drei Zimmer bewohnte. Es war, als wäre das große, alte Haus angefüllt mit etwas Schwerem, Dunklem, was einem die Luft abschnürte. Ich durfte an diesem Tag Rutha nicht besuchen, meine Mutter verbot es mir. «Die Thomas müssen jetzt allein sein», sagte sie. Ich verstand das zwar nicht, gehorchte aber.

Rutha hatte gewaltige Vorteile davon, dass sie Kriegswaise war. Jedenfalls sah ich das so, und es gefiel mir nicht. Meine Mutter strickte für Rutha einen ritzeroten Tellerrock. So einen hätte ich auch gerne gehabt. Meine Schwester Mia noch dringender. Doch für uns gab es keine Tellerröcke. Alles, was meine Mutter strickte, tauschte sie ein gegen Lebensmittel. Ich sagte ja schon, dass wir nichts hatten und das auch noch mit Winds und Ames und Zinnikus und anderen Leuten aus Köln teilten.

Gut, dass meine Mutter nicht zusehen musste, wie ich jetzt um Helgas Orange kämpfte. Ich wollte sie haben, unbedingt. Nur – was hatte ich zu bieten, damit Helga Mitleid mit mir bekam? Womit konnte ich die frisch verwaiste Rutha übertrumpfen?

Mein Vater war noch in Russland in Gefangenschaft wie viele andere Väter auch. Mit ihm konnte ich Helga nicht kommen. Und es ging schon los: Karl-Ernst erzählte als Erster, dass seine Tante Friedchen gestern im Wald von einer Schlange gebissen worden sei. Helga unterbrach ihn sofort. Erstens glaube sie das nicht, und wenn, dann täte es ja Karl-Ernst nicht weh. Da sagte Söffchen, sie habe ein Glas eingemachte Kirschen auf das gute Kleid ihrer Mutter fallen lassen. Das Glas sei kaputt, das Kleid vom Kirschsaft versaut. Wir horchten auf, denn das war eine größere Katastrophe. Doch Helga entschied, dass ihr die Kleider von Söffchens Mutter noch nie gefallen hätten. Söffchen brach in Tränen aus und lief heim. Ich überlegte gerade, ob ich das mit dem Stein sagen sollte, den mir Rutha an den Kopf geworfen hatte. Doch ehe ich mich entschließen konnte, rief Rutha, dass ihre Tante Änna die Motten habe. Nun sei wahrscheinlich die ganze Familie Roth-Thomas angesteckt, und sie würden mit Sicherheit alle sterben.

Für einen Moment schwiegen alle. Ich auch. Die Motten, so viel wusste ich, bedeuteten Lungentuberkulose. Wenn es stimmte, was Rutha sagte, wäre unser ganzes Haus verseucht. Blitzartig erkannte ich, dass genau in dieser Schreckensvision meine Chance lag. Helga benagte schon grübelnd ihre Lippen, alle warteten auf ihr Urteil, da rief ich, dass dann auch meine gesamte Familie die Motten kriegen müsste. Schließlich lebten wir in einem Haus, und somit sei ich genauso zu bedauern wie Rutha.

Das leuchtete Helga sofort ein. Sie legte die Hand wieder auf die Orange und sagte, wir sollten weitermachen. Endlich fiel mir meine Urgroßmutter ein, die Mutter meines geliebten Großvaters Ewald. Sie stammte aus einer westfälischen Müllersfamilie und konnte spökenkieken. Das heißt, dass sie die Toten von morgen sehen konnte und Geister und so was. Das war schon lange her, aber in den Familien war oftmals die Rede davon, und es wurde auch erzählt, dass meine Urgroßmutter eines Tages mit dem Grusel nicht mehr leben konnte. Sie hatte sich im Mühlbach ertränkt.

Ich erzählte nun, dass ich das Spökenkieken von meiner Urgroßmutter geerbt habe. Schon mehrmals hätte ich den Tod von Leuten aus der Oberstadt vorhergesehen, aus Angst aber bislang nicht darüber gesprochen. «Und nun habe ich schon wieder einen Toten gesehen», sagte ich und sah dabei Rutha an, immer nur Rutha.

Alle sahen auf mich. Manchen blieb der Mund offen. Ich glaube, mir blieb meiner auch auf, sozusagen innerlich, wegen dieser dicken Lüge, aber bald hatte ich nicht mehr das Gefühl, dass ich log. Insgeheim fürchtete ich mich schon lange, das Spökenkieken geerbt zu haben, denn ich träumte immer von Sargdeckeln und nächtlichen Tieren, die einen in die Füße beißen, und in der Familie sagten sie oft, ich käme nach der westfälischen Uroma. Während ich redete und redete und dabei immer Rutha ansah, geriet ich in eine gewisse Stimmung, in Schauder und so, und die anderen alle auch, und ich beschwor sie, mich nicht zu verraten, und es war leicht, dabei in Tränen auszubrechen. Richtig schön war das, zu heulen und zu schluchzen und dabei zu sehen, dass alle Mädchen mitweinten, sogar Helga. Rutha aber nicht. Die Jungen sahen verlegen vor sich auf die Erde. Sie durften nicht weinen.

Helga stand auf und gab mir die Orange. Ich packte sie, rannte damit weg, ehe der Schauder bei allen verfliegen und mich um meine Orange bringen würde. Ich lief von der Friedenseiche zurück zur Hauptstraße, die wenigen Meter zu unserem Haus, stürzte mit der Orange in die tiefe Dunkelheit des Flurs, rannte drei Treppen hoch auf den obersten Speicher, den allerhöchsten erreichte ich nur durch eine Leiter, was mir bei Strafe verboten war, denn der oberste Boden war lückenhaft und nur ganz früher einmal für das Aufbewahren von Heu verwendet worden. Ich hockte mich in eine Ecke und begann viel zu rasch und fahrig meine Orange zu schälen. Natürlich wusste ich nicht, wie ich das machen musste, und schließlich hielt ich die matschige, triefende Frucht in der Hand. Ich warf sie achtlos in die Ecke. Da hörte ich ziemlich leise Hedys Stimme von der Straße herauf. Sie rief meinen Namen, und ich war erleichtert und getröstet, warum, wusste ich nicht so genau, aber ich begann, langsam und vorsichtig die Leiter hinunterzusteigen.

Vor dem Haus, an meinem Stein, hockte Hedy und wollte unbedingt wissen, ob das stimmte, was ich an der Friedenseiche erzählt hatte, das mit dem Spökenkieken und so. Ich war froh, dass Hedy bei mir war, ich fühlte mich schlecht und gemein, und es wäre mir lieber gewesen, Rutha hätte die Orange bekommen, die nun auf dem obersten Speicher verschimmeln würde. Hedy fragte, ob wir in den Garten gehen könnten, sie müsse mir etwas Wichtiges sagen. Ich war erstaunt, sah Hedy an, als wäre sie gerade erst vom Lastwagen heruntergestiegen. Hedy war zwar meine liebste Freundin, meine allerliebste sogar, aber ich kannte sie noch nicht lange, sie war erst mit den Flüchtlingen nach Attenberg gekommen.

Als wieder einmal ein Laster mit Flüchtlingen auf unserem Schulhof eintraf, als erschöpfte Frauen, Kinder, ein paar alte Männer, die niemanden ansahen, sich stumm vom Wagen heruntermühten, als ein blondes Mädchen als Einzige leichtfüßig und lächelnd heruntersprang von der Ladefläche, da klopfte mein Herz heftig von dem Wunsch, ihr nahe zu sein, alles für sie zu tun. Das Mädchen beachtete mich nicht, half einer Frau vom Wagen, die vielleicht so alt sein mochte wie meine Mutter, aber ständig den Kopf schüttelte. Das konnte doch kein Mensch aushalten, immer den Kopf zu schütteln. Später, als wir befreundet und unzertrennlich waren, erzählte mir das Mädchen, das Hedy hieß und in meine Klasse ging, dass die Russen daran schuld waren, dass ihre Mama immer mit dem Kopf schüttle. Ich erfuhr, dass Hedy eine ältere Schwester gehabt hatte, sie war an einer schweren Grippe erkrankt, als die Russen die Stadt besetzten. Hedy hatte mit ihrer Mutter bei der kranken Schwester am Bett gewacht, als die russischen Soldaten hereinstürmten, sie hatten der Schwester das Bettzeug weggerissen, einer warf sich auf das fieberkranke Mädchen, die Mutter versuchte, die Tochter zu schützen, da hatte ein anderer Russe die Mutter auf den Boden geworfen und mit ihr dasselbe getan wie der andere mit der Schwester. «Du weißt schon», sagte Hedy ruhig zu mir, «flicken ohne l machen.» Ich wusste es nicht oder doch nicht so genau, aber ich spürte, dass es etwas Schreckliches gewesen sein musste. Noch mehrere Russen waren gekommen, und Hedys Schwester hatte bald nicht mehr geschrien, nur noch die Mutter.

Sie konnten dann das tote Mädchen nicht beerdigen, so rasch hatten sie wegmüssen aus ihrer Stadt, der Vater sei überhaupt nicht daheim gewesen, und seitdem hatte Hedys Mutter das mit dem Kopfschütteln. Ich fragte meine Mutter, warum die Russen das gemacht hätten, aber sie schob mich ärgerlich weg, sagte, das sei nichts für Kinder, und später sagte meine Großmutter dasselbe. Bei ihr hatte ich das schon erwartet, dieses «das verstehst du noch nicht», aber manchmal vergaß sich die Großmutter und erzählte mir, was ich wissen wollte, um erst danach zu erschrecken und sich selber mit dem «das verstehst du Gott sei Dank noch nicht» zu beruhigen. Doch diesmal fiel Großmutter nicht auf mich herein, und sie mochte nicht mit mir darüber reden. Ob ich wollte oder nicht – dauernd stellte ich mir vor, wie Russen auf Hedys Schwester und auf ihrer Mutter lagen und flicken ohne l machten.

In Attenberg waren die Flüchtlingslaster nicht gern gesehen, das wusste ich. Die Amerikaner waren schon da, sie suchten sich die besten Häuser aus, die Flüchtlingsfamilien mussten auch untergebracht werden. Ich freute mich über alle Leute, die in Attenberg eintrafen. Neue Gesichter, neue Menschen, die mich ablenkten, die von mir ablenkten. Für mich kletterten von den Lastern keine zusätzlichen Esser herunter, keine Obdachlosen, die Einheimischen die Zimmer wegnahmen, sondern Kinder wie Hedy, die mit uns spielten und in die Schule gingen, ihre Eltern, die das langweilige Attenberg mit neuen Geschichten aufmöbelten, mit neuen Bräuchen, mit neuen Kochrezepten.

Die Bilder aus diesen Tagen stelle ich mir immer wieder vor. Am liebsten das eine, auf dem Hedy lächelnd vom Laster steigt. Unser großer Schulhof, das alte Schulgebäude mit seinen Sprossenfenstern und dem Geruch nach feuchten Schwämmen und Essiglauge, in dem ich saß, daneben das Realgymnasium, das meine Geschwister besuchten, das alles stand auf einem staubigen Teerboden, gegenüber die alte Kirche mit den Gräbern hinter dem schmiedeeisernen Zaun, Sickerlings Textilgeschäft, das schöne Fachwerkhaus von Engels Eisenwaren, das alles sah ich in einem anderen Licht, weil Hedy da war, ein Mädchen aus Pommerland, das abgebrannt war, dafür wollte ich ihr Attenberg schenken, obwohl es mir selber nicht gehörte. Hedy war noch fremder als ich im Oberbergischen, immerhin war ich hier geboren, Hauptstraße 21, Hausgeburt, Sturzgeburt, mein Vater rannte zu Tante Hanna, der Hebamme, auch eine der vielen Cousinen. Sie ließ meinen Vater auf ihrem Rad mit Mariahilfsmotor hinten aufsitzen, aber sie kamen zu spät, meine Mutter hielt sich am Bettpfosten fest, ich lag auf dem Boden, den Mund geschwollen vom Sturz auf die Dielen, alles war schon erledigt bis aufs Abnabeln, ich war auf den Mund gefallen, meine Geschwister ärgerten mich später damit, doch ich war stolz darauf, eine Sturzgeburt gewesen zu sein, niemand weit und breit in der Verwandtschaft konnte das von sich sagen. Jedes Mal, wenn von meinem Eintritt in die Welt die Rede war, meldete ich das mit der Sturzgeburt, bis meine Mutter sagte, sie könne es nicht mehr hören, so schön sei das nun auch nicht gewesen, und ich vergaß es schließlich über der gewissen Mühsal, im armen Haferspanien – so hieß früher das Oberbergische – in den Krieg hineingeboren zu sein, trotzdem war ich keine Einheimische, gehörte nicht dazu, da meine Eltern aus Königswinter kamen, das lag am Rhein. Im Oberbergischen mochte man die Rheinländer nicht unbedingt, das waren für sie die Jecken mit ihrem Karneval, egal, ob es Leute aus Köln waren oder aus Königswinter, alle redeten sie zu viel und zu laut, ein echter Oberberger war näher verwandt mit den Westfalen als mit den Kölnischen. Für mich war Attenberg trotzdem meine Vaterstadt, eine andere hatte ich nicht, ich wollte sie mit Hedy teilen, die ihre Heimat von einem Tag auf den anderen hatte verlassen müssen.

Hedy, das spürte ich schon lange, war klüger als ich, obwohl wir gleichaltrig waren. Immer war sie gepflegt, ihre Fingernägel hatten weiße Ränder, Hedy hatte weißblonde Haare, so hell wie sie bei keinem der anderen blonden Kinder waren, bei Christa zum Beispiel, bei Rutha oder Horsti. Dazu waren Hedys Haare so dick, dass ihre Zöpfe fast doppelt so breit herunterhingen wie meine.

Wir gingen in den Garten, der, vom Haus durch eine schmale Gasse getrennt, von einer niedrigen Steinmauer umgeben und voll war von Bäumen, Büschen und Sträuchern, an denen Johannisbeeren wuchsen, rote und schwarze. In Friedenszeiten war daraus immer Likör angesetzt worden, von dem alle Erwachsenen schwärmten, jetzt jedoch fehlte es am Zucker und am Wacholder, den man dazu gebraucht hätte. Wir aßen die schwarzen Johannisbeeren nur dann vom Strauch, wenn die roten schon abgeerntet waren und die Stachelbeeren auch. Am liebsten war uns der Pflaumenbaum, dessen Früchte einen blausamtenen Schimmer hatten und herrlich süß schmeckten. Wenn sie reif waren, stand mein Bruder oft schon im Morgengrauen auf, suchte den Boden ab nach reifen Früchten und brachte sie uns ans Bett, wo er sie mit uns teilte. Natürlich erst, nachdem sein größter Hunger schon mal gestillt war. Solch unkontrollierter Segen brachte manchmal unsere Verdauung durcheinander. Das konnte ich gar nicht gebrauchen, denn die Toilette im Haus funktionierte nie, weil einfach zu viele Leute entweder zu fest an der Kette zogen oder zu viel Papier hineinwarfen, weiß der Kuckuck. Nie wollte es jemand gewesen sein. Jedenfalls blieben uns häufig nur die beiden Plumpsklosetts, eines war hinter der Waschküche, das andere sogar außen ans Haus angebaut. Mir graute vor beiden. Die Öffnungen, mit mächtigen Deckeln verschlossen, gaben den Blick frei auf eine Gülle, in der mysteriöse Wesen paddelten, die heimtückisch heraufzugrinsen schienen und sogar dumpfe Laute von sich gaben, je nachdem. Es gab da so Gerede im Haus, Geflüster, Frauengetuschel. Eine sah die andere an, «pssst, sei still! das Kind!», aber ich hörte es doch: man könne zumindest das Außenklo ja auch von der Gasse aus erreichen, man müsse nur das Törchen zur Bleiche öffnen, zum Wäschetrockenplatz, und schon sei man drin ... Hieß das, dass andere Leute Sachen in unser Außenklo warfen? Die hatten doch selber Klosetts ...

Für solche Fragen war Hedy zuständig. Ihr Vater, der bei der Vertreibung von der Familie getrennt gewesen war, hatte sie in Attenberg wieder gefunden und bekam rasch eine Anstellung in der Praxis des alten Zahnarztes Nordmann, der schlecht sah und dem kein Attenberger mehr sein Gebiss anvertrauen wollte. Hedys Vater war Zahnarzt und ihre Mutter eigentlich auch, aber wegen des Zitterns konnte sie nicht arbeiten. Sie half trotzdem in der Praxis, war eine bessere

Sprechstundenhilfe, wie es hieß. Hedy würde bald ein Geschwisterchen bekommen, ein Bruder war erbeten, daher kannte Hedy sich aus in Sachen, die in der Gülle schwimmen, weil manchmal Frauen die Kinder nicht wollten, sie sprangen dann mit dem vollen Wäschekorb die Böschung runter oder fuhren nachts auf den Bahngleisen mit dem Fahrrad herum, oder sie machten was mit Seifenlauge und Stricknadeln, sagte Hedy.

Aber das wollte sie heute nicht mit mir besprechen. Ob ich nicht wenigstens ein kleines bisschen spökenkieken wollte – wenigstens mal versuchen. Vielleicht könnte ich doch den Tod des Doktor Nordmann voraussehen, nur ein bisschen, er müsse ja nicht gleich sterben, aber er schikaniere Hedys Eltern jeden Tag mehr. Die Mutter weine schon dauernd, weil sie befürchtete, dass es mit einem schreienden Säugling noch mehr Streit gebe mit dem alten Nordmann.

Wir saßen unter einem Johannisbeerbusch. Es war ein eher kühler Oktobertag, die Sonne kam nur auf Stippvisite heraus, und wir drängten uns näher aneinander, weil uns fröstelte unter dem Busch. Hedy drehte nervös eine herunterhängende Rispe zwischen ihren Fingern. «Versprichst du mir, dass du nichts verrätst? Ehrenwort? Nie?»

So kannte ich Hedy nicht. Sie war immer ziemlich ruhig, aber nicht wie ein ängstliches Kind, sondern wie ein selbstbewusstes. Lebhaft war sie in der Schule, wo sie sich dauernd meldete, weil sie einfach alles schon wusste und konnte und sich langweilte. Manchmal waren wir Konkurrentinnen, Hedy und ich. Durch Henri, der mir Lesen und Schreiben beigebracht hatte, gehörte ich zu den Besten in der Klasse, ohne Hedy wäre ich vielleicht sogar die Beste gewesen, aber sie war mir über, nur im Aufsatz bekam ich manchmal eine Eins und sie nur eine Zwei. Das passte Hedy nicht, und ich verstand das, trotzdem strengte ich mich jedes Mal an, sie in dem einzigen Fach, in dem ich die Chance hatte, zu übertreffen.

Nochmal musste ich mein Ehrenwort abgeben, dann erzählte mir Hedy, dass ihre Eltern Juden seien, dass sie nicht Hedy Schneider heiße, sondern Dinah Salomon, und dass sie alle falsche Pässe hätten. Kürzlich, nach einem Sonntagsspaziergang, sei Nordmanns Haushälterin so komisch durch den Flur geflattert, als sie heimkamen, und der Vater habe den Eindruck gehabt, als hätte jemand in den Papieren herumgeschnüffelt. Und seitdem seien der Nordmann und die Haushälterin nur noch gemein, Schneiders dürften nicht mehr ins Bad, die Haushälterin hänge es immer voll Wäsche, wenn Herr Nordmann es verlassen habe, die Mutter dürfe kaum noch in die Küche und so weiter. «Komm», sagte Hedy, «denk nicht an Rutha beim Spökenkieken, denk an den Nordmann, und fang schon heute Nacht an!»

Natürlich konnte ich nicht spökenkieken und auf Kommando schon gar nicht, aber ich versuchte es, Freundschaft ist etwas Heiliges. Der alte Nordmann, ein eleganter Schlittschuhläufer, der auf dem Eis richtig tanzen konnte, brach im Winter auf der zugefrorenen Agger ein, weil er wegen seiner schlechten Augen eine dünne Stelle im Eis nicht rechtzeitig gesehen hatte. Ganz Attenberg sprach davon, und Hedy kam aus ihrer Unterstadt hochgerannt und keuchte, sie sei mir so dankbar, dass ich spökengekiekt hätte. «Nein, hör auf, kann ich doch gar nicht», sagte ich, doch Hedy schnappte immer noch nach Luft, holte eine Orange aus ihrer Schürze, gab sie mir und sagte, dass wir es beichten würden, beide, im nächsten Jahr bei der ersten heiligen Kommunion.

Eigentlich bin ich nur auf die Geschichte vom alten Nordmann gekommen, weil Hedy ein jüdisches Kind war, und ich hatte vorher noch nie eines gesehen. Jetzt wusste ich, was ein jüdisches Kind war, ein Kind wie alle anderen, auch wenn Hedy ein bisschen schöner und klüger war. Rachel und Isidor Gut waren das einzige jüdische Ehepaar, das ich kannte, und sie waren deshalb so wichtig, weil sie von einem Tag auf den anderen in

Attenberg auferstanden waren, von den Toten auferstanden, so ein bisschen wie Jesus Christus. Für manche schien es so, als wären sie mit den Amerikanern zurückgekommen, aber nein, sie waren die ganzen drei Jahre in Attenberg gewesen, und niemand hatte es gewusst. Es war eine Aufregung, alle redeten drüber, aber wieder so, dass wir Kinder es nicht mitbekommen sollten. Doch ich hatte von meinen Großeltern viel über die Guts gehört, ich konnte mich an ihr Textilwarengeschäft erinnern, es lag in der Unterstadt an der Kölner Straße, schräg gegenüber der Praxis Nordmann. Fast alle Attenberger kauften bei Guts, meine Mutter auch, ich liebte es, mit meiner Mutter in den dunklen, kühlen Laden zu gehen, dessen Wände bedeckt waren mit Regalen, in denen immer noch einige Stoffe lagen, auch in der allerschlimmsten Zeit. Wo ich von Rachel Gut neben einem Stück Kandis auch Stoffmuster und eine Schere bekam, mit der ich auf der breiten, dunkelgrünen Theke die schönsten Figuren und Muster schneiden konnte.

Rachel und Isidor Gut waren schon älter, zumindest in meinen Augen, sie hatten keine Kinder, zeigten sich aber großzügig und verständnisvoll. Gaben Kredit, wenn die Kunden viele Kinder, aber wenig Geld hatten. Meine Mutter ließ manchmal auch anschreiben, sie tat es nicht gern, dann zwinkerte Rachel Gut ihr zu, dass ihr Herr Vater, der Herr Vonderweidt, ja immer mal reinschaue, und der erledige das dann schon. Sie habe jederzeit Kredit im Hause Gut.

Am dicksten in der Kreide hatte Vogels Paul gestanden. Er stammte aus dem Westfälischen und war Dachdecker von Beruf. Nur die rechte Lust fehlte ihm, und es wurde ihm nachgesagt, er sei immer wie ein Biest in den Erbsen herumgelaufen, so abgerissen, und er habe auch lieber bei der Bockemühlen Emma in der Wirtschaft gesessen als auf dem Dachfirst. Dieser heruntergekommene Dachdecker hatte eine Frau und drei Kinder, und die brauchten immer wieder anständige Kleider, denn sie gingen alle schon in die Schule. Die Frau wusste sich nicht anders zu helfen, als bei den Guts anschreiben zu lassen, und manchmal schenkte Rachel Gut ihr auch Stoffe, die ein wenig verblasst waren oder angestaubt.

Eines Tages machten die Attenberger große Augen. Vogel ging breitbeinig durch die Ober- und Unterstadt, zunächst hatte ihn niemand erkannt. Er war nicht länger ein Biest in den Erbsen, er trug braune SA-Uniform, glänzende Stiefel, Schulterriemen, ein frisch gebügeltes Hemd und eine Mütze mit scharfem Kniff. Das Geld dazu, so viel bekamen die Attenberger schnell heraus, bekam Vogels Paul aus der Kameradschaftskasse der SA. Er war jetzt wer, und als in jenem November die Nazis in ganz Deutschland bei den Juden die Fensterscheiben einwarfen, die Läden demolierten, alle Waren hinauswarfen und die Inhaber misshandelten, passierte das auch Rachel und Isidor Gut in Attenberg, weil sie Juden waren. Vogels Paul war bei der SA-Rotte dabei. Seine Frau, so erzählte es mir die Großmama, war ihm nachgerannt, hatte sich an ihn geklammert, sie sollten doch den Guts nichts tun, Vogels hätten doch so viele Schulden bei ihnen, doch Vogels Paul und seine Genossen hatten mit Lust weitergemacht. Frau Vogel habe sich in derselben Nacht im Keller des Hauses erhängt, sagte Großmama, die Kinder hatten überall nach ihr gesucht und sie schließlich dort gefunden.

Der Vogel Paul wurde seit dieser Nacht in Attenberg nicht wieder gesehen, und die Guts auch nicht. Ihr Laden war mit Brettern vernagelt worden, und das blieb auch für einige Jahre so.

Wenige Wochen nach dem Einzug der Amerikaner sah man Rachel und Isidor Gut plötzlich wieder in Attenberg. Herr Gut entfernte mit Hilfe meines Großvaters die Bretter von seinem Laden, die zerstörte Tür und die zerbrochenen Fenster wurden erneuert, die Guts räumten ihr Geschäft wieder auf. Eia und mein Großvater halfen ihnen, auch Schneeweißchen und Rosenrot waren jeden Tag am Werk. Die meisten Attenberger waren zu scheu, um zu fragen, aber sie packten schließlich mit an, den Laden herzurichten. Paul Uhlmann reparierte das Dach, Otto der Seltsame besserte die zerstörten Regale aus oder baute neue.

Langsam sickerte durch, was geschehen war. Rachel und Isidor Gut waren bei Leni und Loni Wippermann gewesen, die ganze Zeit über. Im Heizungskeller, hinter dem Koks. Als die Nazis den Laden kurz und klein schlugen, als sie sich wieder einmal ihrer Zerstörungsmacht erfreuten, rief der Vogel Paul seinen Kameraden zu, er habe den Auftrag, die Juden wegzubringen, nach Köln, ins El-De-Haus. Den anderen sei das offenbar recht gewesen, sie hätten sich nicht darin stören lassen, die Einrichtung zu zerschlagen, das Gut'sche Porzellan und Silber zu stehlen. Schließlich waren die schönsten Stoffe aus dem Laden herausgezerrt worden, die Nazis hätten sich darin eingehüllt und seien herumgetanzt.

Der Vogel Paul hatte die Guts angeherrscht, sich gefälligst auf sein Motorrad mit Beiwagen zu setzen, das habe er aber nur für die Genossen gemacht, zum Schein, er habe den Guts dann zugeflüstert, sie sollten keine Angst haben, er bringe sie hin, wohin sie wollten. Sie hätten ihn gebeten, er solle sie zu den Schwestern Wippermann fahren, die neben Guts ihr Haus hatten, und der Vogel Paul habe sie ein Stück Richtung Köln gefahren, sei außer Sichtweite zum Krankenhaus hochgeprescht, zurückgefahren, um sie dann völlig unbemerkt hinter Wippermanns Haus abzuladen. Dann war er davongefahren.

Herr Gut baute mit Hilfe der drei Frauen hinter dem Koks einen Bretterverschlag, sogar Licht legten sie vom Kellerraum hinter den Koks, sie hatten zwei alte Bettstellen und Nachttöpfe, und die Wippermanns holten in den Nächten Bettwäsche und Kleider aus dem Gut'schen Haus. Viel war es nicht, was die Nazis übrig gelassen hatten.

Wippermanns und Guts waren seit langem befreundet. Die Schwestern Wippermann liebten schöne Stoffe, Loni liebte Weiß, Leni ein zartes Rot. Sie trugen Kleider nur in diesen

Farben und hießen in Attenberg Schneeweißchen und Rosenrot. Immer schon. Seit ich denken kann. Und jetzt war auch mir klar, warum Schneeweißchen und Rosenrot in ihrem Badezimmer ein Ferkel großgezogen hatten. Das war strikt verboten, aber meine Großeltern waren eingeweiht worden, sie waren Nachbarn der Wippermanns und hatten ihr Vertrauen. Von den Guts hinter dem Koks hatten auch meine Großeltern keine Ahnung, aber dass Schneeweißchen nur noch ein dünnes Fädchen war und dringend kräftiges Essen brauchte, das hatte Rosenrot den Großeltern erklärt, und die hatten dann auch allen entbehrlichen Abfall für das Fitzchen in der Wippermann'schen Badewanne abgeliefert. Ich habe das Ferkel einmal gesehen, es war sehr rosig, sehr gepflegt und schaute mich unter seinen langen blonden Schweinewimpern aus hellblauen Augen leutselig an, es stank überhaupt nicht, so sauber hielten es die Wippermanns. Sie waren stolz auf Fritz, ich glaube, sie liebten ihn richtig.

Dann war es so weit. Metzger Ochel wurde gerufen, das Fitzchen Fritz hatte Schlachtreife. Loni und Leni, jede eine der Hauskatzen unter dem Arm, versteckten sich bei meinen Großeltern im stillen Örtchen, das kein Fenster hatte, beide stopften sich Watte in die Ohren, um nur ja nicht einen Todesschrei vom Fitzchen mitzukriegen. «Eine dolle Welt», habe Rosenrot gerufen, und dann hätten sich die beiden im Örtchen eingeschlossen.

Als alles vorbei war, baten die Wippermanns meinen Großvater, sie heimzubegleiten. Zuerst ging Rosenrot, dann Schneeweißchen ins Badezimmer, wo Fitzchen so lange residierte und wo jetzt Metzger Ochel die rosarote Pracht in zwei Teile geteilt und aufgehängt hatte. Großvater erzählte, dass er doch erstaunt gewesen sei, wie gefasst die beiden Wippermanns vor das Fitzchen hingetreten seien, sie hätten mit den Fingerspitzen genau geprüft, wie viel Speck Fritz angesetzt hätte, und sie seien zufrieden gewesen.

Immer, wenn wir bei Guts einkauften, wenn ich die etwas knarrende Stimme Isidor Guts hörte und die höfliche, zwitschernde seiner Frau, dann denke ich an Ines Simon und daran, dass ihr Mann von niemandem versteckt wurde und sein Bruder auch nicht. Warum hatte ihnen keiner geholfen? «Das geht dich nichts an», sagte meine Mutter, sagte sogar der Großvater, sagten sie alle. «Dazu bist du noch zu klein. Du musst dich nicht in alles einmischen. Kümmere dich um deine Schulsachen. Deine Schultasche ist ein Schweinestall.»

Darauf lief alles hinaus. Immer, wenn ich ihnen lästig war, kamen sie mit meiner Faulheit und meiner Unordnung. Genau genommen hatte auch ich unter den Erwachsenen keinen wirklichen Freund. Mir blieb nur Jesus Christus. Und wenn ich an ihn dachte, fiel mir immer mein Vater ein. Er sah nämlich genauso wunderbar aus wie Jesus Christus, wirklich wahr.

Es gab Fotos von Vater und uns, meine Mutter hatte sie weggeräumt, aber ich habe so lange gesucht, bis ich sie hinter der Wäsche in Mutters Zimmer fand. Meine Großmama hat auch alles, was keiner finden soll, hinter der Wäsche versteckt, ich dachte, vielleicht macht Mutter das genauso – und richtig. Jetzt kann ich mir immer, wenn meine Mutter nicht zu Hause ist, die Fotos holen, auf denen mein Vater zu sehen ist. Außer dem Hochzeitsfoto, auf dem meine Eltern so aussehen wie die Schauspieler, von denen meine Schwester Fotos sammelt, nur viel, viel schöner, außer diesem Foto gibt es keines, auf dem meine Eltern gemeinsam zu sehen sind. Aber das kommt bestimmt daher, dass ja immer einer von ihnen fotografieren musste. Die meisten Bilder, die ich gefunden habe, sind im Winter gemacht worden. Ich bin ein kleines Kind, vielleicht zwei Jahre alt, nicht sehr schön, finde ich. Sie haben mir eine spitze Mütze aufgesetzt, die ist ziemlich eng, und man sieht, was für dicke Backen ich habe. Bläserbacken heißt so etwas im Oberbergischen. Da könnte man von hinten dranspucken.

Meine Schwester und mein Bruder sind viel hübscher als ich. Beide haben feine Gesichter und gar keine Bläserbacken. Am schönsten ist unser Vater. Er sitzt auf einem Schlitten, auf unserem Schlitten, rechts hat er Mia im Arm, links mich, und hinter ihm steht Eia. Mutter hat das Foto gemacht, und mein Vater sieht ganz lieb in die Kamera, es tut mir weh, weil er sie furchtbar lieb ansieht, und sie sagt immer, wenn ich sie frage, dass mein Vater alle Frauen lieb ansieht und nicht nur sie und dass er sie schon vergessen habe, wenn sie ihn zum Zug brächte und der Zug um die erste Kurve gefahren sei. Und dass wir irgendwo einen kleinen Bruder hätten, sagte sie auch noch. Das hätte ihr eine fremde Frau geschrieben.

Ich glaube das nicht. Kein Wort glaube ich. Diese Frau sagt das nur, weil sie gerne einen so wunderbaren Mann wie meinen Vater hätte, und deshalb hat sie sich das ausgedacht. Mein Vater liebt uns und nur uns. Einmal, da war er im Urlaub von der Front bei uns, da wurde ich morgens wach und sah direkt in seine Augen. Er stand an meinem Bett, nahm mich hoch und sagte: «Komm, Agneschen, komm zu mir», und ich lag mit dem Kopf an seiner Schulter und hörte seine Worte wie Musik, ich fühlte meinen Kopf brennen vor Freude, und mein Vater roch nach Zigaretten und etwas Frischem wie Kölnisch Wasser, aber es roch fremder und so gut, dass ich mich immer danach sehne. Und beim Frühstück, wir hatten Rührei aus Eiersatzpulver, da sorgte er dafür, dass ich vom Angebackenen bekam, das habe ich am liebsten, aber Mia und Eia auch, und sie schnappen es mir gern vor der Nase weg.

Es ist so wenig, was ich von meinem Vater weiß. Vater. «Vor meinem Vaterhaus steht eine Linde. Die hat gehegt, gepflegt mein Mütterlein.» Das singt der Attenberger Männerchor, und es ist ziemlich blöd, glaube ich. Meine Mutter hat jedenfalls keine Zeit, Linden zu pflegen. Ich kenne keine Mutter, die das tut. Ich habe auch kein Vaterhaus, denn in der Hauptstraße 21 gibt es nur meine Mutter. Dafür wohnt mein Vater in meinem

Herzen. «Mein Herz ist rein, soll niemand drin wohnen als Jesus allein.» Ich nehme an, dass Jesus nichts dagegen hat, dass außer ihm noch mein Vater in meinem Herzen wohnt. Sie sind sich ähnlich, und mein Vater wird ans Kreuz geschlagen von meiner Mutter. Das stimmt natürlich nicht, aber es fällt mir gerade so ein, und ich glaube, ein wenig stimmt es doch. In meinem Gedächtnis finde ich nur solche Szenen, kurz, zusammenhanglos, in denen meine Mutter mit Vater herummeckert, sie tadelt ihn, das kann sie, wer wüsste das besser als ich. Er wollte ihr im Haushalt helfen, aber sie freute sich nicht darüber, ich sah deutlich, dass sie sich wegdrehte von ihm, nur wenig mit ihm redete. Ich wurde natürlich immer weggeschickt. «Geh raus auf die Straße, geh zum Spielen, sonst kommst du den ganzen Tag nicht nach Hause, und jetzt stehst du einem dauernd im Weg.»

Mein Vater war dann fort, wieder im Krieg, ich musste weiter Angst um ihn haben und konnte nur abends im Bett mit ihm reden. Wäre er daheim, dessen war ich mir völlig sicher, würde er mit mir sprechen. Alles, was die anderen mir nicht erklären wollten, würde er mir auseinander setzen. Mein Vater, und nur er, würde verstehen, dass ich nicht mehr zu Hause leben wollte, wo dieser Friedrich herumschnüffelte, die Luft mit seinem Hitler verpestete.

Friedrich wollte immer bei uns Vater spielen. Abends holte er den Kasten mit den Brettspielen raus. Wenn ich das sah, schnappte ich mir rasch ein Buch, weil ich nicht mitspielen wollte. Sie spielten Halma. Friedrich, meine Mutter, Eia und Mia. Verstohlen sah ich zu. Eia und Mia hatten Glück, sie fanden immer raffiniertere Ein- und Durchstiege. Bald waren sie vor dem Gewinnen, Friedrich dagegen kam nicht weiter. Plötzlich warf er wütend das Spiel um, er sprang auf, schrie, dass meine Geschwister nicht wüssten, was ein faires Spiel sei und so. Meine Mutter ging wortlos aus dem Zimmer, mit ihrem verschlossensten Gesicht.

Meinem Vater könnte ich sagen, dass ich eine neue Mutter haben wollte, eine, die jemanden wie Friedrich aus ganzer Seele hasst – Ines Simon. Mein Vater würde mir erlauben, bei Ines Simon in der Villa zu leben, wo es weit und breit keinen Friedrich gab. Und er wüsste vielleicht auch, was mit Herrn Simon passiert war und mit seinem Bruder, dem Rabbiner. Wenn mein Vater es wüsste, würde er es mir sagen. Aber er war zu der Zeit, als die Brüder Simon abgeholt und nach Köln ins El-De-Haus gebracht wurden, schon lange nicht mehr in Attenberg gewesen, er hatte gleich in den Krieg gemusst, und er war überhaupt kein Attenberger. Und kein Nazi, und nicht in der Partei, das hat mir Großmama Auguste geschworen, die liebt meinen Vater sehr, aber sie redet leider auch davon, dass er hoffentlich nicht nach ihrem schönen Edmund komme und so.

Ines Simon hätte meinen Vater, der kein Nazi und kein Attenberger war, sicher auch gemocht. Wäre mein Vater in Attenberg gewesen, hätte er Herrn Simon und seinen Bruder, den Rabbiner, vor den Nazis verstecken können. So wie Schneeweißchen und Rosenrot die Guts. Das hätte mein Vater getan, bestimmt. «Das ist ein böses Kapitel in Attenberg», mehr hatte auch Tante Amelie mir nicht sagen wollen, mehr erfuhr ich nicht, es war, als seien die Simons verschwunden in den Nebelschwaden, den Regenschlieren der blauen Tannen des Oberbergischen.

5. KAPITEL

Zirkus mit Henri
Was ein Koala alles kann
Sylvia will ihren Vater nicht wiederhaben

Meine Großeltern bewohnten in der Unterstadt, direkt an der Kölner Straße, nahe dem Hotel Graf von der Mark eine alte Gründerzeitvilla. Sie hatten nur noch zwei Räume zur Verfügung, die anderen bewohnten eine Familie aus Oberschlesien und eine alte Dame aus Köln-Lindenthal, die auch Küche und Bad mitbenutzten. «Schicksal des Menschen, wie gleichst du dem Wind!», rief meine Großmutter aus und fand, sie habe das allergrößte Glück mit ihrer Einquartierung. Es war außer der Kölner Dame eine junge Witwe, Frau von Lossow, die Mitte dreißig sein mochte und mit ihren zwei Söhnen unter schrecklichen Strapazen getreckt war. Herrn von Lossow, einen Gutsbesitzer, hatten polnische Soldaten mit Gewehrkolben erschlagen, vor den Augen seiner Frau und der Söhne, Henri war neun und Goswin vier Jahre alt.

Henri war sofort mein bester Freund. Ich vergaß Hans-Werner, Horsti und alle anderen Jungen aus der Oberstadt, als Henri mich zum ersten Mal mit seinen großen klugen Augen ansah. Ich wusste von meiner Großmutter, was Henri erlebt hatte. Eine Zeit lang quälte mich die Vorstellung, meine Mutter, Eia, Mia und ich selber müssten zusehen, wie mein Vater erschlagen würde. Dann wäre meine Mutter endlich mal tieftraurig, sie würde von Herzen bereuen, dass sie so böse mit meinem Vater geredet hatte, es geschähe ihr ganz recht, sie sollte nur traurig sein, sehr, sehr traurig. Vielleicht ginge sie dann nicht mehr mit diesem Mann spazieren, mit diesem Mitläufer! Seit Großmutter Marie ihn Mitläufer genannt hatte, hieß er bei mir nur noch so. Friedrich war bei den Nazis mitgelaufen, die waren vom Erdboden verschwunden, nun lief er bei uns mit. Das sollte er nicht! Mein Vater musste heimkommen, ehe ihn ein Russe erschlug in der Gefangenschaft. Ich konnte am Abend nicht einschlafen, das Bild der auf meinen Vater einschlagenden Russen ging mir nicht aus dem Kopf, ich hatte schmerzhafte Sehnsucht nach meinem Vater, wollte ihn in den Armen halten, ihn beschützen. Henri hatte das nicht gekonnt, aber er war der Trost seiner Mutter, glich aufs Haar seinem Vater. Henri hatte mir ein Foto von ihm gezeigt, das einzige, das die Mutter in der Eile hatte mitnehmen können. Henris Augen waren blau, vielleicht auch eher von leuchtendem Grau. Er richtete diese Augen mit ruhigem Ernst auf mich und sagte: «Ich heiße Henri.» So ernsthaft und ruhig wie Henri hatte mich noch niemand angesehen, einer von den Erwachsenen schon gar nicht. Henri, dessen Mutter Lehrerin war, konnte mühelos lesen und schreiben. Davon war ich weit entfernt. Meine Lehrerin schlug mich mit einer dünnen Gerte in die linke Hand, bis die anschwoll und ich nicht mehr mit ihr schreiben konnte. Ich war Linkshänderin, das war verboten. Da ich die einzige Linkshänderin in der Klasse war, bekam ich als Einzige diese Schläge, die stundenlang schmerzten und wie glühende Ströme meine Hand durchzogen. Gut, dass der Lehrplan ein einziges Chaos war. Durch die amerikanische Besatzung waren viele Klassenzimmer besetzt, unser Unterricht fiel meistens aus, und so lernte ich bald ausschließlich gemeinsam mit Henri. Er brachte mir Lesen und Schreiben bei, meine Großmutter gab an einem schönen Mittwochmorgen meiner Lehrerin, einer winzig kleinen grauhaarigen Frau namens Reinhard, eine Ohrfeige. Deren unglaublich großer und dicker Sohn wollte meiner Großmutter eine zurückgeben, und ich fürchtete schon um die letzten Zähne von Marie, doch der Sohn bekam von meinem General ebenfalls eine links und eine rechts auf die Ohren, und seitdem war Ruhe an der Linkshänderfront.

Als Henri mir eines Tages sagte, dass er mit seiner Mutter und seinem Bruder von Attenberg fortzöge nach Essen, war mein Schreck und der sofort spürbare Schmerz über diesen Verlust so groß, dass ich mich wie aus meiner Welt herausgeschleudert fühlte. Das konnte doch nicht sein, Henri war mein Freund, er gehörte nach Attenberg und zu mir, wir saßen auf der steinernen Treppe zum Haus meiner Großeltern, als Henri es mir sagte, ich schaute auf die Steine, dachte: «Helft mir, Steine, sagt, dass es nicht wahr ist, was ich da höre, sagt, dass ich wieder träume!» Ich sah Henri an, doch sein Gesicht schien mir undeutlich. «Henri», sagte ich, aber er war schon zu den anderen gelaufen, die uns zum Äpfelklauen riefen.

Am Sonntag darauf ging ich mit Henri schon früh in die Kamerbicke, ein Waldstück, das an die Gärten und Wiesen der Stadt angrenzte und in den Beul führte, den einzigen Hügel, den die Attenberger sich Berg zu nennen trauten. Vom Beul aus konnte man auf Attenberg und Wiedenest schauen, bei klarem Wetter war sogar das Gummersbacher Kriegerdenkmal zu erkennen. Der Weg in den Beul war weit, Henri hatte ein Stück Schwarzbrot dabei und ich auch. Auf meinem war sogar Rübenkraut. Mein Bruder hatte ein A darauf geträufelt, für sich ein H und für meine Schwester auch. So war das Rübenkraut gerecht verteilt, und Eia hatte aus meiner dicken Brotscheibe zwei dünne gemacht, damit ich die zweite Hälfte über das Rübenkraut klappen konnte und somit nichts klebte oder gar verloren ging. Henry und ich pflückten Sauerampfer, der auf den Wiesen der Kamerbicke wuchs und unser Frühstück bereichern sollte, aber nur die kleinen Blätter.

Daheim hatte ich erzählt, ich wäre von den Schneiders in der Unterstadt zu einem Sonntagsausflug eingeladen, dagegen hatte meine Mutter nichts einzuwenden, und ich war sicher, dass es eine Weile dauern würde, bis sie hinter meine Lüge kam und mich bestrafen würde. Für Henri nahm ich das allemal in Kauf. Er selber brauchte keine Lüge, seine Mutter hatte schon gestern nach Essen reisen müssen und würde erst in einigen Tagen zurückkommen. Auch sie fuhr mit dem Rad, und zwar auch mit dem meines Großvaters, denn Frau von Lossow hatte kein eigenes Fahrrad, und Goswin, der Kleinste, musste mit. Er saß aber, anders als ich bei meiner Kölnreise, auf dem kleinen Sattel vor seiner Mutter und hatte es sicher besser. Die Eltern von Frau von Lossow hatten die Bombardierungen in Essen heil überstanden, sie freuten sich, die Tochter und die beiden Enkelsöhne bei sich aufzunehmen. Henri war so lange der Obhut meiner Großeltern anvertraut. Sie hatten Henri gutgläubig erlaubt, ebenfalls am Sonntagsausflug der Schneiders teilzunehmen.

So standen wir schon gegen zehn Uhr oben auf dem Beul mitten in dem grünen Wälderschweigen, hörten die Sonntagsglocken der Wiedenester Kirche hoch und einsam zum Gottesdienst rufen, denn der Wiedenester Küster war dafür bekannt, dass er den Ehrgeiz hatte, früher zu läuten als die Attenberger. Und richtig, bald sangen die Glocken unserer beiden Kirchen tief und voll mit. Offenbar stand der Wind günstig, denn wir hörten auch von der bunten Kerke in Lieberhausen das Glöckchen hell und lustig einfallen. Henri stand ganz still, ich dachte schon, er sei ergriffen, und wollte gerade so tun, als ob ich es auch sei, da sagte er, dass er auch die Glocke von Belmicke höre, die von Eckenhagen und die von Meinerzhagen – und sogar die von Gummersbach. Das glaubte ich ihm aber nicht, obwohl Henri sehr musikalisch war und im Klavierspiel unterrichtet wurde.

Wir schauten auf Attenberg, das unter uns in einem leichten Nebel lag, wir sahen den goldenen Hahn auf dem Kirchturm, der in der Sonne glänzte. Gerade sagt Henri, warum ich denn so miesepetrig wäre, dabei seien wir doch extra in den

Beul gegangen, um Abschied zu feiern. Ich wartete darauf, zu hören, dass ihm die Trennung von mir etwas ausmache, aber das zeigte Henri nicht, und ich zweifelte langsam daran, ob es richtig gewesen war, seinetwegen eine von Mutters Strafen auf mich zu nehmen. Henri schlug nicht einmal vor, dass wir uns ins sonnenwarme Gras setzen sollten, uns Gefühle machen, wie wir das sonst taten, allein oder mit anderen, es konnte doch nicht sein, dass dieser Tag, dieser ganze Tag mit Henri verwehen würde wie der Nebel über Attenberg, der sich gehoben hatte und den ganzen Ort unseren Blicken freigab. «Ich kann euer Haus sehen», sagte Henri und ich sagte «na wennschon» und wusste nicht, was ich damit anfangen sollte.

Die ganze Zeit über dachte ich, dass Henri wohl alles vergessen hatte. Den ganzen Zirkus.

Wir saßen vorn, in der rotgoldenen Loge. Das Gold war abgeblättert, das Rot auch so ziemlich, aber ich wusste von meiner Großmama, dass nicht alles Gold war, was glänzte, ich fragte auch nicht danach, was ging es mich an, aber an dem Tag, als Henri von seiner Mutter ein Brot bekam als Eintritt für den Zirkus, als ich mit ihm gehen durfte, da war ich doch gespannt, so ein komisches Verlangen war das nach etwas Starkem, Zauberhaftem, Süßem, was ich nicht kannte, was sich aber in diesem Zelt abspielen würde, das mir groß und prächtig erschien. Es war warm im Zelt, verdammt warm, es roch nach Stall und Sägemehl, die Akrobaten kamen und die Jongleure, aber sie gingen mir auf die Nerven, weil ich mit ihnen jonglieren und mich verrenken musste, so Leid taten sie mir, und die alten klapprigen Pferdchen und der noch ältere Panther, der mühsam durch den Papierreifen sprang, taten mir noch mehr Leid.

Henri und ich warteten nur auf die Seiltänzer. Wir hatten sie schon morgens beim Proben beobachtet, und nun kamen sie, woraufhin Henri sofort seine schweißnasse Hand in meine schob. Das durfte er aber nur hier im Dustern. Wir teilten zwar noch einiges an Gefühlen außer diesen hier für die Seiltänzer, doch das war geheim. Wir starrten nun auf das Seil, das für die Darbietungen unter einem Trommelwirbel der Kapelle herabgelassen wurde, wenn die Seiltänzer in ihren weißen Trikots in die Manege hineinflogen. Der Zirkusdirektor, der zugleich Jongleur und Pferde- und Panther-Dresseur war, hielt die Strickleiter, und schon waren sie oben auf dem Seil, der Junge und das Mädchen, sie führten ihre Stoffschuhe prüfend hin und her, und ich wollte nichts sehnlicher, als die Brust, den sehnigen Hals und die muskulösen Beine des Seiltänzerjungen streicheln.

Ich spürte, dass Henri neben mir lautlos keuchte, und ich wusste, er wollte das Gleiche mit dem Mädchen tun. «Es ist heiß», flüsterte Henri, und ich murmelte zurück: «Und ob!»

Die Hitze tief innen in mir, ganz unten in meinem Bauch, die mir unerklärliche fiebrige Sehnsucht nach den Seiltänzern, die Zärtlichkeiten für Henri, deren ich mich im Hellen schämte, die geheim waren, alles, was ich niemals jemanden fragen konnte oder wollte, gehörte zu dem Dunklen, Rätselhaften in meinem Leben. Die Heimlichkeiten mit Henri waren verboten. Alles, was ich mit ihm tun konnte, war dunkel, böse, schmutzig. Schon allein meine Gedanken. Zeitweise drehten sie sich nur um mein Gefühl, es durchstreifte mein Leben, war noch sündiger als die Worte und Werke, und ich musste sie bekennen. Ich dachte aber nicht daran! Deshalb war mir der Weg in die ewige Seligkeit versperrt, auf mich wartete der Teufel in seinem Höllenpfuhl. Seligkeit war denen vorbehalten, deren Leben silberhell verlief wie der klare Wiesenquell. So schrieb es mir mein Lehrer Kränzler ins Poesiealbum: *Ungetrübt und silberhell, wie der klare Wiesenquell, fließt dein Leben glücksgeweiht in das Meer der Ewigkeit.* Hell war Fleiß in der Schule, Andacht in der Kirche, Gehorsam in der Familie.

Ich wäre ja ziemlich gerne ungetrübt und silberhell gewesen, sicher hatte man dann nicht dauernd Theater mit den anderen. Doch mein Blut wollte es anders. «Ich glaube, Agnes ist nicht wie wir, sie hat das leichtsinnige Blut ihres Vaters, das rheinische, du weißt schon, jeden Tag Karneval», hörte ich neulich Tante Klara zu Tante Lisi sagen, und es durchfuhr mich wie ein Blitz. Für einen Wimpernschlag war ich stolz, glühend stolz. Ich spürte sein Blut in mir, klar, er war mein Vater, ich war sein Fleisch und Blut, was sonst. Sein Blut trieb mich mit Henri und den anderen in die Wälder, scheinheilig suchten wir Heidelbeeren, wo wir in Wahrheit doch einander suchten, unsere Öffnungen, die verboten waren, bei Höllenstrafe verboten, dabei waren sie süß, süßer, am süßesten, auch wenn wir nachher heimschlichen, um den Hals die Mühlsteine des sechsten Gebots, ich konnte Henri nicht ansehen, die anderen auch nicht, keiner sah den anderen an, wir suchten uns verschiedene Wege, auf denen wir den Beul und die Kamerbicke verließen, und trotzdem hatten sie uns aufgelauert, die Alten, die ihre Tage sinnlos verdösten, aber immer noch das Recht und die Macht hatten, uns bei den Eltern und beim Pastor zu verpetzen. Zahnlos schrien sie: «Kuckt mal, die kleinen Säue, die sind doch durch und durch verdorben!»

Stärker als meine Angst war der Widerwille gegen diese Alten, die mir bösartig vorkamen, so als wollten sie mit ihrer stumpfsinnigen Kontrolle über uns alles abtöten, was ihnen noch nicht glich. Ich hasste sie, die sich ständig die Lippen leckten, überallhin ihre dürren Hälse reckten, um auch ja alles mitzukriegen in Attenberg. Doch je mehr sie über mich schimpften, mir drohten, je röter leuchtete in mir die Glut meiner Gefühle, und das Blut meines Vaters erlöste mich von allem Bösen.

Als Hedy und Henri nach Attenberg gekommen waren, hatte ich Verstärkung bekommen in unserem unbewussten Kampf mit den Alten, die uns nicht das kleinste bisschen Freude gönnten. Nicht einmal an meinem Stein hocken und gar nichts denken durfte ich, dann rief garantiert einer, ob ich mich denn nirgends nützlich machen könne. Ein so großes Mädchen! Andere in meinem Alter müssten – und so weiter. Stellten wir uns Trommeln her aus Pergamentpapier, mittels deren wir uns Botschaften durch die gesamte Oberstadt zutrommeln konnten, riefen sie, wir sollten den verdammten Krach lassen und lieber Blockflöte üben oder sonst etwas Nützliches tun. Nützlich. Nutzen. Das waren ihre Lieblingswörter. Selbst meine Großmutter konnte es nicht leiden, wenn ich auf einem Bogen Papier malte. Das nannte sie teures Papier unnütz verkritzeln. War ich in Gedanken, rief sie, dass ich die Zeit verdöste, ob mir denn nichts einfalle, wie ich helfen könne. Dann stellten sie mich an, zum Beispiel beim Wäschewaschen. Ich musste die Kurbel an dem schrecklichen Ding drehen, dieser Mangel, wo man die klatschnassen Wäschestücke reinsteckte, drehte und drehte, damit sie an der anderen Seite schimmernd und halb trocken wieder herauskamen. Das war vielleicht eine Maloche, am nächsten Tag taten mir sämtliche Knochen weh. Habe ich dafür mal ein Lob gehört? Nicht dass ich wüsste. Oder wenn wir uns mit alten Sachen vom Dachboden verkleideten, uns anmalten, schön schauerlich mit Kreide und Dreck, schrien sie, wie wir denn schon wieder aussähen, es sei doch nicht Karneval! Und als wir uns mal wieder unser Gefühl machten, Rutha, Horsti, Hedy, Hans-Werner, Henri und ich, dummerweise im Gartenhäuschen meiner Großeltern, das efeuumwuchert und eigentlich nicht einzusehen war, da kam plötzlich meine Großmama, tauchte auf wie ein Tier aus der Unterwelt, und es gab Heulen und Zähneklappern. Mich schlug sie auf den nackten Hintern und schrie, dass ich noch nicht lesen und schreiben könne, aber derartige Sauereien, das sei was für mich, meine Mutter habe schon Recht, ich sei verdorben. Mir wurde der Umgang mit allen verboten, mit Rutha, Horsti, Hedy, Hans-Werner und Henri, doch wir kümmerten uns nicht darum, Hedy vermutete, dass meine Großmutter sicher schon vergessen habe, dass man flicken ohne l mache, und ich dachte flüchtig an Großvater, der meist still am Fenster stand und mit seinem Bein zuckte – nein, meine ritzeroten Gefühle kannten die nicht, da war ich mir sicher.

Meine Mutter ist mir auch schon draufgekommen, dass ich mir so oft meine Gefühle mache. Im Bett, mit meinem Koala. Er ist ein alter Teddy, seit ich denken kann, habe ich den Koala, der bloß noch einen Hosenträger und ein Auge hatte, und das war ein Knopf, flach, schwarz mit zwei Löchern, aber wer weiß, wozu das gut war, dass er nicht alles sehen konnte. Wenn auch vielleicht fühlen. Was hätte ich schon vom Leben ohne den Koala? Er macht mir meine Gefühle so stark, so süß, ich muss nur mit seiner Pfote, mal der linken, mal der rechten, herumprobieren, so wie die Künstler auch erst nach langem Proben auf ihrem Instrument die reinsten und stärksten und unvergesslichsten Töne zu finden wissen, ich auf meiner Blockflöte ja nicht, aber darauf komme ich noch. Ich war also heftig zugange mit der Pfote von meinem Koala, es fing gerade an, rot zu flammen in mir und dann röter, am rötesten, und da kam meine Mutter, riss mir die Decke vom Bett, und ich rief: «Höhö! Höhö!», das rufe ich immer, wenn etwas schief läuft und ich nicht mehr bremsen kann, und das hier lief verdammt schief, denn meine Mutter ist keusch und will, dass alle um sie herum gleichfalls keusch sind, besonders ich, und jetzt musste sie das mitkriegen mit dem Koala, und meine Mutter sagte: «Ich gebe dir gleich höhö», und in dem Moment tauchte auch noch meine Tante Im auf, und meine Mutter sah sie klagend an und rief, dass sie es schon immer gesagt habe, «dies Kind ist verrückt und verdorben!».

Meine Mutter fing an, auf mich einzuschlagen, überallhin schlug sie, doch meine Tante Im warf sich über mich, schrie ihrerseits meine Mutter an, sie solle sich nicht so anstellen, «dat haben wir früher doch auch jemacht, hast du dat verjessen? Schließlich hast du deine drei Kinder ja auch nit vom Beten, oder?» Und dann sagte Tante Im noch, was meine Mutter denn von mir erwarte, ich käme aus zwei katholischen Familien: «Stockkatholisch bis in die Katakomben zurück, dann dieser verdammte Kriech, da muss ein Kind doch jeck werden!»

Meine Mutter ließ mich in Ruhe. Sie wandte sich stumm von mir ab, und ich wusste, jetzt rollten wieder Tränen durch ihre eigentümlich starren, dichten Wimpern. Aber Leid tat sie mir nicht. Höchstens tief innen. Zuoberst fand ich sie wieder einmal blöd. Ich hatte Bedenken, wie ich in Zukunft weiterleben sollte, wegen des Koalas und so.

Seit dem Tag, an dem meine Großmutter uns beim Gefühlemachen erwischt hatte, lernte ich mit Henri. Er sagte, er wolle das nicht auf mir sitzen lassen, das mit dem Nichtlesen- und Nichtschreibenkönnen. Er schnitt für mich alle Buchstaben des Alphabets aus einem Bogen Papier heraus. Zum A malte er mir einen Apfel, zum B eine Birne und so weiter. Bald gehörten die Buchstaben des Alphabets mir, ich konnte sie unter Henris Anleitung zu Wörtern zusammensetzen. Die ersten Wörter waren Agnes, Amelie, Auguste, Amen, Eia, Eis, Eisbär, Hedy, Henri, Mia, und so verfuhren wir mit dem gesamten Alphabet, und irgendwann, mit einem unhörbaren Klick, wie wenn eine Tür sich von selbst öffnet, obwohl man sich nur leicht dagegen gelehnt hatte, konnte ich lesen. Nicht mehr nur einzelne Silben aneinander reihen, wie ich es mit Henris Papierschnipseln gemacht hatte, ich konnte ein richtiges Buch lesen. Es lag bei meinen Großeltern für mich bereit, wenn meine Mutter beschäftigt war und ich bei den Großeltern übernachtete, es hieß *Hänschen im Blaubeerwald,* und eigentlich ärgerte ich mich, dass dieses Hänschen es so leicht hatte mit dem Blaubeerenpflücken, denn diese Beeren, die bei uns Waldbeeren hießen, waren im Buch groß wie Äpfel, und Hänschen musste sich nicht, wie ich, mühsam herunterhocken in die Büsche, sondern konnte umherpromenieren zwischen den Stämmen mit Blaubeeren, es war bequem wie das Ernten der Spalierbirnen beim Pastor, was uns streng verboten war. Das Buch vom Hänschen, das immer so brav die Körbe mit den fetten Blaubeeren füllte und sie alle seiner lieben Mutter brachte, begann mich sehr bald zu langweilen, doch das Lesen langweilte mich nie, nie, und es half mir, mein Leben immer mehr zu durchschauen.

Und heute war ich wieder mit Henri im Beul, doch er sprach überhaupt nicht von unserem Gefühl, sicher kam das daher, dass Henri mich gestern verraten hatte. Er und Eia und Rutha und noch ein paar Größere hatten sich im Wohnzimmer der Roths eingeschlossen, aber Mia war nicht dabei, das hatte ich genau gesehen. Frau Thomas war mit den Eltern und Änna auf einer Beerdigung, meine Mutter auch, und ich sah zufällig Eia, Henri und die anderen in Roths Wohnzimmer verschwinden. Ehe ich auch hineinkonnte, schoben sie den Riegel vor, ratsch. Ich war so verblüfft, dass ich nicht gegen die Tür trat oder herumbrüllte, wie ich es im ersten Moment vorhatte. Meine Gedanken jagten sich wie Hasen, hinter denen der Fuchs her ist, dann näherte ich mich vorsichtig dem Schlüsselloch, das leer war, Gott sei Dank! Und dann sah ich sie. Eia, Henri und die anderen Jungs hatten die Hosen vorne offen und gaben fürchterlich an. Die Mädchen kicherten, und dann gingen sie zum Sofa, aber dorthin konnte ich nicht sehen, sosehr ich mir auch Mühe gab.

So eine Gemeinheit! Ich fühlte mich wie zertrampelt. Was sollte das – warum schlugen sie mir die Tür vor der Nase zu? Mit denen wollte ich nichts mehr zu tun haben. Nichts mehr. Nie. Ich wollte plötzlich weg von Attenberg, weg von Henri, von Eia. Ich würde ihn Hans Ewald nennen, diesen Bruder Judas, diesen Verräter. Der sollte mir nochmal kommen, wenn er mich wieder beim Ministrieren brauchte. Wir hatten nämlich einen Hausaltar, einen richtigen, mit Tabernakel und Monstranz und einem goldenen Kelch. Großmama hatte bereitwillig eine Kommode rausgerückt und einen kleinen Schrank, das alles wurde mit den besten gestickten Decken meiner Großmutter behängt. Eine Bibel hatten wir auch, und unsere Monstranz war ein Bilderrahmen mit Jesus Christus in der Mitte und vielen kleinen Rahmen drum herum, in denen Bilder von Heiligen steckten. Das hatte viel Arbeit gemacht, alles in allem, aber jeder half uns, alle fanden es richtig, dass mein Bruder, der Ministrant war, daheim die Messe halten würde. In Wahrheit wollte Eia aber bloß angeben mit seinem Latein, er rasselte das Confiteor nur so herunter, und ich musste *mea culpa* rufen, *mea maxima culpa*. Eia trug eine Brokatstola über dem Hemd, die eine Kommodendecke meiner Großmutter war. Und mich um den Altar herumscheuchen wollte er auch. Ich musste ein weißes Nachthemd anziehen und einen roten Kragen, den eine Tante beisteuern konnte, eine Glocke fand sich noch von Weihnachten, und so machte es mir wenigstens ein bisschen Spaß, die einzelnen Schritte der Liturgie durch heftiges Geklingel anzeigen zu dürfen. *Per omnia saecula saeculorum.* Amen. Alles durch bis zum *ite missa est. Deo gratias* und so weiter. Zufrieden war mein Bruder nie mit seinem Ministranten, aber meine Großeltern kamen gern zu uns in die Messe, und ehrlich gesagt fand ich meinen Bruder auch sehr schön, wenn er uns segnete mit der Brokattischdecke um die Schultern.

Seit das passiert war in Roths Wohnzimmer, dachte ich Eia damit zu strafen, dass ich für einen Priester wie ihn nicht mehr ministrieren könne.

Von wegen. Er fuhr mich an, als ich ihn zur Rede stellen wollte. Was ich an Roths Türe zu lauern hätte. Was er tue, gehe mich gar nichts an. Dabei sein? Ob ich denn verrückt geworden sei? Ich sei seine Schwester und ich solle mich ja nicht unterstehen, bei solchen Schweinereien mitzumachen. Und er? Für Jungs seien das keine Schweinereien!

Wenigstens hatte ich durch Henri lesen und schreiben gelernt. Der Gedanke, dass Henri mich nicht liebte so wie ich ihn, dass er mir aber den größten Triumph meines Lebens beschert hatte, tröstete mich augenblicklich. Ich sah mich wieder an Neumanns Schaufenster stehen, damals war ich noch nicht in der Schule, aber gierig zu lernen, was meine Geschwister bereits konnten, ich sah die Packung mit Puddingpulver, Vanille mit Schokoladensauce, bei deren Anblick mein Magen augenblicklich knurrte, und dann versuchte ich mittels der bei meinem Bruder oder bei meiner Schwester abgeschauten Buchstabenkenntnis den Schriftzug «Dr. Oetker» zu lesen. Er brachte mich in Wut. «Drrr», sagte ich mir immer vor, «Drrr Oetker», das klang ja blöde, so sprach doch kein Mensch, immer wieder sagte ich wütend mein «Drrr Oetker» vor mich hin, und alle, die ich danach fragte, schüttelten ratlos den Kopf, sodass ich es wieder aufgab. «Du kommst doch bald in die Schule», sagten sie, «nun warte es doch ab.»

Ich saß auf einem Schemel zu Füßen der Großeltern, die abends fast immer Besuch von Nachbarn hatten, mit denen sie die Weltlage besprachen. Ich fuhr zum Schein mit den Fingern an den Zeilen meines Hänschenbuches entlang, hörte in Wahrheit aber genau zu, was die Alten erzählten. Sie redeten von einem Boxer namens Max Schmeling, der in New York trotzdem Weltmeister geworden war, obwohl ihm Jack Sharkey einen Schlag unter die Gürtellinie versetzt hatte und der Kampf abgebrochen werden musste. Der deutsche Sportler sei geschätzt worden in Amerika, in der ganzen Welt, die Olympiade 1936 habe das ja auch gezeigt – in der ganzen Welt seien die Deutschen geschätzt gewesen, und jetzt liege alles in Trümmern.

Großmama holte ihr Album, wo sie die Fotos von Maxi Herber und Ernst Baier, die Meister waren im Schlittschuhlaufen, eingeklebt hatte. Ich kannte die Fotos und dachte, Kunststück, mit solchen Schlittschuhen würde ich auch Meister! Sie schienen angewachsen an den Schuhen der beiden.

Meine dagegen! Schrauben an viel zu weichen Sohlen, Einmachgummi und ständige Stürze.

Die Alten redeten darüber, dass man die Nazis nicht habe kritisieren dürfen. Lebensgefahr. Nicht einmal Witze hatten sie machen dürfen. Auf dem Kölner Markt, so erzählte Großvater, sei ein Fischhändler gewesen, der habe immer gerufen «Hering, Hering, so fett wie der Göring», weil dieser Göring, der Reichsfeldmarschall, furchtbar voll gefressen gewesen sei. Und ein Großmaul. Er habe immer gesagt, er wolle Meier heißen, wenn auch nur ein feindliches Flugzeug den deutschen Luftraum erreiche. Und Frau Göring hatte man Hohe Frau nennen müssen. Hohe Frau! So was Beklopptes!

«Die Nazis fühlten sich wie Götter», sagte Großvater. Götter kritisiert man nicht, man macht auch keine Witze über sie. Dem Fischhändler hatten die Nazis gedroht, dass er ins Konzentrationslager käme, wenn er noch einmal das mit dem fetten Göring sagen würde. Der Fischhändler habe daraufhin immer gerufen «Hering, Hering, so fett wie das letzte Mal», und dann sei er nie mehr gesehen worden auf dem Fischmarkt.

Sie reden über Gott und die Welt, aber wie sehr ich auch Acht gebe, niemals erwähnen sie die Simons, nie. Dabei weiß ich, dass die Attenberger Simons Villa immer fest im Auge behalten. Dass ihnen nichts entgeht, was dort passiert. In letzter Zeit fahren oft Autos vor, die Amerikaner besuchen Ines Simon regelmäßig, und dann sind abends die großen Leuchter an und man hört Musik. Ich weiß, dass die Attenberger darüber tuscheln, es geht nicht nur um die Musik, es geht auch um die Firmen Heikamp und Westphal, die früher Simons gehört hatten, auch meine Mutter und Friedrich reden darüber, doch immer, wenn ich ins Zimmer komme, hören sie sofort auf und schicken mich raus.

Ich lernte von den Alten auch, Heimatvertriebene und Evakuierte zu unterscheiden von Flüchtlingen. Henri und Hedy waren aus den früheren deutschen Ostgebieten zu uns geflüchtet, weil die Russen sie vertrieben hatten oder die Polen. Die Familie Waller dagegen, die in unser Haus eingewiesen worden war, kam aus der Ostzone, sie galten als mehr oder weniger freiwillige Flüchtlinge. Im Radio meines Großvaters hörten wir, dass es nicht nur bei uns so eng wurde in den Häusern. Von über zehn Millionen Wohnungen waren fast drei Millionen zerstört worden. Die Amerikaner hatten ausgerechnet, dass im Durchschnitt in einer kleinen Zweizimmerwohnung mit Küche, in der früher drei Personen gelebt hatten, nun sechs Personen hausten.

Die hätten mal bei uns nachzählen sollen. Unser Haus quoll über von den vier Wallers, den alten Roths mit Änna, Frau Thomas mit Rutha und anderen, die wir vorübergehend aufnahmen, bis sie eine Bleibe gefunden hatten.

Am liebsten war ich allein bei meiner Großmutter. Sie war die Einzige, die es aushielt, wenn ich um sie herummarschierte und alle Lieder sang, die ich konnte. Besonders meine Schwester Mia schrie mich an, ich solle aufhören, aber sofort, wenn ich abends im Bett mal zum Besten geben wollte, was ich an Großvaters Radio gehört hatte. Mein Lieblingslied war zurzeit das des Postillion von Lonjumeau, ich suchte mein «Oh, oh, oh, so schön und froh, so schön und froho, Postillion von Lonjumo» herauszuschmettern, wie es mir ums Herz war, aber das ertrug Mia nicht, Eia wollte auch lieber lesen, nur meine Großmama Marie setzte sich auf einen bequemen Schemel, holte Gemüse zum Putzen oder ihr Flickzeug herbei, und dann durfte ich losmarschieren. Großvater hatte mir die Geschichte des eitlen und ehrgeizigen Postillions erzählt, der seine junge Braut am Hochzeitstag verlässt, um in der großen französischen Stadt Paris ein berühmter Sänger zu werden. Seine Frau rächt sich später dafür an ihm, das hätte ich auch getan, aber sie werden dann doch noch glücklich, glaube ich.

Meine Großmutter sagte, sie höre mir gerne zu, sie schälte ihre Kartoffeln, putzte die Bohnen oder stopfte Großvaters

Socken, sie mahnte mich höchstens mal, leiser aufzutreten, während ich um sie herummarschierte. Mein Großvater war bei meinen Darbietungen nicht dabei. Er hielt sich lieber an sein Radio, glaube ich. Und auch unsere Nachbarn hatten kein Ohr für meine Kunst. Sie wollten politisieren, wie sie das nannten, und ich glaube, sie kamen deshalb immer wieder zu meinen Großeltern, weil sie wussten, dass hier der einzige Ort war, von dem nichts nach außen getragen wurde. Manchmal schienen sie mir wie eine Herde der oberbergischen Kühe, die sich vor einem Gewitter immer eng aneinander drängten, beieinander Schutz suchten.

Besonders, wenn es um das verdammte, anscheinend unaufhörliche Hungern ging, gab es auch Streit während der abendlichen Zusammenkünfte bei meinen Großeltern. Todsicher kam das Gespräch auf Hitler. Ich höre noch meinen Großvater sagen: «Hitler hat doch mit der Gulaschkanone die Wahl gewonnen!» Und Großmama erinnerte daran, wie die SA überall gesammelt habe, bei den Bäckern, den Metzgern, den Lebensmittelhändlern, aber auch in normalen Haushalten. Knochen und Fleisch hätten sie eingesackt, Mehl, Hülsenfrüchte, Kartoffeln. «Davon hat die SA dann Eintöpfe gekocht und die Leute, die gehungert haben, ließen sich jeden Tag die Töpfe füllen. Die haben dann natürlich Hitler gewählt!»

«Vieles war ja auch besser», meinte Frau Zinnikus schnell, als könne ihr sonst jemand widersprechen. «Es gab keine Eckensteher und Herumtreiber mehr. Die mussten alle mitarbeiten beim Bau der Autobahn oder beim Bau von Sportanlagen. Wenn ich nur an die herrlichen Autobahnen denke. Wo gab es das schon. Das muss man dem Hitler lassen!»

Da zuckte es in dem sonst ruhigen, breiten Gesicht meines Großvaters, er schüttelte den Kopf und teilte Frau Zinnikus mit, dass er das nicht mehr hören könne, das mit den Autobahnen. Man wisse doch schon längst von den Amerikanern, dass es nicht Hitler war, der die Autobahnen geplant habe.

«Doch», rief Herr Zinnikus, «im Zuchthaus von Landsberg am Lech hat Hitler sich das ausgedacht mit den Autobahnen. Er hat das ganze Netz im Gefängnis aufgezeichnet.» Mein Großvater sagte bitter, das habe der Goebbels ständig verbreitet, weil die Leute in Hitler einen Märtyrer sehen sollten, der seine wunderbaren Ideen im Zuchthaus entwickeln musste. Doch Herr Zinnikus nahm es dem Großvater übel, dass er ihm seine schöne Zuchthausgeschichte kaputtmachte.

Das glaubten aber auch nur noch Unbelehrbare, sagte mein Großvater. Die Pläne für die Autobahn seien schon in den zwanziger Jahren fix und fertig gewesen. Nur kein Geld dafür habe es gegeben. Und die Eigentumsverhältnisse der Grundstücke seien noch nicht geklärt gewesen. Hitler hätte sich skrupellos über das alles hinweggesetzt, hätte die Grundstücke enteignen, das Geld über die Löhne herbeischaffen lassen. «Die deutschen Arbeiter haben Hitler die Autobahn finanziert. Und Fremdarbeiter mussten sie bauen. Den deutschen Arbeitern war die Arbeit zu schwer, das Leben in primitiven Zelten zu hart, das mussten alles polnische und russische Zwangsarbeiter machen, diese ganze Maloche.»

Uhlmanns Lene wollte wissen, woher mein Großvater das denn nun wieder habe, und er sagte, dass er Radio höre, den amerikanischen Sender, und dass er so langsam dahinter komme, wie sie die Deutschen belogen hätten, der Hitler und seine Kettenhunde, vor allem dieser Kläffer, der Goebbels.

Da platzte es richtig aus Lene heraus: «Aber für die Frauen hat er viel getan, der Hitler! Die deutsche Frau war angesehen, du konntest alleine nachts überall herumlaufen, da trieben sich keine dunklen Elemente herum, jeder hat an seinem Platz mitgemacht an der großen Gemeinschaft, wir haben gelernt, Entbehrungen auf uns zu nehmen, unsere Wünsche zurückzustellen. Der Führer war stolz auf uns.»

Plötzlich spürte ich, dass ich hungrig war, müde auch. Längst war mir *Hänschen im Blaubeerwald* vom Schoß gefallen, niemand achtete darauf, ich spürte, dass die anderen mit Großvater nicht einverstanden waren.

Plötzlich hörte ich Großmama sagen, dass sie den Hitler anfangs auch gut gefunden hatte. «Ich fand ja auch vieles schön, die Aufmärsche, die Fackeln, die Lichtdome, die frischen jungen Mädchen in ihren weißen Blusen, die Begeisterung, mich hat es auch geschaudert, wenn Hitler davon sprach, dass er uns in eine große Zukunft führen würde. Bloß – was ist draus geworden? Es war ja alles Lüge. Unsere Opfer, wir haben denen doch alles gegeben, nächtelang haben wir gestrickt für die Soldaten – und jetzt sind viele tot, die Städte sind kaputt, wir hungern, es war doch alles umsonst!» Meine Großmutter seufzte. «Ich hab ja auch den Hitler gewählt. Nachher ist man immer schlauer. Jetzt denke ich manchmal, der hat uns gemästet wie die Hexe den Hänsel, aber nur, weil er uns braten wollte.»

Uhlmanns Lene nickte nervös: «Da ist was dran. Wenn ich denke, was sie mit unserer Martha gemacht haben.» Nach einem wütenden Blick von Paul ließ Lene es lieber bleiben. Sie konnte sowieso nicht lange sitzen und zuhören, sie rutschte auf ihrem Stuhl hin und her, neben der breitbrüstigen, dicken Tante Korb wirkte sie wie ein graues Strichmännchen. Es war, als habe Uhlmanns Lene einen kleinen Motor in sich eingebaut, sie lief immer wie angetrieben durch unsere Oberstadt, wir riefen ihr hinterher, ob sie zum Schloss Homburg müsse, das ungefähr dreißig Kilometer weit entfernt war. Lene hörte uns gar nicht, so sehr beschäftigt war sie von ihrem Ziel, was es auch sein mochte. Einkaufen, Schulden eintreiben, denn Uhlmanns Paul war Dachdecker, selbständig, und viele Kunden hatten zwar undichte Dächer, aber kein Geld, die Reparatur zu bezahlen. Vielleicht musste sich Lene auch immer so beeilen, weil ihre Schwägerin Martha vor dem Haus auf der Bank saß, jeden Tag, bei jeder Witterung, außer natürlich bei Regen, saß Martha da und sah vor sich hin. Die meisten Attenberger, die vorbeigingen, riefen «Morjen, Martha, Tach, Martha, Nabend, Martha», aber Martha reagierte nicht. Sie war gepflegt und sauber angezogen, dafür sorgte Lene, denn Martha war die Schwester ihres Mannes und gehörte mit zur Familie. Wenn ich Uhlmanns Tante ansah – wir Kinder nannten alle Frauen in der Oberstadt Tante –, dann dachte ich immer an Jesus Christus unter dem Kreuz, denn meine Großmutter sagte, Uhlmanns Lene sehe aus wie das Leiden Christi. Aber so schön wie mein Christus war Uhlmanns Tante nicht, kein bisschen, ich glaube, an ihr war alles aus grauem Leder, sogar der Mund. Uhlmanns Tante sprach wenig, jedenfalls kam es mir so vor, ich sah sie immer nur laufen. Aber trotzdem hatte sie Zeit, mit einem Ohr hineinzuhorchen in die Familien der Oberstadt, nichts entging ihr, und sie wusste als eine der Ersten, dass mein Onkel Hans zurückkam aus den Staaten. Aus der Kriegsgefangenschaft. Die ganze Verwandtschaft geriet aus dem Häuschen und Uhlmanns Lene mit.

Meine Tante Lisi wusste erst seit heute Morgen, dass Onkel Hans mit dem Dreiuhrzug aus Köln kommen würde, und es hatte eine Zeit lang gedauert, bis sie sich selber und meiner Cousine Sylvia die Haare gewaschen und die besten Kleider gebügelt hatte. Dann lief sie zu meinen Großeltern, meine Großmama half ihr, aus den rasch zusammengewürfelten Vorräten einen halbwegs anständigen Kuchen zu backen, Körner zu rösten für den Kaffee, meine Großmutter konnte sogar noch ein paar echte Bohnen beisteuern, dann begannen sie, Grießmehl, Süßstoff und Milch aufzukochen und zu einer falschen Sahne zu schlagen, und Großvater ging zu uns in die Oberstadt, wo auch sofort eine hektische Schrubberei begann wie für den Kirchgang, und ich wurde geschickt, Tante Klara zu informieren, die auch gleich damit loslegte, ihre beiden Töchter Geli und Rita sowie den Sohn Max mit Wasser und Seife zu drangsalieren. Mir riet sie, meine Fingernägel und die schmutzigen Socken mal meiner Mutter vorzuführen. So könne ich unmöglich mitkommen zum Bahnhof. Ich wusste gar nicht, ob ich überhaupt mitgehen wollte bei diesem Schützenfestzug, ich war neidisch, bis zum Ersticken neidisch auf Sylvia, weil ihr Vater heimkam und meiner nicht. Ich stellte mir vor, wie Sylvia jetzt vor Freude hochspringen würde wie ein Dilldopp, halb verrückt würde sie sein, und ich wusste nicht, ob ich mir das wirklich ansehen wollte. Warum kam Onkel Hans heim und mein Vater war immer noch bei den Russen in Lebensgefahr? Gut, Onkel Hans war in amerikanischer Gefangenschaft gewesen, und die Amerikaner waren nicht so gemein wie die Russen, die ihre Gefangenen nicht nach Hause ließen. Aus blutiger Rache und weil sie kostenlose Arbeitskräfte wollten für ihre Bergwerke.

Mit Trauerrändern an den Fingernägeln und verdreckten, von Eia geerbten Socken trottete ich hinter meiner Familie zum Ohl. Wie immer rannte Uhlmanns Lene voneweg. Sie führte praktisch meine Familie an. Meine Mutter sagte zu mir das übliche «Wie siehst du denn aus», aber dann fiel ihr wohl doch ein, dass sie über dem Schmücken ihrer eigenen Person und dem Hervorbringen eines anständigen Zustands meiner Geschwister vergessen hatte, dass es mich auch noch gab. Ich hielt mich in der Nähe meines Großvaters, der nach Aussagen meiner Mutter auch keinen Sinn für das hatte, was sich gehörte. Ich fragte meinen Großvater, wieso der Onkel Hans komme und so weiter, und mein Großvater wusste sofort, was ich meinte. Er erklärte mir, dass er schon von mehreren Kriegsheimkehrern gehört habe, die mit dem Schiff über Le Havre und dann mit Güterzügen nach Deutschland gekommen seien. Mein Vater habe das Pech, in russische Gefangenschaft geraten zu sein. Kein Mensch wisse, wann er heimkommen werde.

Das von meinem Großvater zu hören machte mich noch mutloser und neidischer. So dringend wie ich brauchte keiner seinen Vater zurück! «Komm zu mir, mein Agneschen.» Niemand hatte so etwas zu mir gesagt, nur mein Vater. Ich wollte ihn wiederhaben. Dann müsste endlich mal der Friedrich abhauen, dachte ich erbittert, ein Wunder, dass er nicht auch heute hier am Ohl dabei war und wieder alles besser wusste.

Eine Viertelstunde vor drei trafen wir uns alle an der Bahnschranke. Natürlich sah ich sofort Sylvia an der Hand ihrer Mutter, und ich begriff erst einmal gar nichts. Sylvia, die mit mir gleichaltrig war und mit der ich ebenso selbstverständlich spielte wie mit meinen vielen anderen Cousinen, die ich alle mehr oder weniger gern hatte, Sylvia erschien mir überhaupt nicht als verrückt gewordener Dilldopp, im Gegenteil, sie ließ sich mit bockigem Gesicht von ihrer Mutter ziehen. Die Bahnschranke war gerade heruntergelassen worden, ein schrilles Bimmeln zeigte uns an, dass der Zug jetzt gleich um die Ecke biegen musste, alle schrien: «Jetzt kommt der Hans, der Zug ist ja überpünktlich, Menschenskind, Lisi, du weißt gar nicht, wie gut du es hast» – da sah ich, wie Sylvia in ihrem Kleid aus der rosa Wohnzimmergardine, auf das sie so stolz gewesen war, wie sie sich in diesem kostbaren Kleid auf den Boden warf, in den Staub der Böschung gleich an der Bahnschranke warf sie sich, irgendjemand riss sie hoch, alle schrien auf sie ein, am schrillsten Tante Lisi: «Schämst du dich denn nicht, ausgerechnet jetzt, wo dein Vater kommt, was sollen denn die Leute denken, und dein schönstes Kleid, und der ganze Zucker für die Locken!». Letzteres rief Sylvias Großmutter, die Mutter von Onkel Hans, die den ganzen Weg schon weinte und rief: «Mein Hänschen kommt, Gott sei Dank, mein Hänschen kommt», aber niemand achtete auf sie, weil sie eine geizige alte Schachtel war, die anderen nicht das Schwarze unter dem Nagel gönnte. Das sagten alle, und ich hatte es auch schon erfahren, als ich extra in die Unterstadt geschickt worden war, um von Tante Lisi, die bei Neumanns Lebensmitteln arbeitete und mehr Vorräte hatte als wir, Zucker für unseren Rhabarber zu holen. Den hatte sie meiner Mutter versprochen, aber Tante Lisi war nicht zu Hause, und die Schwiegermutter schickte mich den ganzen Weg wieder zurück, ohne Zucker, sie dürfe nichts hergeben. Die log wie gedruckt, und ich gönnte es ihr von Herzen nicht, dass sie ihren Sohn zurückbekam, während ich …

Jetzt schrie diese blöde Großmutter am lautesten auf Sylvia ein, sie solle aufstehen, aber sofort, ein widerliches Kind sei sie, ein ganz widerliches, jetzt, wo der Vater zurückkäme, sich so zu benehmen, sie habe schon immer gesagt, dass Lisi die Sylvia nicht richtig erziehe, der gehöre mal so richtig der Hintern versohlt, und hungern müsste man sie mal lassen, damit sie mal sähe, wie gut sie es habe. Unterm Schimpfen klopfte die Olle immer an Sylvia herum. Plötzlich trat Sylvia sie kräftig vor das Schienbein, und dann rannte sie weg, meine Mutter und Tante Lisi hinterher, auch Großvater wollte Sylvia einfangen, aber mit seinem Bein kam er nicht weit, meine Mutter und Tante Lisi trugen ihre besten Stöckelschuhe, und es war lustig, wie sie versuchten zu rennen, es war eher ein nutzloses Rumwackeln, und schließlich lief Eia los und fing Sylvia ein, die dann auch missmutig an seiner Hand mitging zum Bahnhof. Gehen konnte man das nicht nennen, Sylvia latschte verdrossen vor sich hin, und als dann die ganze Versammlung auf einen Mann zustürzte, der in einem langen, dunklen Soldatenmantel und einem großen Sack über der Schulter aus dem Bahnhof trat, da riss sich Sylvia wieder los und Eia musste sie erneut einfangen.

Langsam ging mir Sylvia auf die Nerven. Was sollte das Theater? Großvater sagte, Sylvia habe ihren Vater eben lange nicht gesehen, zuletzt als ein sehr kleines Kind, jetzt müsse sie sich erst an ihn gewöhnen.

Was dann passierte, hatte auch mein kluger Großvater nicht geahnt. Onkel Hans, als er von Tante Lisi, seiner Mutter und den anderen halb zu Tode gedrückt und nass geküsst worden war, sah sich suchend um. «Sylvia, wo ist denn Sylvia?»

Meine Cousine saß auf der obersten Treppenstufe zum Bahnhof. In der Wiedersehensfreude hatte man sie schließlich vergessen, und das war ihr sehr recht. Als ihr Vater glückstrahlend ihren Namen rief, als er seine Arme ausbreitete, sah sie verächtlich und widerwillig zu ihm hin, dann stand sie auf, ging einige Schritte auf ihn zu, aber nur, um vor ihm auszuspucken und zu rufen: «Hau ab, du Blödmann, ich will dich nicht, mach, dass du wieder in die Gefangenschaft kommst!»

6. KAPITEL

◆

**Schulspeisung und Moral
Amikind
Raupefahren macht auch nicht froh**

Dies war schon der zweite Winter, in dem jedes Kind Brennmaterial in die Schule mitbringen musste, entweder Kohle oder ein Brikett oder ein großes Holzscheit. Die Erwachsenen, die ins Kino wollten, mussten neben dem Eintrittsgeld ebenfalls was zum Feuern mitbringen, aber wer nichts hatte, kam trotzdem rein. Anders in unserer Schule. Da stand der Hausmeister in der Tür auf seinem einen Bein, das andere hatte er im Krieg verloren, und passte genau auf, dass kein Kind sich ohne Brennmaterial reinschummelte. Ich versuchte das oft, meine Mutter hatte nichts zum Feuern, und die Zeit reichte nie, vor dem Unterricht zu den Großeltern hinunterzulaufen. Was war ich froh, dass Hans-Werner mitbekommen hatte, welche Scherereien mir der Hausmeister machte, ich glaube, er war besonders schlecht gelaunt, wenn das Wetter umschlug und sein Bein ihm wehtat, jedenfalls erklärte mir das der Großvater, der sich auskannte mit wehen Beinen, aber das half mir nichts, wenn ich dastand vor den anderen und der Hausmeister wollte mich nicht reinlassen in die verdammte Schule.

Doch hier, bei der mäuseäugigen Frau Reinhardt, die nur meine Umerziehung vom Linkshänder zum Rechtshänder im Sinn hatte, brachte ich nichts zustande außer Rechnen. Das hatte mir mein Bruder schon längst beigebracht, sogar Teilen war mir ganz geläufig. Frau Reinhardt, die wegen meiner Linkshändigkeit schmerzhafte Bekanntschaft mit meiner Großmutter gemacht hatte, kümmerte sich nicht um mich, siebenundvierzig Schüler zählte ihre Klasse und es reichte ihr, die Kinder der Ärzte und Lehrerkollegen auf den richtigen Weg zu bringen. An mir fand sie offenbar nichts Bildungsfähiges, ich starrte während des Unterrichts in den Himmel über dem Schulhof, ich hörte den Vögeln zu, ich fühlte in mir eine merkwürdige Leere, ich durchschwamm mein erstes Schuljahr wie die trübe Brühe im Attenberger Freibad, ich war ein Abc-Schütze – «Na, nun geht es ja los, ihr seid ja jetzt Abc-Schützen» –, so riefen uns die Großen zu, als sei das etwas Wunderbares. Ich hörte es, aber es hatte nichts mit mir zu tun. Mein Kindsein hatte für mich keinen Wert, niemand fragte nach mir, sie schienen alle, wie Frau Reinhardt, mit anderem oder anderen beschäftigt. Mir war das gleichgültig. Schließlich hatte ich kein Ziel. Ich fühlte mich von Zeit zu Zeit, wenn man es mir sagte, völlig unnütz und fiel hin und wieder durch Ungehorsam auf. Das gefiel mir, geheime, verbotene Wege waren mir die liebsten.

Das mir Schönste und Wichtigste an der Schule war für eine lange Zeit die Schulspeisung. Im Souterrain unserer Schule, wo eine um Ecken herum mit mir verwandte Tante wohnte, deren Mann Schuldiener, aber noch im Krieg war, in diesem dunklen Flur teilte meine entfernte Tante jeden Mittag die Schulspeisung aus. Oben, an der Treppe, standen Jungs aus der Realschule oder aus den oberen Klassen, sie hielten den Ansturm der Schüler zurück, die mit ihren Henkelmännern den Schulkeller stürmen wollten, wo meine Tante vor einem riesigen, dampfenden Kessel stand und jedem Kind eine Kelle voll herrlich matschiger Nudeln mit Rindfleisch, süßer Biskuitsuppe oder Erbensuppe austeilte. Grießsuppe mit Rosinen gab es auch, man versuchte, täglich zu wechseln, was nicht immer gelang, aber niemand murrte, jeder verzog sich mit dem dampfenden Henkelmann in eine Ecke des Schulhofs oder der Flure. Für viele von uns war die Mittagsmahlzeit in der Schule die einzige, bei der man sich satt essen konnte. Ringsdorfs Helga sagte, so was wie die Schulspeise äße in Amerika kein Schwein, aber das irritierte mich nicht.

Mein Bruder Eia gehörte zu den Großen, er half, die schweren Kessel, wenn sie geleert waren, wieder auf die Armeelaster zu stemmen. Oft waren noch Reste da, dann brachte Eia einen fast vollen Henkelmann Schulspeisung mit nach Hause, den er streng für meine Mutter hütete. Eia liebte unsere Mutter über die Maßen, wie die Tanten oft gerührt sagten, sie war sein Ein und Alles, er gehorchte ihr aufs Wort, auch wenn es ihm nicht in den Kram passte. Ich hätte meine Mutter auch gerne über die Maßen geliebt, tief innen in mir tat ich das auch, in meinem Herzen und in meiner Seele und überall, aber ich war mir immer im Ungewissen. Ehe dieser Friedrich bei uns auftauchte, besprach meine Mutter viele ihrer Sorgen mit Eia. War eine Panne passiert im Haushalt, war etwas verstopft oder zerbrochen, Eia wusste meistens Rat, war geschickt im Reparieren und im Auftreiben der immer nötigen Nahrungsmittel. Täglich übte er Englisch, das wollte was heißen, denn er galt als stinkfauler Schüler, aber er hatte Wichtigeres zu tun. Wenn er nicht für die Amerikaner übersetzte, arbeitete er am Schwarzmarkt. Alte, blind gewordene Schmuckstücke der Großmütter rieb er mit Schlämmkreide wieder blank und tauschte sie bei den Amerikanern gegen Weißbrot, Tee, Kaffee und Corned Beef. Ich wollte helfen, ebenfalls unentbehrlich sein, suchte fieberhaft auf dem Dachboden nach Tauschbarem, doch Eia lehnte meine Teilnahme an seinen Unternehmungen schroff ab. «Du brüllst ja schon, wenn du einen Schwarzen siehst, vermasselst mir alles, dich kann man ja nicht mitnehmen.» Nur weil ich, als die Amerikaner in Attenberg eintrafen und mich ein schwarzer Soldat lachend auf den Arm nehmen wollte, Angst bekam vor den riesigen weißen Zähnen, dem weit offenen Mund mit der dicken roten Zunge darin – und davonlief. Wenn einem auch niemand auf dieser Welt sagt, dass Soldaten schwarz sein können, sogar sehr schwarz, dass sie riesige

Münder haben mit ritzerotem Zahnfleisch und ungeheuer weißen Zähnen, wenn einem das bitte schön kein Mensch wenigstens kurz vorher sagt, dann wird man doch einmal davonlaufen dürfen.

Inzwischen habe ich mich längst an die Schwarzen gewöhnt. Ich finde sie lustiger und meist freundlicher als die weißen Amerikaner, die einen verjagen wollen vom eigenen Schulhof. Die Schwarzen schenkten mir manchmal Schokolade, und neulich aß einer gerade Reis in seinem Zelt, als ich vorbeikam. Er tat mir mit seinem Löffel sofort ein paar Schläge auf ein großes Stück Brot, und ich lief stolz damit heim, wollte es meiner Mutter präsentieren. Im Flur begegnete mir Roths Änna, sie hielt mich am Arm fest, grub sofort ihren knochigen Zeigefinger in meinen Reisbrei, schleckte ihn ab, grub nochmals hinein und ich sah, wie hungrig sie war, die Freude an meinem Brot war dahin und ich gab es ihr, aber leider mit Wut im Bauch.

Nie konnte ich mithelfen, meine Familie zu ernähren. Nie meiner Mutter beweisen, dass auch ich in der Lage war, Lebensmittel zu organisieren, nicht nur noch ein Esser mehr zu sein. «Wenn ich den Jungen nicht hätte ...» – wie oft hörte ich das meine Mutter sagen. Sie seufzte es vielmehr, doch hörte ich ihren Stolz heraus, die Freude an ihrem Großen, wie sie immer sagte. Ich spürte, dass mein Bruder für meine Mutter eine Stütze war, ein Halt, der ich ihr nicht sein konnte, im Gegenteil, ich war ihr eher ein Ärgernis, wie überhaupt die meisten Erwachsenen sich über Kinder zu ärgern schienen. Was konnte ich dafür, dass die Luftballons, die ich in der Mülltonne der Amerikaner gefunden, voller Stolz aufgeblasen und daheim vorgezeigt hatte, keine richtigen Luftballons waren, sondern Hüllen, die sich die Amerikaner über den Schwengel stülpten, damit sie im Krieg nicht so oft pinkeln gehen mussten und so Vorteile vor dem Feind hätten. Das erklärte mir Eia und ich begriff, dass diese Luftballons für uns uninteressant waren. Meine Tante Malchen, die gerade zu Besuch war, runzelte sehr die Stirn und sagte, sie traue mir nicht, ich hätte es faustdick hinter den Ohren. Sie erinnere nur an die Sache im Beul und so.

Hans-Werner, dessen Mutter ein Friseurgeschäft besaß und immer genug zum Feuern, klaute jeden Morgen ein Scheit Holz oder ein Brikett für mich, und seitdem hatte ich den Hausmeister vom Hals. Klar, dass Hans-Werner mein Freund wurde, Henri war nicht mehr da, Briefe von ihm kamen auch keine mehr, nur seine Mama schrieb manchmal den Großeltern, und dann erzählten die von Henri, der bald aufs Gymnasium käme und so. War mir aber egal, der Henri, glaube ich, war zu eigensinnig, der hätte nie getan, was ich wollte, da war Hans-Werner ein dankbareres Exemplar.

Hans-Werner war, genau wie Henri, zwei Jahre älter als ich, aber sonst hatte er keine Ähnlichkeit mit meinem blonden, blauäugigen Recken. Hans-Werner hatte dunkles Haar und braune Augen und er war genauso unglücklich wie ich. Auch sein Vater war noch im Krieg, auch bei ihm daheim lungerte einer herum, der seiner Mutter schöne Augen machte, Hans-Werner aber scheel ansah. Wir stritten fast, wer schlimmer war – Friedrich, der süßlich und freundschaftlich tuend bei uns herumschnüffelte, oder der dicke Fabrikant, der Hans-Werner eine Memme nannte und aus ihm einen richtigen Mann machen wollte. Wir kamen zu keinem Ergebnis, jeder fand den Feind in seinem Nacken am unerträglichsten, seine Mutter am undurchschaubarsten, wir wussten keinen Ausweg außer Stillehalten. So sehr hatten wir uns schon daran gewöhnt, den Schaden davonzutragen, die Suppe auszulöffeln, zu essen, was auf den Tisch kommt. Lirum, larum, Löffelstiel, kleine Kinder fressen viel.

Ich sorgte dafür, dass Hans-Werner sich Friedrich betrachten konnte, und er zeigte mir den dicken Fabrikanten, den wir bald nur noch den Dicken nannten, als er in der Mittagspause in dem kleinen Garten hinter dem Friseurgeschäft von Hans-Werners Mutter Konfekt vom Schwarzmarkt für sie auspackte. Hans-Werner sagte, der Dicke dulde nicht, dass seine Mutter für ihren Sohn auch nur eine Praline aufhebe, entweder esse er sie selber oder er besorge Schnapspralinen, nichts für Kinder. Sogar Perlonstrümpfe brachte der Dicke für Hans-Werners Mutter mit. Ich wusste, dass meine Mutter und alle anderen Frauen, die ich kannte, sich vergeblich Perlonstrümpfe wünschten. Sie waren nur auf dem Schwarzmarkt zu bekommen, im Tausch gegen einen Haufen Zigaretten vielleicht oder gegen Kaffee. Der dicke Fabrikant schien auf dem Schwarzmarkt allmächtig zu sein. Ich war noch nie dort gewesen, meine Mutter verbot es mir. Sie sagte, dass sich dort Gelichter herumtreibe, und wenn sie erfahre, dass ich dort gewesen sei, könne ich aber was erleben. Das wollte ich natürlich nicht, ich ließ mich in der Nähe des Bahnhofs nicht blicken, aber mein Bruder Eia sehr wohl.

Er war jetzt dreizehn Jahre alt, im Sommer würde er vierzehn werden und ich acht. Eia war ziemlich groß und dürr wie eine Zaunlatte, aber die Mädchen in seiner Klasse wollten alle mit ihm gehen, das wirkte sich sehr vorteilhaft aus für mich. Beim Schützenfest zum Beispiel, wenn ich, ausgerüstet mit ein paar wenigen Pfennigen, nicht wusste, wie ich die am vorteilhaftesten anlegen sollte, nahm mich Marlene bei der Hand, sie fragte mich, ob ich gerne Kettenkarussell fahren wollte oder Raupe oder lieber einen türkischen Honig essen, und dann flog ich durch die Luft, ich ließ mich durch Abstoßen mit den Füßen gern noch höher in die Luft hineinschießen. Ich fliege in den Himmel so wie jetzt, fliege, bin groß, wachse immer weiter, schieb mich nochmal an, nochmal in den Himmel, denn unten, da kommen sie wieder, die Dunklen, die kein Gesicht haben im Keller, aber ich geh nicht mehr mit, nie wieder.

Meine Mutter hat zu einer ihrer tausend Cousinen gesagt, dass sie froh sei, dass sie ihre Mädchen, ihre beiden hübschen

Mädchen, denn sie seien doch sehr hübsch, das höre sie überall, das sage sie nicht als stolze Mutter, neulich habe wieder eine Frau in der Wäscherei zu ihr gesagt, dass sie die hübschesten Töchter der ganzen Oberstadt habe, da müsse man ja auch vorsichtig sein, Mia sei immerhin elf, und sie sei froh, dass sie ihre Mädchen habe bewahren können, Gott, sei sie da froh, wovor, das sagte sie nicht, aber mir fiel auf der Stelle ein, dass mich der freundliche Amerikaner mit in den Keller von Schramms Hotel genommen hatte, Kaffee und Tee für deine Mami, sagte er, komm, Kaffee und Tee, und ich war stolz und froh, dass ich endlich auch einmal meiner Mutter etwas würde bringen können. Ich folgte ihm, er zeigte mir im Keller die Regale, er hatte nicht gelogen, da standen Packungen mit Mehl und Zucker, mit Milch in Dosen, mit Schokolade, ganze Riesenbrocken Käse sah ich und weißes Brot in Cellophan, und der freundliche Amerikaner nahm mich auf den Schoß, sagte swiiit görl oder so, er sagte das ziemlich komisch, er saß auf einem Fass und ich saß auf seinem Knie, und über mir war ein kleines vergittertes Fenster, durch das ich auf die Hauptstraße sehen konnte, meine Hauptstraße, das Trottoir konnte ich sehen, ich bekam Sehnsucht nach der Straße, nach meiner Straße, ich sah Füße, ich sah Christa mit ihrem Roller, noch nie hatte ich solche angstvolle Sehnsucht nach Christa verspürt, und der freundliche Amerikaner hatte jetzt seinen Finger durch das Bein meiner Unterhose geschoben, aber ich sah nur noch das kleine Fenster zur Straße, dort hinauf wollte ich, zu Christa, zu den anderen Füßen, ich riss mich los von dem freundlichen Amerikaner, rannte, er sprang mir nach, wollte mich halten, da schrie ich, und sofort ließ er mich los, bat mich, nicht zu schreien, er hatte Angst, Angst wie ich, und ich lief durch den Keller, vorbei an Herrn Schramm, der mich komisch ansah, aber er sagte nichts, auch der freundliche Amerikaner sagte nichts, er sah mich nicht mehr an, nie mehr, wenn er mir auf dem Schulhof begegnete, und ich fragte nicht danach, obwohl ich keinen Kaffee und keinen Tee für meine Mutter bekommen hatte.

Am nächsten Sonntag regnete es, wie es nur im Oberbergischen möglich ist. Regelrechte Wasserwände, blaugrün, hingen zwischen den Häusern, man konnte sich nicht vorstellen, dass ein Aufhören möglich wäre. Hedy, deren Eltern verreist waren, hatte bei uns übernachtet und ich liebte meine Mutter, die für Hedy ein Bett mit ihrer schönsten Wäsche bezogen hatte. Gestern gab es zum Abendessen Kartoffelsalat und als Nachtisch Bratäpfel mit echter Vanillesauce aus einem Tütchen von Neumanns Lebensmitteln, das meine Mutter lange Zeit vor uns gerettet hatte. Und eben zum Frühstück hatten wir Pfannenbrei, den Hedy noch nie gegessen hatte und der ihr gut schmeckte. Ich war stolz, weil es Hedy bei uns gefiel, und meine Mutter hatte nichts dagegen, dass wir zum Sonntagsgottesdienst in die evangelische Kirche gingen. Auf dem Weg zum Bursten zu Pfarrer Hauff wären wir zum Auswringen nass geworden.

Ich saß zufrieden und satt neben Hedy in der Kirchenbank, sah ihr klares, feines Profil unter dem dicken Haar und war wieder einmal froh, Hedys Freundin zu sein. Nur undeutlich hörte ich, was Pfarrer Luhmann auf der Kanzel sagte, bis ich merkte, dass Hedy aufmerksam horchte. Über die Verwilderung unserer Jugend sprach Dorotheas Papa, und ich überlegte schon, was Luhmanns Blagen denn wieder angestellt hatten. Besonders Matthäus, der Älteste, konnte es leicht mit Eia aufnehmen in schlechtem Betragen, im Klauen vor allem. Aber es ging mehr um Deutschland, um das zerschlagene, zerrissene Deutschland. «Wir sind bettelarm geworden», sagte Pastor Luhmann, und da hatte er ja Recht. Auch damit, dass auf vielen Leuten Sorgen, Verzweiflung und Hoffnungslosigkeit lasten. Auf mir zum Beispiel. Doch was er dann predigte, verstand ich nicht mehr so richtig: «Aber neben aller Not und allem Jammer geht zugleich auch eine unheimliche Genusssucht und Vergnügungssucht durch unser Volk.» Also beklagte er sich doch über seine Kinder, denn Dorothea war noch verrückter auf Eis als ich, und ihre Brüder, allen voran Matthäus, waren der Schrecken aller Fahrgeschäfte auf dem Schützenfest. Sie schafften es, immer im letzten Moment gratis aufzuspringen, oder sie ließen sich als Schaukelburschen anstellen und waren ihr bester Kunde, von uns heiß beneidet.

Doch was meinte Pastor Luhmann jetzt? Sein Gesicht unter dem wenigen hellblonden Haar war ziemlich rot, auch die Ohren. Der Pastor sprach auch lauter als sonst. «Zuchtlos werfen sich manche deutsche Frauen und Mädchen weg. Sie missachten das sechste Gebot, dass wir keusch und züchtig leben sollen in Worten und Werken. Solche Frauen und Mädchen vergessen ihre Ehre und Würde, sie vergessen die Tausende von Gräbern ringsum. Sie vergessen die furchtbare Hungers- und Sterbensnot im Osten. Sie vergessen ihre Männer, Brüder, Söhne und Freunde, die noch gefangen oder vermisst sind. Sie vergessen die vielen Tausende von Kriegsversehrten. Sie vergessen den ganzen Jammer und die Not des Vaterlandes. Ihr Benehmen ist eine Schmach für die heimkehrenden Männer und ein Ärgernis für die ganze Öffentlichkeit.»

Ich konnte spüren, dass die Stille in der Kirche anders war als sonst. Ich sah auf Hedy, die sich behutsam, fast unmerklich nach hinten umsah zu den Erwachsenen. Also versuchte auch ich, möglichst unauffällig Hedys Blick zu folgen. Ich sah, wie Achenbachs Gudrun mit ihrer Freundin, Beckers Doris, aufstand und rausging, obwohl Pastor Luhmann noch gar nicht fertig war mit der Predigt. Auch drei Frauen aus der Unterstadt, die ich nur vom Sehen kannte, gingen. Pastor Luhmann ließ sich davon nicht stören. Er mahnte die Eltern, dass sie ihren Kindern nicht alles durchgehen lassen sollten. Meiner Mutter musste das niemand predigen. Dann sagte Dorotheas Papa noch, dass man im Kreise von Gleichaltrigen auch fröhlich sein konnte, ohne der Zuchtlosigkeit zu verfallen. Ich dachte an den Beul, wo wir bei schönem warmem Wetter im Kreise von Gleichaltrigen dauernd der Zuchtlosigkeit verfielen, Luhmanns Dorothea auch, und wie, und Matthäus war auch dabei gewesen in Thomas' Küche und so, aber das wusste ja der Luhmann nicht. Er lobte gerade die Frauen, «die trotz des kriegsbedingten Frauenüberschusses den ihnen von Gott auferlegten Weg der Ehelosigkeit tapfer gehen und ihre Lebensaufgabe im Dienst am Nächsten sehen».

Wie vorbildlich waren da meine zahlreichen Tanten. Sie trafen sich oft bei meiner Mutter oder eben reihum, dann strickten sie, nähten, häkelten, und eine musste immer rauchen, damit sie das Gefühl hatten, ein Mann sei dabei. Das könnte Pastor Luhmann auch mal von der Kanzel verkünden.

Ich glaube aber, dass der Pastor Luhmann vielen aus dem Herzen sprach. Amanda Roßbach wetterte ständig dagegen, dass im Gasthaus Parr jeden Samstag und Sonntag Tanzveranstaltungen stattfanden. «Solange noch deutsche Soldaten in Kriegsgefangenschaft sind, sollten alle Mädchen und Frauen auf das Tanzen verzichten», schimpfte Amanda. Dabei waren ihre beiden Söhne schon wieder zu Hause, und meine Schwester Mia sagte, dass Amanda nur neidisch sei, weil niemand sie zum Tanzen aufordere – klein und hässlich, wie Amanda sei.

In unserer Kirche verlas Pfarrer Hauff einen Hirtenbrief von Kardinal Frings gegen «die Überfülle und Ausartung der Volksfeste. Ausschweifend gefeierte Feste gefährden unsere Jugend, zerrütten Ehe und Familie, schwächen unsere Arbeitskraft und lähmen den Sparwillen.»

Dass Schützenfeste gefährlich waren, wusste ich, und Otto Roßbach gefährdete seine Ehe gewaltig, weil er sich beim Schützenfest noch mehr betrank als sonst und dann Amanda verdrosch. Von Arbeitskraft war bei ihm natürlich nichts mehr vorhanden.

Da hatte der Kardinal also nicht ganz Unrecht. Trotzdem – wenn unser Häuffchen predigte, konnten die Mädchen und

Frauen ruhig in der Kirche sitzen bleiben, ich sah niemanden, der rausging. Häuffchen sorgte sich auch um die Jugend, aber er hielt zu ihr: «Die Jugendlichen, besonders die jungen Mädchen, beklagen oft eine völlig verlorene Jugend und oft genug den Verlust derer, die ihnen Stütze hätten sein können, sie haben kaum Freuden, und selbst die einfachsten materiellen Genüsse sind ihnen auf normalem Wege unerreichbar. Man muss sich nicht wundern, dass unwissende junge Menschen sich Lebensfreude, und sei es nur ausreichende Sättigung, zu verschaffen suchen, auf welche Weise auch immer. Viele werden käuflich, die unter normalen Verhältnissen bewahrt geblieben wären.»

Auch in unserer Kirche blieb es still, genau wie nach der Predigt von Pastor Luhmann, aber doch anders. Viele nickten vor sich hin, ich hätte auch nicken können, oder heulen von wegen verlorener Jugend und dem Verlust dessen, der mir Stütze hätte sein können. Damit hatte Häuffchen meinen Vater gemeint, das war mir sofort klar. Ich hätte weinen können, wenn ich nicht dauernd darüber gegrübelt hätte, was unser Häuffchen mit dem Käuflichen gemeint hatte.

Am nächsten Tag nach der Schule fragte ich Hedy. Sie war fast ungeduldig.

«Aber der Luhmann hat es doch letzten Sonntag gesagt. Was glaubst du denn, warum Achenbachs Gudrun und Beckers Doris mitten aus der Predigt weggegangen sind, und Frau Graf und Frau Wachsmut und Frau Weber auch?»

Ich sagte, dass ich das nicht wisse, und Hedy erklärte mir, dass Gudrun und Doris mit Amerikanern gingen, weil sie von denen Kaffee, Perlonstrümpfe und Dollar bekämen und weil es bei den Amis immer lustige Tanzereien gebe und so.

Ich fragte: «Was – und so?»

Hedy, wieder leicht ungeduldig: «Na – du weißt doch, flicken ohne l machen – dazu brauchen die Amis die deutschen Frauen, und deshalb geben sie ihnen dafür Geld und alles.»

«Aha», sagte ich und jetzt verstand ich, dass die Käuflichkeit, von der Pastor Luhmann gesprochen hatte, große Mädchen wie Gudrun und Doris und Frauen wie Frau Graf und Frau Wachsmuth und Frau Weber betrafen. Die bekamen für das, was wir im Beul machten, Dollars und teure Perlonstrümpfe. Interessant.

Da sagte Hedy sachlich: «Nicht, was du meinst. Nicht rumfummeln. Sie sind Amihuren, weißt du, sie machen es richtig mit rein und raus, und wenn sie Kinder kriegen, schmeißen sie die in den Abort. Besonders, wenn der Ami, mit dem sie gehen, schwarz ist. Weil – dann kriegen sie später keinen Mann mehr, wenn sie ein schwarzes Amikind haben.»

Meine Herren. Ich kriegte kaum noch Luft, so nahm mich das mit, was Hedy mir da erklärte. Wieder wunderte ich mich, dass meine Freundin Hedy, die nie in der Nase popelte und vorbildlich mit Messer und Gabel aß, heikle Themen, die mir zu schaffen machten, derart selbstverständlich und kalt behandelte. Ich wusste, dass es eine Todsünde und ein Mord ist, ein Ungeborenes aus dem Bauch der Mutter rauszumachen und in den Abort zu werfen. Häuffchen und Luhmann und der Doktor und alle verboten das, und trotzdem machten es viele Mädchen und Frauen. «Mit Stricknadeln», sagte Hedy, «oder mit Seifenlauge.» Ich betete zum Himmel, dass ich nicht käuflich würde und dann Stricknadeln und Seifenlauge brauchte. Und plötzlich dachte ich an den freundlichen Amerikaner, der mir Kaffee für meine Mutter geben wollte und mich mitnahm in Schramms Keller, und ich wusste nun, dass er keineswegs freundlich war, sondern sich ein deutsches Kind kaufen wollte, und ich betete noch einmal zum Himmel, dass er alle Amerikaner zu sich nehmen oder wenigstens zurück in die Staaten schicken solle.

Auch Großmutter Marie war unzufrieden, sie sagte, das mit den Amerikanern sei der Anfang vom Ende aller Moral, doch Eia winkte ab. Er legte bei den Amerikanern die Platten auf, wenn die mit ihren deutschen Freundinnen tanzten, und er verstand nicht, worüber sich die Attenberger Frauen aufregten. Ich begriff das schon, schließlich sollten anständige Mädchen nicht mit Männern aufs Zimmer gehen, mit denen sie nicht verheiratet waren. Und schon gar nicht, wenn diese Männer, amerikanische Soldaten, uns praktisch noch vor kurzem mit Bomben beworfen hatten. Es gehörte sich einfach nicht, dass man eine Amihure war. Und wenn man noch so viele Perlonstrümpfe, Kaffeetüten oder Dollars dafür bekam. Attenberg hatte schon einen Schandfleck, einen eigenen Neger. Er war noch sehr klein, gerade ein Jahr, er gehörte Korbs Renate, und Tante Korb schwor, dass Renate mit diesem Bill nur ein einziges Mal und völlig gegen ihren Willen – und schon war es passiert. Renate war nun bei Verwandten im Sauerland, sie mochte sich in Attenberg nicht mehr sehen lassen, deshalb mussten die Geschwister reihum den kleinen Billy hüten. Wenn Threschen dran war, half ich ihr und sie sagte, dass sie nur noch mich als Freundin habe. Mir gefiel Billy, er war dunkel wie die beste Schokolade und steckte in einer so glänzenden samtenen Haut, dass ich ihn gerne hochnahm und küsste. Von den Korbs wollte das keiner tun, sie schämten sich für Billy. Wenn ich das jüngste Lauffenbergskind, den Kuno, verwahren sollte, setzten wir die beiden Babys gern in den gleichen Wagen, einen oben hin, den anderen unten. Beim ersten Mal sahen sie einander an, nachdenklich und ein bisschen missmutig Kuno, gemessen freundlich Billy. Was sie so voneinander dachten, hätte ich gerne gewusst, doch da haute Kuno dem Billy, der ihn gerade anlachen wollte, einen Bauklotz über den Kopf, den er vorher scheinheilig bekaut hatte. Beide Kinder brüllten.

Ich bekam dann sofort von Beckers Friedchen, vom Schnelllöper und von Roßbachs Amanda einen Verweis. Sie würden es Frau Lauffenberg sagen, dass ich ihr Kind zu dem Neger stecke. Der war das aber völlig egal, sie sagte, ich solle

Billy ruhig mitbringen, er könne jederzeit mit Kuno spielen. Doch dann verspielte Bella Lauffenberg ihren Ruf als vorbildliche Mutter in Attenberg. Im Winter wollte sie nach Derschlag, niemand war zur Hand, um Kuno zu hüten, da setzte sie ihn in einen Rucksack, dem sie zwei Beinlöcher geschnitten hatte, Kuno brüllte nach wenigen Minuten des Erstauntseins. Draußen lagen Schnee und Eis, Bella Lauffenberg schnallte ihre Skier unter, nahm Kuno auf den Rücken und fuhr mit dem brüllenden Knaben auf Skiern nach Derschlag. Das hatte es in Attenberg noch nie gegeben!

So eine Rabenmutter konnte kein Vorbild sein, was die Eingliederung von Billy in Oberstadtkreise betraf. Inzwischen waren die beiden fast vier Jahre alt und besuchten den Kindergarten. Die Attenberger hatten sich an Billy gewöhnt, und Tante Korb duldete es, dass sein Vater, der große Bill, seinen Sohn besuchte und jedes Mal einen gut gefüllten Seesack ausleerte. Auch Renate durfte aus dem Sauerland zurückkommen, und es hieß in Attenberg, dass sie Bill heiraten und später mit ihm in die Staaten gehen würde. Seitdem trug Tante Korb ihren Kopf wieder hoch, und ihr Mann und die beiden Ältesten mussten nicht mehr wegen fortgesetzten Diebstahls in Siegburg einsitzen. Die Existenzprobleme der großen Familie Korb hatten sich durch Bill und Billy gelöst.

Beim Schützenfest waren sie natürlich auch, unsere Besatzer. Mit Attenberger Mädchen flanierten sie auf dem Platz, die Mädchen rauchten, trugen dünne Nylons und warfen den Attenbergern, die sie scheel ansahen, trotzig freche Blicke zu. Ich war mit Mia unterwegs, aber nur, weil meine Mutter das verlangte. Mia sagte schon auf dem Weg zum Festplatz, der auf dem Ohl lag, dass ich bloß abhauen solle und um sechs gefälligst bei der Schiffschaukel wieder aufkreuzen, sie habe keine Lust, auf mich aufzupassen. Ich konnte auf Mia leicht verzichten, aber doof war es doch, dass Rutha ihrer Mutter beim Wolleaufribbeln helfen musste. Das heißt, sie musste den alten Pulli oder was Frau Thomas aufribbeln wollte, festhalten, und ihre Mutter machte den Faden nass und wickelte ihn um ein Frühstücksbrettchen, eine blödere Arbeit kann man sich nicht vorstellen, es war auch eine Strafarbeit, denn Rutha lernte das Lesen nicht, wir waren jetzt schon in der zweiten Klasse und sie konnte es einfach nicht, da mochte Frau Thomas noch so oft mit dem Kochlöffel hinter Rutha herrennen, immer um den Küchentisch herum rannten sie, wie die Irren, und heute sollte Rutha wieder an die Tafel schreiben und wusste nicht wie, und ihre Mutter hatte das erfahren. Deshalb durfte Rutha nicht zum Schützenfest und ich ging allein, weil Christa nur mit ihrer Oma durfte, die heute aber schwer Ischias hatte, und Hans-Werner, mit dem ich am liebsten gegangen wäre, musste seiner Mutter im Friseurladen helfen.

Hans-Werner hätte das sicher nicht so sehr gehasst, wenn er nicht von seiner Mutter gezwungen worden wäre, einen Friseurkittel zu tragen und einen pingelig gezogenen Wasserscheitel. Einen richtigen Friseurkittel in klein hatten sie ihm machen lassen, und Hans-Werner musste immer die Haare im Salon aufkehren, die Lockenwickler sortieren und, falls nötig, von den Haaren befreien, und das war immer nötig. Hans-Werner musste am Eingang stehen, die Kunden begrüßen und dabei einen Diener machen, er wusste nicht, was er widerlicher finden sollte, das mit den Haaren oder das mit dem Diener. Und beim Schützenfest kamen immer besonders viele Kunden, Rosi Halldorf bediente Damen und Herren, und die wollten am Abend zum Kommers oder wie das hieß, und deshalb konnte auch Hans-Werner nicht zum Schützenfest gehen.

Ich jedoch stand bei der Raupe, hörte die Drehorgelmusik, die von den alten Kinderkarussells kam, eine klagende, wimmernde, immer wiederkehrende Musik, die mich dennoch froh stimmte, ich war erwartungsvoll, ohne zu wissen, warum, tief sog ich den Geruch nach den Pferdewürstchen ein, sie kosteten fünfzig Pfennig, die ich nicht hatte, und wennschon – ich hörte die Stimmen und das Juchzen vom Kettenkarussell, von der Schiffschaukel, die ich über alles liebte, besonders die, in der man angekettet wurde, weil man sich darin überschlagen durfte. Diese Triumphsekunde, wenn du es geschafft hast, wenn du die Schaukel so hoch treibst, dass sie sich auf den Kopf stellt, dich auf den Kopf stellt, die ganze Welt auf den Kopf stellt, juhu! jiipiijee! – und dann kommt der Bremsklotz und du spürst, wie deine Arme zittern.

Neben mir das sanfte Ab- und Anschwellen des Sirenentons der im Kreis herumjagenden Raupe, hinter deren geschlossenem Dach unglaubliche Sachen passierten, Eia und Mia hatten es mir gesagt. «Du gehst nicht in die Raupe!», hatten sie gedroht, und natürlich wünschte ich mir nichts sehnlicher als eine Fahrt in dem grünen Höllenwurm. Mich wunderte, dass der Sirenenton mir keine Angst machte, zumindest das Geräusch nicht, es versetzte mich in eine gewisse Aufregung, und ich schaute neidisch auf die Jungen, die sich auf die Bretter schwangen, Karten kontrollierten und oftmals in den grünen Dächern der Raupe verschwanden. Wie ich sie beneidete, sie konnten jeden Tag, vom frühen Nachmittag bis in die späte Nacht, Raupe fahren, immer nur Raupe, wie schön musste es erst sein, wenn die bunten Glühbirnen brannten, aber da war ich längst daheim, sonst würde ich was erleben.

«He, Agnes, willst du mit mir Raupe fahren?» Neben mir stand Ingrid, auch ein Mädchen aus Eias Klasse, auch eine, die mit ihm gehen wollte. Das wollten viele, und es sollte schon einige Küsse gegeben haben, hieß es, und wozu Eia sonst noch imstande war, das wusste ich ja längst.

Ingrid war dünn und gelenkig, sie gewann immer bei den Turnmeisterschaften, aber darauf komme ich noch, denn da gewann ich auch, und wie, und mein Bruder Eia konnte sowieso alles am besten, Schwimmen, Leichtathletik und so. Ingrid wollte ihn, und da mein Bruder nicht auf dem Schützenfest war, hatte sie wenigstens mich, und plötzlich saß ich in der Raupe, wie ich es mir so sehnlich gewünscht hatte, schon nach den ersten Kurven drückte es mich an die Wand, wie in einer offenen Muschel lag ich am Rand des Sitzes, konnte nichts tun, nur rollen, nein fliegen im Singsang der Sirene, auf und ab, immer schneller und schneller, die Muschel schloss sich über uns, ehe sie sich völlig schloss, glitt der Junge von der Raupe hinein zu uns, flog wie ein Vogel über Ingrid, die halb auf mir lag und nach Sonne und Wiese roch, aber er, den ich eben noch beneidet hatte, ihn konnte ich plötzlich nicht mehr riechen, ich wollte ihn nicht, den blöden Kerl, auch Ingrid schob ihn zurück, «hau ab!» Sie schlug ihn mit ihren kräftigen Fäusten, ich half, ich kletterte über ihn weg, kriegte sein Haar zu fassen, schlug ihm den Kopf gegen die Bretterwand, so fest ich konnte, er hatte mir meine schöne Raupenfahrt vergiftet, ich schrie: «Da hast du es, und da und da.» Er sah mich ganz ungläubig an, ich hatte ein Büschel seiner rotgelben Haare in der Hand, die Raupe öffnete sich, lief aus mit sanftem Sirenenton. «Du, das lassen wir uns nicht gefallen», keuchte Ingrid, «das sag ich an der Kasse, was du hier treibst – darauf kannst du dich verlassen!»

Ingrid sagte es an der Kasse, und dann gingen wir, wobei wir spürten, dass wir beide zitterten. Wir setzten uns auf die roten Bretter der Schiffschaukel, und Ingrid stützte den Kopf in die Hände. «So ein blöder Heini!» Ich musste plötzlich lachen, Ingrid lachte mit, und ihre verdüsterten Augen begannen zu strahlen. «Mit dir kann man Pferde stehlen, du bist wie der Eia!», sagte sie und ich war stolz. Immer noch spürte ich in mir eine Art Mordlust, spürte die dichten strohigen Haare des Jungen, immer wieder schlug ich seinen Kopf gegen die Holzbank der Raupe, ich hatte das gerne getan, ich spürte undeutlich, dass ich gerne noch heftiger zugeschlagen hätte, dies Verlangen lag wie ein dunkler Nebel über mir, der sich nur langsam lichtete.

7. KAPITEL

Mr. Bennetts neues Geld
Tod dem Mitläufer

Beide Großmütter weinten. «Jetzt können wir unser ganzes Geld den Kindern zum Spielen geben! Es ist ja nichts mehr wert! Unser sauer erspartes Geld!» Großmutter Marie und Großmutter Auguste hatten beide, ohne es voneinander zu wissen, ziemlich viel Geld hinten im Kleiderschrank, hinter den Wintersachen, in einem Schuhkarton versteckt gehalten. Nicht einmal Großvater hatte davon gewusst. Und jetzt hörten sie von der Währungsreform, die es bald geben würde, und Währungsreform, das bedeutet «Ming Sching Sing Futsch», das sagte Opa Roth, und deshalb heulten meine Großmütter. Dabei bekamen wir nur neues Geld von den Amerikanern, die uns regierten, das alte Geld, die alte deutsche Reichsmark, so hieß es, könne man verbrennen.

Großvater ließ sich so schnell nicht aus der Ruhe bringen, das war das Schönste an ihm. Immer, wenn die Großmütter hysterisch wurden wegen der Weltlage, hockte sich Großvater vor sein Radio, und ich konnte sicher sein, dass er nach wenigen Stunden das Neueste wusste und dass er versuchen würde, auch mir zu erklären, was los war. Immerhin war ich jetzt neun, besuchte die dritte Klasse, hatte einen neuen jungen Lehrer namens Hübner, der mich nicht schlug, der höchstens mal mit Kreide warf, wenn ich unter dem Pult las, bei ihm schrieb ich manchmal sogar Einser, und wenigstens meine Großmama Marie hatte Respekt. «Mausi, ich staune über dich!», sagte sie, wenn ich wieder im Aufsatz eine Eins hatte, und bat mich, ihr mein Werk vorzulesen. Das tat ich dann nur zu gern, schmückte den Text in meinem Glück noch während des Lesens weiter aus und meine Großmutter rief: «Seines Fleißes darf sich jedermann rühmen», ging an die oberste Schublade ihrer Wäschetruhe und holte für mich einen großen Brocken Kandis heraus. «Ewald», rief meine Großmutter ihrem Mann zu, «Ewald, das hat Agnes bestimmt von Werner, erinnerst du dich, der schrieb auch immer Einser im deutschen Aufsatz!»

Mein Großvater murmelte nur etwas Undeutliches vor sich hin und ich wusste, warum. Von meinem Onkel Werner, dem einzigen Bruder meiner Mutter, wurde nicht so oft gesprochen. Er hatte gleich nach dem Abitur, ehe er zum Studium nach Köln gehen sollte, bei der Reichsbahn geklaut, also praktisch bei Großvater, denn der war ja Obersekretär bei der Reichsbahn, dort hatte Werner, als er Aushilfsarbeiten erledigen sollte, in irgendeine Kasse gegriffen und war mit dem Geld durchgebrannt. Großvater zuliebe hatte man die Angelegenheit nicht gerichtlich verfolgt. Onkel Werner war dann lange verschollen oder wie man das nennt, inzwischen wohnte er mit Frau und drei Töchtern in Berlin, Friedrichstraße. Großmutter besuchte die Familie, Großvater eher selten, er hatte es nicht verwunden, dass sein kluger, begabter Sohn, der das Abitur mit links gemacht hatte, von dem er sich viel erhoffte, ihn vor aller Welt derart blamierte.

Onkel Werner war ein erfolgreicher Offizier bei den Nazis geworden. Großmutter zeigte mir Fotos, auf denen Onkel Werner Paraden abnahm und Soldaten vor ihm salutierten. Das gefiel meiner Großmutter, und es gefiel auch mir. Es gab so wenig Glanz in unserer Familie. Aber wenn ich dann daran dachte, dass die Nazi-Offiziere ihre Soldaten nach Stalingrad geschickt hatten oder sonst wohin in den Tod und dass mein geliebter Vater vielleicht wegen so einem immer noch in Gefangenschaft saß, dann gefiel mir der ordengeschmückte Onkel schon wieder viel weniger, und ich sagte das meiner Großmutter. «Mein Werner hat nur seine Pflicht getan, der hat keinem anderen auch nur ein Haar gekrümmt. Wenn alle gewesen wären wie er, dann hätte Deutschland viel früher aufgehört mit dem Krieg, dann hätten sie gar nicht damit angefangen.» Davon war meine Großmutter überzeugt, und die Fotos von Onkel Werner zeigte sie mir nicht mehr.

Großvater riss mich aus meinen Gedanken heraus, er sagte ganz aufgeregt, nun würde uns Mr. Bennett, der sei Finanzberater von General Clay, der alles in Deutschland zu sagen hat, dieser Bennett würde uns nun genau erklären, was wir am kommenden Sonntag, wenn die Währungsreform gefeiert würde, zu tun hätten. Und wenn meine Großmutter und Auguste nicht mucksmäuschenstill wären, müsse er sie leider rauswerfen.

Sie waren aber still, ich sowieso, mir musste man so etwas nicht extra sagen, und dieser Jack Bennett hatte eine sehr schöne Stimme, er konnte gut Deutsch, so wie ich es gern hatte, mit diesem interessanten Kehllaut, ach, wie gerne hätte ich gesprochen wie Mr. Bennett, wenigstens hörte ich ihm genau zu. Er sagte, das Wichtigste sei zunächst, dass jeder von uns am Sonntag 60 Mark alten Geldes zur Lebensmittelkartenstelle bringen solle. Dort bekäme jeder von den Amerikanern 40 Mark. Weitere 20 Mark bekämen wir in vier Wochen am selben Ort.

Jetzt sah Großvater Großmama streng an. Sie solle nun genau Acht geben, jetzt sei sie gemeint. Meine Großmutter, so dieser Mr. Bennett, müsse zwischen Montag und Freitag der kommenden Woche all ihr Altgeld bei den Banken abgeliefert haben. Auch Sparguthaben müsse sie anmelden. Bevor nicht jeder sein Geld angemeldet habe, werde Mr. Bennett nicht damit herausrücken, was mit diesem Geld und mit den Guthaben passiere. Sonst würden die Deutschen wieder faule Dinger drehen. Und dann sagte Mr. Bennett nach einer kleinen Pause, dass Deutschland erst dann gesund werden könne, wenn das alte Geld beseitigt sei. Das müssten ihm die Deutschen einfach glauben, auch wenn es ihnen schwer falle.

«Jetzt weißt du ja, wohin du mit Auguste zu gehen hast», sagte Großvater. Er war noch immer etwas krätzig darüber, dass Großmama hinter seinem Rücken gespart hatte, von seinem Geld. Sie hätte ihm ruhig öfter einen Wacholder gönnen können oder seinen geliebten Mosel, aber nein. Nun hatte sie die Strafe, seine Marie. Sie und all die anderen, die Schwarzhändler vor allem. Großvater hatte sie natürlich beneidet, weil es ihm selber nicht gegeben war, auf dunklen Wegen andere übers Ohr zu hauen, sich selber zu bereichern. Nun konnten die Schieber mal zusehen, wie sie den Amerikanern erklärten, wo die Stapel Geld herkamen, die sie gehortet hatten. Das Finanzamt musste diese Leute endlich beim Wickel kriegen.

«Eine dolle Welt», sagten Schneeweißchen und Rosenrot. Alle sagten das. Ich sah Geld auf der Straße liegen, in der Leie. Hinter Spielwaren-Röttger saßen Kinder vor dem Haus und spielten damit, ich sah, wie Roßbachs Otto sich eine amerikanische Zigarette mit einem Hundertmarkschein anzündete. Ich weiß nicht, ob er sich großartig vorkam oder beschissen, das wusste man bei Otto dem Seltsamen nie. Seit er letzte Woche seine Amanda wie gewohnt verhauen wollte und die Söhne ihn stattdessen vereint die Treppe hinuntergeworfen hatten, war Otto etwas durcheinander. Aber das fiel kaum auf, jeder war mit sich beschäftigt. Meine Großmutter Auguste wollte die Rundfunknachricht des Mr. Bennett nicht glauben, sie hielt es für einen typisch amerikanischen Trick, dass sie ihr Geld anmelden müsse. «Ich tue es lieber wieder zurück in meinen Schrank, vielleicht kommen doch noch andere Möglichkeiten auf mich zu. Die Amerikaner wollen uns doch bloß in Abhängigkeit halten.» Doch als Großvater ihr sagte, diese Möglichkeiten würden wohl niemals kommen, gab sich Auguste einen Ruck – wenn es denn sein musste, würde sie mit Marie zur Lebensmittelkartenstelle am Rathaus marschieren.

Vorher aber veranlasste die Währungsreform, dass sich meine ganze Familie in alle Richtungen zerstreute. Bis zum Sonntag wollten wir unser altes Geld noch loswerden, einkaufen, was wir kriegen konnten. Ich wurde zum Bäcker Valbert geschickt, weil das am nächsten lag und ungefährlich war. Großvater ging ins Fischgeschäft Mengel, meine Großmamas gingen beide zu Neumanns Lebensmittel, Eia und Mia verteilten sich auf zwei Gemüseläden. Mutter und Tante Im gingen zu Guts, Stoffe konnte man immer brauchen, und tatsächlich kamen sie mit je einem schönen Stück Sommerleinen zurück. Aber das alte Geld hatten die Guts auch nicht gewollt. Sie waren zwar gutmütig, aber Kaufleute wie alle anderen, sie hatten Mutters und Tante Ims Stoffe angeschrieben bis nach der Währungsreform.

Beim Bäcker Valbert bekam ich nichts. Es hieß, sie hätten kein Mehl mehr und könnten nichts backen. Sie zeigten mir und den anderen, die anstanden, die leeren Regale, ich musste ohne einen Krümel Brot heimgehen. Ein Mann rief, er habe gehört, wie der Landwirtschaftsminister erklärt habe, es sei genug Brotmehl da, er werde die Bäckereien überprüfen lassen, ob sie nicht Brotmehl bis nach der Währungsreform hamsterten. Ich glaube, Herr und Frau Valbert wurden ein bisschen blass, aber sie sahen beide ohnehin nie sehr blühend aus, vielleicht habe ich mich geirrt, vielleicht haben sie sich auch nicht rasch angeschaut, wie ich anfangs dachte, das hatte ich mir wohl eingebildet. Jedenfalls sagte Herr Valbert, der Landwirtschaftsminister solle ruhig kommen, die Bäckerei Valbert habe nichts zu verbergen, und jetzt sollten wir alle machen, dass wir rauskämen.

Ich ging heim, hockte mich an meinen Stein und wartete, bis die anderen zurückkamen. Außer Mutter und Tante Im hatten sie genauso wenig in den Taschen wie ich. Nicht einmal Eia, der gerissen war und sich auch auf dem Schwarzmarkt auskannte, hatte diesmal etwas kaufen können. Er warf erbittert seine Tasche in die Ecke und ging zum Hotel Schramm. Seit einigen Tagen hatte er das Privileg, dort die Aschenbecher zu reinigen. Das gab jede Menge Kippen, die mein Bruder gemeinsam mit meiner Mutter sorgsam aufdröselte, den Tabak drehten sie in neues Zigarettenpapier. Dafür hatten sie ein richtiges kleines Maschinchen. Einmal ließen sie mich auch probieren, ich brachte sogar eine dünne Zigarette zusammen. Als ich sie zukleben wollte, tat ich allerdings zu viel Spucke hin. Ich hätte das sicher gelernt, wenn sie mich gelassen hätten. Aber Eia und Mama wollten das lieber allein machen, das mit den Kippen. Sie waren zu wertvoll.

In den Geschäften drängten sich die Kunden wie vor Weihnachten, alle Attenberger versuchten, ihr altes Geld noch loszuwerden, die Ladenregale blieben aber gähnend leer. Meine Großmütter beschlossen dann, sich im Salon Halldorf jeder eine Dauerwelle machen zu lassen, möglichst noch Haarwasser und Kaloderma-Creme mitzubringen. Sie kamen empört wieder: Hans-Werners Mutter hatte ihr Geschäft wegen Erkrankung geschlossen.

«So ein raffiniertes Luder, diese Rosi Halldorf! Es heißt ja auch, dass sie ihren in Russland vermissten Mann für tot erklären lassen will, damit sie den reichen Fabrikanten heiraten kann. Wer lacht da? Bei Gott, ich glaub, ich war es selbst!»

Meine Großmama war sehr aufgebracht, dass alle ihre Geldpläne scheiterten, dass immer die anderen klüger waren als sie selber, sonst hätte sie sicher nicht das mit der Todeserklärung gesagt. Es wurde nämlich nur leise herumgeflüstert, es war ja auch eine schreckliche Vorstellung. Hans-Werner wusste davon nichts, jedenfalls hatte er es mir bisher nicht erzählt, doch wenn ich mir vorstellte, meine Mutter würde meinen Vater – daran wollte ich nicht denken. Aber fragen durfte ich sie nicht, ich musste sie schonen, es ging ihr nicht gut.

Schon beim Frühstück hatte ich gemerkt, dass meine Mutter müde war, obwohl es vom Kirchturm zweimal schlug, erst halb acht, meine Geschwister und ich machten uns auf den Weg in die Schule. Dort ging es mir ziemlich gut, aber heute

Morgen, das leidende Gesicht meiner Mutter vor Augen, hatte ich wieder einmal ein besonders schlechtes Gewissen. Ich wusste, ich war das kleinste Kind meiner Mutter und zugleich das nutzloseste, ungehorsamste, verrückteste, und manchmal wollte ich das auch sein, aber heute fühlte ich mich machtlos, klein und ohne Schutz, ausgeliefert diesem Friedrich, der bestimmt auch eines Tages meinen Vater für tot erklären ließ, wenn der nicht bald zurückkam von den Russen. Andere Väter schrieben wenigstens Karten aus der Gefangenschaft, ich fragte alle Kinder aus meiner Klasse, an meiner Schule, ich war die Einzige, die nichts von ihrem Vater hörte und sah. Drei Jahre waren nun schon vergangen, seit der Krieg beendet war, und immer noch kam mein Vater nicht zurück. Ich fragte Eia und Mia, sie zuckten mit den Achseln, es konnte doch nicht sein, dass auch sie nichts wussten, zumindest Eia, er war doch der schöne Prinz meiner Mutter, ihr ganzer Stolz, doch vielleicht hatte Friedrich ihn schon lange verdrängt, nur ich wusste noch nichts davon, ich erfuhr ja nie etwas, Jahr um Jahr ging das so. Ich fand dieses Leben sinnlos und ekelhaft.

Als ich nach dem Unterricht auf den Schulhof hinauskam, traf mich die Sonne dieses Junitages wie ein heißer Strahl, der mich aber nicht erwärmte, sondern eher unruhig machte, nervös. Sonst liebte ich es, in Ruhe den Schulhof zu durchqueren, tief den Duft der Rosen und des Lavendels einzuatmen, die hinter dem Schmiedeeisen des Kirchentors blühten. Dann lief ich durch die kühle Gasse zwischen Bonnackers und Steins Haus, beim Schuster Uellner vorbei, der in seiner Werkstatt saß und kling, kling auf die Schuhsohlen haute, auch auf meine, noch aus den abgerissenen Tretern machte Schuster Uellner geduldig wieder ein ansehnliches Paar, er war ein großer, bescheidener Künstler, er saß in seiner nach Klebstoff duftenden Schuhhöhle mit nur einem Fenster auf die Gasse, die einfach nur die Gasse hieß und auf die Hauptstraße hinauslief, direkt vor unser Haus.

Wie tausendmal vorher stürzte ich aus der Sonne in unseren dämmerigen Flur, dessen große quadratische Steine immer etwas feucht rochen, die schwere Haustür fiel von allein hinter mir ins Schloss und machte die Dunkelheit noch dichter. Eine dunkelgrüne, eine zuverlässige Tür, zum Schutz vor Feinden konnte man einen schweren Riegel vorlegen, der sich über die beiden Flügel der Tür hinzog und mit einem starken Schloss versehen war.

Sonst lief ich rasch durch den Flur, grüßte Oma Roth, die, ihr Geschirrtuch über der hohen Schulter, zur Steinernen Küche humpelte, oder ich sah ihren Mann, der Kohlen aus dem Keller geholt hatte oder Äpfel mit braunen Flecken, die schnitt Opa Roth mit einem spitzen Messer sauber heraus, steckte kleine Stücke Kandis hinein, und dann briet er die Äpfel im Backofen. Oft bekam auch ich einen.

Heute sah ich niemanden, wollte auch niemanden sehen, ich war bedrückt und hatte Angst, ohne recht zu wissen, warum, ich fühlte mich bedroht, nicht nur durch Friedrich, aber vor allem durch ihn, den ich fürchtete, nie mehr loszuwerden, der mich ohnmächtig machte und verzweifelt. Rasch rannte ich die Treppe hinauf, fand die Küche leer, das Wohnzimmer auch, etwas trieb mich ins Schlafzimmer meiner Mutter und hier fand ich alle, die ich sonst im Hausflur traf oder in der Steinernen Küche, Roths Oma knöpfte meiner Mutter die Bluse auf, Frau Thomas presste ihr einen Lappen auf die Stirn, Friedrich rannte mich fast über den Haufen. «Der Doktor, wo bleibt denn der Doktor!», rief er und lief die Treppe hinunter, die junge Frau Waller zog mich mit sich hinters Haus, zum Schuppen, wo ihr neues altes Rad stand, sagte: «Der Friedrich brüllt nur herum, das nützt gar nichts – hier, Agnes, fahr zum Doktor, Vorndammes Karl hat ihm schon Bescheid gesagt, aber er ist immer noch nicht da, er soll in der Fellmicke sein, bei Beucherts, die kriegen das erste Kind, so was dauert.»

Dumpf trat ich in die Pedale, mühte mich die Hauptstraße

hinauf, hörte Otto den Seltsamen in seiner Werkstatt fluchen und poltern, Uhlmanns Lene rannte schon aufgeregt Richtung Fellmicke, stoppte, als sie mich sah, war vielleicht sogar etwas enttäuscht, dass sie nicht selber den Doktor holen konnte: «Ja, Wicht, zau dich, mit dem Fahrrad bist du schneller als ich», ja, mochte sein, schon war ich auf der Höhe der Hauptstraße, fuhr in vollem Saus in die Senke, in der Vorndammes Hof lag, die große Miste, «je größer der Mistus, je näher ist Christus», sagte meine Großmutter. Vorndammes Karl, der inzwischen wieder gemessen antwortete, wenn ich ihm meinen Gruß zurief, war der Erste gewesen, der meiner Mutter den Doktor holen wollte, aber vor einer Geburt hatte er Respekt, ich nicht, ich hole den Doktor, und wenn ich ihn an meine Tante Amelie erinnern muss, ich trat wieder in die Pedale, schwor Gott, dass ich von nun an wahrhaft, treu und edel sein wollte, mich ihm weihen, nur noch Gutes tun bis zur ersten heiligen Kommunion im nächsten Jahr, nie mehr wollte ich den Pfad der Tugend verlassen, nie mehr Witze über Biblisches machen wie ‹Kain schlug seinen Bruder Abel mit der Mistgabel› oder lachen, wenn Eia erzählte, dass der erste Fußballclub der Welt der FC Nazareth gewesen sei: Jesus stand im Tor und seine Jünger standen abseits – nie wieder wollte ich mitlachen bei solchen Schuljungenwitzen, nie wieder von meinen Vorsätzen abweichen und zurückfallen in Sünden, vor allem gegen das sechste Gebot oder in sonstige Lumpereien wie Erdbeeren-, Kirschen- und Äpfelstehlen, Kohlenklauen und so, obwohl es unser oberster Hirte, der Erzbischof von Köln, Josef Kardinal Frings, von der Kanzel herab erlaubt hatte. Das hatten sich die Kölner gut gemerkt, sie nannten es *fringsen,* wenn sie klauten, was nur ging, und das sprach sich sehr schnell herum bis ins Oberbergische.

Aber ich wollte nicht mehr zurückfallen ins Gewöhnliche, Gott sollte meine Gebete hören, sie erhören, er sollte meine Mutter beschützen, machen, dass sie wieder Luft kriegte und keinen Schaum vor den Mund, auch wenn ich mit der Erbsünde behaftet war, wollte ich zu den Edlen und Gott Wohlgefälligen gehören, mein Gott, das wollte ich, meine Mutter hatte es verdient, dass ich nach Reinheit und Makellosigkeit strebte, sie war meine zarte Mutter, sie hatte für mich Bohnenstangen herausgerissen und Holz klein gehackt, schwere Möbel und Teppiche auf dem Bollerwagen zum Hamstern gezogen. «Alles viel zu harte Arbeit für dich, Margarethe», das sagte mein Großvater und er verbot es ihr, sagte, sie solle warten, bis er komme, aber meine Mutter wollte alles selber tun, jetzt und gleich, sie lernte auch noch Stolze-Schrey, das war eine Kurzschrift, denn Mutter wartete auf eine Stelle in Ringsdorfs Kontor, dazu musste sie aber dringend wieder gesund werden, lieber Gott, mach, dass meine Mami wieder richtig Luft kriegt, und du wirst sehen, dass ich dein geliebtes Kind werde, an dem du dein Wohlgefallen hast.

Bei Beucherts kam der Doktor schon aus der Haustür, er sah mich herankeuchen, winkte mir kurz, sprang in seinen hellblauen Ford und rief mir zu, er fahre zu meiner Mutter, ich solle aber nicht ins Schlafzimmer kommen.

Nur wenige Minuten nach dem Doktor war ich mit Frau Wallers Rad wieder vor unserem Haus, trat in den Flur, wo die anderen standen, die der Doktor hinausgeschickt hatte aus Mutters Zimmer, auch Friedrich stand da, ich genoss es, dass der Doktor auch ihm die Tür gewiesen hatte, und der Nazi-Friedrich, dessen Haare wieder aalglatt an seinem Kopf lagen, empfing mich mit dem Vorwurf, ich sei daran schuld, dass meine Mutter da oben krank liege und mit dem Tod kämpfe. «Du allein bist daran schuld!»

Warum, das sagte dieser Nazimitläufer nicht. Vielleicht war es ihm sogar peinlich, was ihm da herausgerutscht war in seinem Hass auf mich, den er sonst mit öligen Redensarten tünchte, denn die anderen im Flur, die Roths, die Wallers, sogar Frau Thomas wandten sich wortlos ab und gingen in ihre

Räume, aber keiner von ihnen sah mich böse an, und Oma Roth sagte zu Friedrich: «Lassen Sie das Kind in Ruhe, Sie gehören ja nicht einmal ins Haus. Agnes, komm, ich back für dich Reibekuchen.»

Ich stand für Sekunden oder Minuten, was weiß ich, dem Friedrich allein gegenüber. Tief unten aus meinem Bauch, wo sonst die guten, die heißen, die roten Gefühle herkommen, kroch eine wütende Beklemmung heran, ein Würgen überkam mich, mein Gott, ich möchte dem Nazi vor die Füße kotzen, aber ich konnte nicht, alle Dämonen, denen ich eben noch in der Angst um meine Mutter abgesagt hatte, alle schrecklichen und verfluchten Gefühle, deren ich fähig war, richtige Verbrechergefühle standen in mir auf gegen Friedrich. Ich wollte, musste spökenkieken, seinen Tod voraussehen, vielleicht hatte ich den alten Nordmann doch – Hedy behauptete das bis heute –, lieber Gott, verzeih mir, aber der Nazi meiner Mutter lässt es nicht zu, dass ich heilig werde, dir wohlgefällig, ich werde meiner Erbsünde gemäß alle bösen Triebe in mir auf den Mitläufer konzentrieren, der meinem Vater seine Frau wegnimmt, der mir die Schuld gibt, wenn sie nicht atmen kann. Ich wollte den Nazi so lange spökenkieken, bis er auf eine grässliche Weise umkam.

Das schöne Sommerwetter schlug um, die Luft wurde kühl, es regnete leicht an diesem Sonntag, und alle Attenberger standen Schlange. Denn nun war sie da, die Währungsreform. Noch nie hatte ich die Oberstadt samt Unterstadt geschlossen auf den Beinen gesehen, meine gesamte Familie war da mit allen Tanten, Onkeln, Cousinen und Cousins, der Vorndamme Karl mit seiner Schwester, der Höhö, Leni und Loni Wippermann mit den Guts, Frau Thomas mit Rutha mit ihrem neuen Mann und dem kleinen neuen Sohn, der im Kinderwagen am Schnuller nuckelte. Frau Thomas hatte sich in die Unterstadt verheiratet, ein Junggeselle mit eigenem Haus war endlich so gnädig gewesen, wie meine Großmama sagte, nachdem ein Stammhalter geboren war. Rutha war nicht so zufrieden wie ihre Mutter, ihr fehlte die Oberstadt, wir alle fehlten ihr, sogar ich. Das sagte sie natürlich nicht, aber ich merkte es, weil Rutha dauernd bei uns war und kaum mehr daheim, wo sie immer auf den kleinen Bruder aufpassen musste. «Der ist der reinste Herrgott», sagte Rutha, und ich musste schon wieder an Friedrich denken, der sich auch so aufführte, und Rutha tat mir Leid. Meine Mutter und Frau Thomas begriffen erst jetzt, was sie einander gewesen waren, sodass wir oft bei den Thomas, die jetzt Fährmann hießen, in der Unterstadt aufkreuzten, zumal die Fährmanns ganz in der Nähe meiner Großeltern wohnten. Sie waren jetzt auch miteinander zur Währungsreform gekommen.

Otto der Seltsame hatte seiner Frau befohlen, die zehn Kinder gefälligst blank zu schrubben, Uhlmanns Paul rief: «Otto, heute bist du aber froh an deinen Blagen, oder verdrischst du sie nach dem Kassieren wieder?» Amanda Roßbach sah den Uhlmann Paul scheel an, wenn sie auch selber immer lautstark über Otto schimpfte, durfte das der Uhlmann Paul noch lange nicht. «Paul, dir hängen die Trauben wohl zu hoch», knurrte sie, und Otto der Seltsame schrie: «Deine Lene hat eure Blagen wohl im Galopp verloren.» Die Sache hätte durchaus brenzlig werden können, doch meine Großmutter schlug vor, dass von jeder Familie einer zum Grafen von der Mark ausrücken solle, Kaffee holen oder Limonade für die Kinder, aber Eia sagte, dass der Graf von der Mark heute geschlossen habe. «Meinst du, der will noch das alte Geld?»

Es wäre auch nicht gut gewesen, wenn einer sich aus der Reihe entfernt hätte, ich war mir völlig sicher, die anderen würden ihn nicht wieder hereinlassen. Jeder drängelte, jeder hatte die schlechtesten Erfahrungen mit dem Schlangestehen gemacht, auch ich, und zwar ziemlich oft. Mühevolles Stehen im Gedränge, oft in der Frühsommerhitze oder bei der beißenden Kälte der Wintertage, dann kam man endlich in die vordere Reihe der Wartenden, und es hieß: «Schluss, aus, alles ausverkauft, wir kriegen erst übermorgen neue Ware, tut uns Leid, ihr müsst wieder gehen!»

Diesmal bekamen alle was, auch der Höhö. Er war aufgeregt, ratlos, kam mit seinen vierzig Mark und den Merkblättern, die jeder bekam, zu meiner Mutter. «Frau Ruge, wat sall ick nu damit maken?» Mutter beruhigte ihn, dass er all die Punkte A, B und C nicht lesen müsse, er solle nur seine ganzen Geldscheine zur Sparkasse bringen und auch seine Sparbücher, und genau in einer Woche solle er dann mit diesen Merkblättern wieder zum Rathaus gehen, in dasselbe Zimmer, wo er sie auch bekommen habe. Der Höhö überlegte eine Weile, dann leuchtete es in seinen Augen auf, er hatte alles verstanden, schüttelte meiner Mutter die Hand, schwang sich auf sein Fahrrad, bremste wie gewohnt mit vielen «höhö» und hielt in der einen Hand strahlend sein neues Geld.

Vorndammes Karl, der nicht mehr mein Karl sein wollte, war heute völlig verändert. Er sagte zu jedem, bei dem er alte und sehr kranke Angehörige wusste, dass er sie beerdigen werde und die Kosten dafür anschreibe. «Ich tu euch auf Pump in die Erde!», schnarrte er aufgeregt. «Bis Mitte Juli – oder solange ihr wollt!»

Was die Währungsreform alles fertig brachte! Auch ich hatte diese komischen bunten Scheine ausgehändigt bekommen. Vierzig Deutsche Mark, die mir gehörten. Wir saßen daheim alle im Wohnzimmer um den Tisch und besahen, was die Amerikaner uns beschert hatten. Ich fragte meinen Großvater, weil ich es nicht so richtig glauben konnte: «Gehört das Geld mir, wirklich mir?»

Ehe Großvater in seiner bedächtigen Art antworten konnte, sagte Friedrich, der auch schon wieder bei uns herumlungerte: «Mach mal fest die Augen zu, dann siehst du, was dir gehört.»

Großvater wies ihn barsch zurecht. «Agnes hat mich gefragt, nicht dich. Du hast Agnes überhaupt nichts zu sagen, merk dir das endlich!»

Friedrich sah meine Mutter an, doch sie schwieg, drehte sich sorgfältig eine Zigarette aus Kippenkrümeln. Ich sah, dass Friedrich wütend war auf Großvater, auf meine Mutter. Mein Hass auf ihn war so groß wie meine Ohnmacht. Lieber Gott, dachte ich, lass nicht zu, dass der mal hier was zu sagen hat. Dem soll bald das letzte Stündchen schlagen, lieber Gott, mach, dass ich spökenkieken kann!

8. KAPITEL

**Fronleichnam und kein Schlüpfer
Die Herren mit den weißen Handschuhen
Eierdiebe können sehr glücklich sein**

Ich glaube, der Einzige, den die Währungsreform nicht verrückt machte, war unser Pfarrer Hauff. Er war eher klein und rundlich, ein Beamtensohn aus Bonn mit bäuerlicher Verwandtschaft, die ihn und seine Schwester Merigold mit Lebensmitteln versorgte. Jeder in Attenberg wusste, dass er in der allergrößten Not bei Merigold etwas zu essen bekam. Nur sollte kein Faulpelz glauben, dass Merigold Lust gehabt hätte, Leute durchzufüttern. Durch geheime Kanäle war Merigold immer bestens über die Attenberger unterrichtet, nur wer trotz aller Mühe nichts zu essen hatte, konnte bei ihr am Tisch sitzen. Die katholische Kirche lag ziemlich weit ab vom Schuss. Wir aus der Oberstadt hatten die Hauptstraße zu bewältigen, die steile Leie und dann noch ein gewaltiges Stück die Kölner Straße entlang bis zur Kirche, die auf dem Bursten lag. Zwei große, ziemlich steile Treppen führten zu unserem Gotteshaus, oft kam ich, mühsam nach Luft schnappend, in der Kirche an, denn unser Pfarrer Hauff, Häuffchen genannt, konnte nicht ausstehen, wenn einer nach dem anderen ihm in die heilige Handlung hineintröpfelte und sie so verwässerte. Dafür kam er ansonsten ohne frommes Getue, ohne jegliche Verzückung und Erbaulichkeit aus, die ich schon an einem Kollegen, der Häuffchen wegen Krankheit vertreten musste, beobachtet hatte. Der verwirrte in seinem ersten sonntäglichen Hochamt die aus Neugier fast vollzählig erschienene katholische Gemeinde Attenbergs. Es war ein alter Pfarrer, glaube ich, er war groß und dürr, Häuffchens Messgewänder reichten ihm gerade mal an die Waden. Sein Gesicht war blass, die Augen rot gerändert, als schliefe er schlecht oder habe gerade geweint. Der Häuffchen-Vertreter rollte auf der Kanzel erstaunlich stark mit den Augen, schrie, dabei die Hände ringend, dass wir dafür haftbar gemacht würden, wenn nicht unsere Väter, Mütter, Brüder und Schwestern im Stande der Heiligen Gnade seien, wir seien des Teufels, rief er, wenn wir nicht glaubten, dass das Herz Jesu das Herz Jesu sei. Mit dem Herzen Jesu hatte er es fast eine halbe Stunde lang, wir müssten ihm alle Ehre erweisen, demütig sein, nicht im Unmaß prassen – eine Mahnung, die uns verblüffte –, wir müssten einen gerechten Zorn haben, wenn andere das Herz Jesu schmähten, und so weiter, der Vertretungspastor hielt sich an der Kanzel fest, um nicht zu zerspringen, glaube ich, er beugte sich zu uns herab, dass man Sorge haben musste, es werde ihn jetzt gleich über die Brüstung der Kanzel auf uns heruntermähen, dann wieder verschränkte er seine langen weißen Finger ineinander, hob die Hände samt seinen Augen zum Himmel auf und beschwor erneut das Heiligste Herz Jesu. «Das Herz Jesu ist das Herz Jesu, beweist es den Nichtgläubigen», schrie er immer wieder, er weinte und tobte, und die Attenberger sahen sich ratlos an.

Als Pfarrer Hauff nach einigen Wochen endlich wieder daheim war, fragten ihn die Attenberger vorsichtig, was es denn mit seinem Vertreter auf sich habe, ob der vielleicht ein Mystiker sei oder so was. «Ach watt», sagte Häuffchen heftig und ärgerlich, «dä is nit mystisch, dä is jeck.»

Ich war darüber ziemlich froh, denn der Alte mit seinen weißen Haarsträhnen und dem Schaum in den Mundwinkeln hatte mich geängstigt. Wer sich den zweimal in der Woche in der Schulmesse anhören müsste, morgens nüchtern, oder jeden Sonntag in der lateinischen Messe, dann noch um halb drei in der Andacht und im Mai jeden Abend in der Maiandacht – das musste furchtbar enden. Ich stellte mir vor, dass wir so langsam jeck würden, und dann kämen wir alle in den Tannenhof, in die Jeckenanstalt. Als ich noch ein sehr kleines Kind war, hatten die Nazis den Pfarrer Hauff auch in eine Anstalt gebracht, in Schutzhaft, hieß das, es war wegen Uhlmanns Martha gewesen, aber mehr erfuhr ich nicht. Großvater sagte nur, dass er Hauff damals kaum wieder erkannt habe, sein Mund sei wie zugenäht gewesen, als er aus der Schutzhaft zurückgekommen sei.

Daran dachte ich manchmal, wenn der Höhö auf seinem Fahrrad schrie, anstatt zu bremsen, wenn ich Uhlmanns Martha auf der Bank vor dem Haus sitzen sah, matt, apathisch, in sich versunken, als lebe sie in einer anderen Welt. Das hatte Tante Amelie gesagt, «Martha lebt in einer anderen Welt», und ich wusste, das hing auch mit den Nazis zusammen, alles Zerstörte schien von denen zu kommen, von Leuten wie Friedrich, er war scheinbar der einzige Nazi, der noch übrig war.

Glücklicherweise hatte Friedrich heute offenbar keine Lust, nach Attenberg zu kommen, an einer Fronleichnamsprozession wollte er nicht teilnehmen, glücklicherweise konnte Friedrich Gott nicht leiden, er glaubte nicht an ihn, sein Gott war Hitler, und der war tot.

Wär doch nur jeden Tag Fronleichnam, dann wäre Friedrich nicht ständig bei uns. Ich wusste natürlich, dass dieser Wunsch reiner Blödsinn war. Aber den Fronleichnamstag liebte ich wirklich, alle in der Familie hatten zu tun, die Prozession vorzubereiten, sie hatten keine Zeit, mich ständig zu beaufsichtigen. Dafür beschäftigten sie mich ohne Ende. Bei allen Katholischen, die Gärten hatten, sammelte ich Blumen und Blüten, körbeweise, besonders die alten Frauen trennten sich für den Herrgott bereitwillig von ihren Pfingstrosen, aus deren Blütenblättern man samtene Teppiche legen konnte. Beckers Friedchen, obwohl protestantisch, gab mir Blätter mit, die sie schon von ihren Büschen abgezupft hatte, Friedchen wusste, was Prozessionsteppiche brauchten, sie räuberte ihre Farnsträucher, die Rosenstöcke, auch vom evangelischen Pfarrhaus bekam ich, in ein feuchtes Laken eingewickelt, Blumen und Blüten.

Die evangelische Kirche war mir genauso vertraut wie die katholische. Besonders wenn es alte Weiber regnete, wie das bei uns hieß, oder wenn der Schnee die Straßen schwer passierbar machte, lief ich durch die Gasse zum Gottesdienst in die evangelische Kirche, saß bei den Pastorskindern, von denen Dorothea in meine Klasse ging. Ich kannte das Sündenbekenntnis und den Gnadenzuspruch, Gebet und Kyrie genauso wie unsere Messliturgie. Am meisten liebte ich das Glockengeläut. Seit ich denken konnte, holte mich der warme Laut der Glocken aus dem Schlaf, schwang ich mit der Melodie aus dem Dunklen ins Hellere, in die diffuse Zeit zwischen Schlaf und Traum, denn die Glocken läuteten oftmals schon früh, wenn alles noch schlief, und viele Oberstädter schimpften darüber.

Pastors Dorothea half mir, Blätter und Blüten einzusammeln für die Fronleichnamsprozession, sie wollte auch, genau wie ich, die schöne Arbeit machen, nämlich die Rosenteppiche legen, aber das erlaubten die Mütter und Tanten uns wieder nicht. Überall rumrennen, betteln und Blüten liefern, uns mit den schweren Körben abschleppen, x-mal hin und her, das durften wir, aber schmücken – nein! «Lasst uns das machen, das könnt ihr noch nicht, Vorsicht, ihr tretet ja alles zusammen!» So behandelten die uns. Besonders aufgeregt scheuchte uns meine Tante Klara weg. An ihrem Haus war in diesem Jahr einer der drei Außenaltäre, an denen die Prozession anhielt, die Weihehandlung vollzog und dann weiterschritt zum nächsten Altar. Jeder wusste, dass Fronleichnamsaltäre nur bei so genannten guten Familien aufgebaut werden konnten, wobei das Prädikat gut nicht allen gleichermaßen einleuchtete. Schon gar nicht den Protestanten. Letztes Jahr durfte Tante Korb an ihrem Haus einen Altar schmücken, obwohl ihr Mann schon wieder wegen fortgesetzten Diebstahls in Siegburg einsaß und die beiden ältesten Söhne ebenfalls. Ich fragte meinen Großvater danach, und er vermutete, dass unser Pfarrer Hauff genau wie Kardinal Frings die Diebstähle der Korbs unter die lässlichen Sünden zählte. Das wollte er den Attenbergern auf seine Weise klarmachen.

Dorothea holte mich am Fronleichnamstag ab zur Prozession. Dass sie nicht nur helfen, sondern auch mitgehen würde, sollten ihre Eltern dann doch nicht wissen. Ich war allein zu Hause, meine Mutter und Mia waren schon längst beim Schmücken, eine verdammte Ungerechtigkeit, denn Mia hatte beim Einsammeln gar nicht geholfen, angeblich musste sie für die Schule stricken. Zur Belohnung für diese Ausrede durfte sie schmücken und ich nicht. So war das immer bei uns. Mia durfte alles, dabei war sie nur drei Jahre älter und keinen Tag klüger als ich. Nicht mal einen einzigen Schlüpfer fand ich in ihrem Schrank und kein Paar Strümpfe oder Socken. Das mit den Socken war nicht schlimm, die Sonne schien und ich konnte meine Igelitschuhe auch ohne anziehen. Das war zwar blöd, weil einem schon bald die Füße heiß und die Schuhe nass wurden, aber das war ich gewohnt. Nur den Schlüpfer, den brauchte ich dringend für die Prozession. Wetten, dass meine Schwester ihre Wäsche wieder vor mir versteckt hatte? Sie behauptete nämlich immer, ich würde alles von ihr anziehen, das tat ich aber nur in Zeiten der Not, denn bei den Schlüpfern musste ich immer das Gummiband knoten, und zwar fest, damit der Bund enger wurde, und Mia kriegte dann den Knoten nicht wieder raus.

Dorothea wurde nervös, die Glocken läuteten, wir würden niemals rechtzeitig beim Auszug in der Kirche sein. Wir beschlossen, uns am Fuß der Leie in die Reihe der Mädchen zu schummeln, niemand konnte uns erwischen, weil sie alle an Tante Klaras Altar Wache hielten und dort die Prozession erwarteten. Damit hatte ich aber immer noch keinen Schlüpfer.

Meine Mutter war gestern mit der Wäsche nicht fertig geworden, weil sie zu Tante Klara musste, Altardecken bringen und Vasen. Dorothea wusste auch keinen Rat, schließlich sagte sie, ich solle doch ohne Schlüpfer gehen, ich hätte ja ein ziemlich langes Kleid an. «Wie soll ich denn knien, ohne Hose», fragte ich sie, «und was ist, wenn es plötzlich windig wird?»

Dorothea überlegte, sie überlegte ernsthaft, das sah ich, während in meinem Kopf nur Durcheinander war, Zorn auf Mia, auf meine Mutter, die doch wissen musste, dass ich nur wenig Schlüpfer besaß. Schließlich schrie sie: «Ich hab eine Idee! Hast du ein weißes Tuch und Sicherheitsnadeln?» Dorothea, deren jüngstes Brüderchen noch in den Windeln lag, faltete eine kleine weiße Tischdecke zu einem Dreieck, band sie mir um wie eine Windel, steckte sie links und rechts oben fest und wir gingen endlich zur Fronleichnamsprozession. Während ich beim *Tantum ergo sacramentum veneremur cernui* mitsang, betete ich, dass Dorothea die Sicherheitsnadeln auch wirklich festgesteckt haben möge, nicht auszudenken, wenn mir eine Tischdeckenwindel aus dem Kleid fallen würde, noch nie in meinem Leben habe ich mich so vorsichtig bewegt, *Praestet fides supplementum sensuum defectui*. Zum ersten Mal wurde mir klar, dass die Katholiken ständig aufstehen und niederknien, mein Bruder Eia in seinem roten Ministrantenrock schellte wie blöd mit seinem goldenen Glockenring, und jedes Mal, wenn er schellte, musste man ja runter. Früher fand ich das in Ordnung, heute schien es mir unnötig und lästig – ich dachte nicht an den Leib des Herrn, der durch Attenberg getragen wurde, sondern an meine Windel. Ich schwitzte, dann wurde mir wieder kalt, ich durfte auch Dorothea nicht ansehen, die neben mir kniete oder stand, sich auf die Lippen biss und mich bedeutsam ansah. Ich kannte ihre Gedanken, auch sie fürchtete um ihr Windelwerk, meine Fronleichnamslebenslust war stark beschädigt, bitter sah ich auf meine Mutter und Mia, die, beide mit tadellosen Schlüpfern versorgt, manchmal mahnend zu mir hinsahen. Das taten die schon reflexhaft, jeder tat das, dauernd mahnten sie mich wegen irgendetwas, anstatt dafür zu sorgen, dass ich saubere Schlüpfer im Schrank hatte.

Die Einzige, die sich freute, mich zu sehen, war meine Großmama. Sie ging ganz hinten, bei den Frauen, Großvater hatte es nicht mit Prozessionen, aber der General betete und sang hörbar und sogar ziemlich schön, glaube ich. Beim letzten Altar vor Ringsdorfs Villa legte sie mir plötzlich sanft die Hand vor die Augen. Großmama trug in der Kirche immer schwarze Spitzenhandschuhe, das sah vornehm aus und das sollte es auch, ich drehte mich um und sah in Großmamas Augen ihre Zuneigung wie einen Stern, der mir meistens leuchtete. Der General flüsterte mir zu: «Mausi, die Erdbeeren sind reif. Ich hab einen ganzen Korb für dich gepflückt. Und kalte Milch hab ich auch, keinen blauen Heinrich. Kommst du nachher mit?»

Ich nickte heftig, Dorothea auch, und jetzt knieten wir uns bereitwillig hin, das Allerheiligste unter dem Baldachin, das Pfarrer Hauff trug, wurde unter dem Geläut der Messdienerglocken hochgehoben, alle konnten die strahlende Monstranz sehen, auch die Evangelischen und die Uralten in den Fenstern. Die Männer, die den goldenen Baldachin trugen, hatten weiße Handschuhe an, ich sah die Fabrikanten Heikamp und Westphal, den Juwelier Maurer, der sehr fromm war und zwei Frauen hatte, seine Ehefrau und eine in Eckenhagen. Dann ging noch der dicke Fabrikant mit, der meinen Freund Hans-Werner genauso peinigte wie mich der Friedrich.

Hans-Werners Mutter stand neben meiner Großmama, ich sah, wie sie tuschelten, auf die Männer mit dem Baldachin schauten. Ich bemühte mich zuzuhören, denn wenn Frauen tuscheln, ist es für Kinder spannend. Daher stellte ich mich mit meinem frömmsten Gesicht nahe zu Hans-Werners Mutter und hörte, wie mein General sagte, sie werde im ganzen Leben nicht begreifen, dass Frau Simon dem Heikamp und dem Westphal ihre Fabriken gelassen habe. «Die müsste doch jetzt wissen, was damals los war», sagte mein General leise, und Hans-Werners Mutter überlegte kurz, dann reckte sie ihren Kopf noch näher zu meiner Großmama. Ich konnte nur undeutlich hören, was sie sagte, aber es klang ungefähr so, als wisse Ines Simon sicher ganz genau, was sie tat. «Das traue ich ihr jedenfalls zu, ich glaub, die ist clever», sagte Hans-Werners Mutter, und meine Großmutter sagte fast laut: «Das sagt Ewald auch immer!»

Jetzt wurde es aber Zeit, dass die beiden wieder fromm das Vaterunser und Gegrüßetseistdumaria mitbeteten, aber sie waren geübt darin, vorne zu beten und hinten zu klatschen, und meine Großmutter, einmal in Fahrt, sagte zu mir, ich solle mich hüten vor Männern, die weiße Handschuhe anhätten und Baldachine trügen.

Am Montag, ich kam mittags aus der Schule, waren die Attenberger, aber nicht nur die Katholischen, schon wieder in der Stadt unterwegs. Meine alten Schuhe unterm Arm, froh, dass sie mir der Uellner Fritz wieder in Ordnung gebracht hatte, trat ich aus der Gasse auf die Hauptstraße und sah einen Haufen Leute vor Valberts Bäckerei stehen, ebenso viele vor Neumanns Lebensmitteln, vor Sickerlings Kleider- und Schuhgeschäft, auch beim Metzger Ochel standen Trauben vor dem Schaufenster. Zuerst ging ich zu Valbert, schummelte mich nach vorn, linste von der Seite herein und sah Herrlichkeiten, die ich mir nie hätte träumen lassen. Jägers Horsti ließ mich näher hin, er hatte genug gesehen: Brot, helles und dunkles, Brötchen, Buttercremetorten, Erdbeertorten, süße Schnecken, Attrappen von Eisbechern, du glaubst es nicht, da drinnen drehte sich wohl jetzt jeden Tag die Eismaschine, in einer Kristallschale lagen sogar Pralinen, alles Wunderdinge, die ich aus meinem gehassten Schlaraffenlandbuch kannte, und jetzt lagen sie vor mir, nur eine Glasscheibe trennte mich davon.

Doch ich hatte kein Geld, mir etwas zu kaufen, und die anderen um mich herum offenbar auch nicht, Tante Kamp sah scheel auf die Pracht, Schnellöpers Lene war schon wieder auf dem Sprung, alle anderen Schaufenster Attenbergs auch noch zu sehen. Beckers Friedchen leckte sich um die Lippen, aber in den Laden ging keiner. Erst jetzt sah ich, dass Otto der Seltsame schräg hinter mir stand, seine Lippe hing so tief runter, wie ich es noch nie gesehen hatte. Ich glaube auch, dass er eine Alkoholfahne hatte, jedenfalls begann Otto plötzlich herumzufuchteln, es kam aus den Tiefen unter seiner Schreinerschürze heraus, was Otto bei Bockemühlen Emma schon vorgedacht hatte und hier bestätigt sah. Otto schlug an die Scheiben, schrie: «Wo habt ihr das alles gehortet? Belogen und betrogen habt ihr uns!» Und die Umstehenden, die sonst von Otto dem Seltsamen nicht allzu viel hielten, nickten, und einige sagten: «Da hat der Otto Recht!»

Auch ich lernte schnell, mich vom Schlaraffenland zu verabschieden, ehe ich es überhaupt betreten hatte. Ein Mann kam aus Valberts Laden, ich kannte ihn nicht, es musste ein Fremder sein, er hielt eine Packung Salzstangen in der Hand, noch nie hatte ich Salzstangen gegessen. Ohne zu überlegen, folgte ich dem Mann mit den Salzstangen, er ging die Hauptstraße und den neuen Weg hinunter in die Leie, ich beobachtete ihn, wie er in die Tüte griff, ein knirschendes Geräusch, es krachte auch richtig in den Zähnen, wenn der Mann mehrere Salzstangen auf einmal aß. Ich wusste nicht, was ich erwartete. Doch – ich wollte, dass der Mann eine Salzstange verlor. Ja, das wollte ich. Zwar hielt ich den Blick stur auf seine Schuhe gerichtet, schwarze flache Schuhe mit offenbar neuen Absätzen, die kein bisschen schief waren – seine Anzughose hatte unten einen Aufschlag, ich sah immer auf die Füße in diesen Aufschlaghosen, und plötzlich passierte es, eine Salzstange fiel herunter. Eine ganze Salzstange. Ich erschrak ein wenig, aber die Stange zerbrach nicht, alles, wie ich es mir gewünscht hatte. Es war mir klar, dass ich genau das ersehnte, was jetzt braun und glänzend, mit kleinen weißen Salzklümpchen, im hellen Sand der Leie lag. Der Mann merkte nichts, er ging kauend weiter. Ich starrte auf die Salzstange. Ich hätte mich nur bücken müssen. Aber ich lief zurück.

Mit Horsti ging ich zu Sickerlings, da standen die schönsten Schuhe, ebenso schöne, wie sie Helga Ringsdorf trug und in letzter Zeit auch Hedy, ich sah meine Igelitschuhe, die der Uellner Fritz so sorgsam geflickt hatte, mit einer Mischung aus Rührung und Verachtung an. Dem Uellner Fritz zuliebe und weil ich keine anderen hatte, würde ich sie tragen, aber wünschen, von ganzem Herzen wünschen tat ich mir diese Schuhe aus Sickerlings Schaufenster.

Tante Korb stand auch vor der neuen Pracht. Die Hände in ihre beträchtlichen Hüften gestützt, eiferte sie sich immer mehr, und die anderen gaben ihr Recht: «Wie oft bin ich bei denen gewesen, wollte Schuhe für meine Kinder, letzte Woche war ich noch da, hab die zerrissenen Halbschuhe vom Fränzchen gezeigt, der Uellner konnte nichts mehr dran machen, sogar der Uellner gibt auf, hab ich gesagt, aber sie haben mich weggeschickt. Und heute könnte ich Fränzchen gleich vier Paar kaufen, aber ich werde ihnen was husten. Eher laufe ich zu Fuß nach Derschlag, ehe ich bei denen nochmal den Laden betrete!»

Die anderen nickten zustimmend, ich sah niemanden, der in den Laden hineingegangen wäre. Gegenüber, bei Neumanns Lebensmitteln, war dagegen schon reger Geschäftsverkehr. Im Schaufenster waren Hühnchen und Gemüse appetitlich dekoriert, in einem Bottich mit Eisstücken lagen sogar Fische, richtige Fische mit Köpfen und Schwänzen. Beim Fisch-Mengel hatte ich immer nur bleiche weiße Stücke gesehen, wenn überhaupt was im Laden war. Ich schaute die Hühnchen an, die bunten Gemüse, wir hatten ja fast nur noch Kartoffeln und eingemachte Bohnen, das Wasser lief mir im

Mund zusammen, ich spürte meinen stets wachen, mit einem Mal richtig wütenden Hunger und lief heim.

Bei Bockemühlen Emma hing eine Tafel: *Heute Grüne-Bohnen-Eintopf mit Rindfleisch für 65 Pfennige, Bunter Eintopf mit Wurst 65 Pfennige, Hackbällchen mit Bratkartoffeln 1,25 Mark.* Gestern hatte ich vierzig Mark bekommen, warum konnte ich jetzt nicht bei Bockemühlen Emma so etwas Herrliches essen?

Meine Mutter löste gerade die Augen aus den Kartoffeln, Eia schürte den Ofen an und meine Schwester holte das Glas mit Großmamas Suppenwürze aus der Speisekammer, als ich das mit Bockemühlen Emma vortrug. Meine Geschwister schauten mich mitleidig und verächtlich an, so einen Blödsinn konnte auch nur ich verzapfen, Mittagessen bei Bockemühlen Emma, so was gab es einfach nicht, hatte es noch nie gegeben, meine Mutter sah für einen Moment auf von ihren verschrumpelten Kartoffeln, sie sah mich an, ein wenig abwesend, doch plötzlich atmete sie tief durch, sagte: «Warum eigentlich nicht. Wir müssen schließlich feiern, dass wir jetzt mit neuem Geld hungern dürfen.»

Sie nahm ihre Schürze ab, holte Geld aus dem Küchenschrank, und dann gingen wir schräg über die Straße in die Wirtschaft, die eigentlich Attenberger Hof hieß, aber es gab niemanden, der das sagte. Bockemühlen Emma war eine große kräftige Frau mit einem dunklen Haarknoten, vorne war schon viel Silber. Emma war energisch, aber herzensgut, so hieß es jedenfalls, sie wurde selbst mit krakeelenden Männern fertig, und was mich betraf, kannte ich wirklich nur die herzensgute Seite. Jedes Jahr an Nikolaus zog Bockemühlen Emma einen langen roten Mantel mit Kapuze an, klebte sich einen Bart um Mund und Nase, und dann kam sie, einen schweren Sack auf dem Rücken, in jedes Haus, in dem kleine Kinder waren. Als ich sehr klein war, wollte ich flüchten, so sehr fürchtete ich mich vor der großen Gestalt mit der tiefen Stimme, auch wenn dieser Nikolaus nicht die Rute für mich herausholte, so wie es der im Kindergarten gemacht hatte. Schon im nächsten Jahr erkannte ich Emmas Stimme, meine dumpfe Angst verwandelte sich in Freude, mein Herz lachte über die Tüte mit Gebäck, die ich bekam, über die Äpfel und Nüsse. Instinktiv habe ich Rutha und Milla nie eingeweiht in mein Wissen, es wäre mir wie ein Verrat an Bockemühlen Emma erschienen.

Sie schenkte mir die erste Limonade meines Lebens, so ritzerot und kühl und derart nach himmlischer Seligkeit schmeckend, dass ich es heute noch weiß. Damals hatte ich wieder einmal an meinem Stein vor dem Haus gehockt, stundenlang, wie mir schien; niemand kam, meine Geschwister nicht und meine Mutter schon gar nicht. Sie hatte am Morgen noch nicht gewusst, dass Halldorfs Rosi eine ganze Hochzeitsgesellschaft klöckeln musste, wie das mein Großvater nannte, wenn die Damen sich Locken machen ließen. Meine Mutter war mit Rosi befreundet und hatte schon oft im Geschäft ausgeholfen, und nicht nur beim Haarewaschen, meine Mutter konnte alles, wenn sie es nur versuchte: im Handumdrehen einen ganzen Kopf voll Lockenwickler drehen, mit einer Brennschere die exaktesten Wellen brennen, sogar an Kinderköpfen die Haare schneiden konnte meine Mutter, und deshalb holte Rosi immer sie, wenn bei ihr im Laden wieder mal der Teufel los war. Und ich durfte dann warten, warten, warten. Und an dem Tag, als ich die Limonade bekam, hatte Bockemühlen Emma mich hocken sehen, stundenlang, und sie winkte mich hinein zu sich, ich stand im kühlen Dunkel der Wirtschaft am Tresen, zu dem ich hochschauen musste, sie gab mir die Limonade, und als ich sie durstig getrunken hatte, bekam ich noch eine zweite.

Und heute saßen wir um den Tisch herum, Emma war überrascht, freute sich, «Eck maut mick wungern», sagte sie, sie müsse sich wundern, dass sie heute mit ihrem guten Essen allein bliebe, bloß Otto der Seltsame sei da gewesen, aber der habe auch nur von der Währungsreform gefaselt und von Lug und Trug, aber ihr Eintopf sei reell und die Hackbällchen auch. Wir durften uns bestellen, was wir wollten, ich entschied mich für den bunten Eintopf, ich hoffte, dass es sich dabei um einen tiefen Teller mit dicker Suppe handelte, und genauso war es auch. «Un nu ess, Agneschen, un du kriss noch en Schlach, wenn de noch kannz.» Dasselbe versprach sie meinen Geschwistern, und wir aßen, zuerst vorsichtig nach unserer Mutter schielend, die es auf den Tod nicht leiden konnte, wenn man schlang beim Essen, aber unsere Mutter war in ein Gespräch mit Bockemühlen Emma vertieft, sodass sie selber kaum zum Essen kam. Unterm Kauen und Schlucken bekam ich mit, dass Hildchen, Emmas Tochter, die mit dem Kaufmann Branscheid aus der Leie verheiratet war, so chrooten Kummer habe. Der Branscheid ging doch tatsächlich zu der Trisselmannschen, zu diesem schwarz gefärbten Luder, die doch viel dicker sei als Hildchen und doppelt so alt. Und Hildchen habe das rausgekriegt mit der Trisselmannschen und Branscheid, man solle es nicht meinen, der gebe alles zu, wolle aber nicht aufhören.

«Un nu sind Sie dran, Frau Ruge!», sagte Bockemühlen Emma und sah meine Mutter erwartungsvoll an. Meine Mutter begann zögernd: «Ja, Frau Bockemühl, das ist für Sie als Mutter schwer ...» – da holte Bockemühlen Emma tief Luft und fuhr fort: «Et Hildchen will nu wierkummen, hier in sin Mädchenzimmer, dabei hab ich dem Hildchen die feine Etasche mit allem Drum und Dran bezahlt – Küche, Wohnzimmer, Salong, Schlafzimmer, Herrenzimmer, sogar warm Wasser läuft ihr aus der Wand, Sie wissen ja, Hildchen ist meine Einzigste – un nu dat!» Meine Mutter sagte, sie könne Herrn Branscheid auch nicht verstehen, Hildchen sei wirklich hübsch und liebenswert, aber die Männer, die seien oft sehr eigen – da kam Bockemühlen Emma wieder in Fahrt, sagte teilnahmsvoll, meine Mutter habe ja auch ihr Päckchen zu tragen, doch sie habe wenigstens einen Neuen in Aussicht. «Aber mein Hildchen sitzt nur da und heult!»

Als Bockemühlen Emma vom Neuen meiner Mutter sprach, verschluckte ich mich an meinem Löffel Suppe so jämmerlich, dass ich fast alles wieder ausgespuckt hätte. Und wie köstlich hatte Emmas Eintopf geschmeckt, die Bratwursträdchen, die dicken Bohnen und Möhren, auch Erbsen waren darin und Selleriestangen. Meine Schwester hatte Schnippelbohnen mit Rindfleisch, wir ließen uns gegenseitig probieren und ich wusste nicht mehr, was herrlicher schmeckte, mein Eintopf oder ihrer.

Doch der Gedanke an Friedrich zwang mich wieder unter mein Schicksalsjoch. Hans-Werner wusste nun auch, dass seine Mutter seinen Papa für tot erklären lassen wollte, sie hatte es zugegeben, ihm erklärt, dass es einen Kriegskameraden gebe, der gesehen habe, wie Hans-Werners Vater von Granatsplittern getroffen worden sei, tödlich. Er werde es bezeugen und sie sei froh und dankbar, dass sie nun endlich wisse, woran sie sei. Hans-Werner war wie vor den Kopf geschlagen, er mochte nicht glauben, was seine Mutter ihm erzählte, und er sagte zu mir, die beiden Mütter sprächen auch über meinen Vater, aber sie hörten immer auf, wenn er in die Nähe käme, aber er würde sie eines Tages schon belauschen, und dann werde er mir alles erzählen, was er gehört habe. Darauf hoffte ich jeden Tag.

Hans-Werner hatte von seiner Mutter ein neues Fahrrad bekommen, wegen der Toterklärung, aber Hans-Werner sagte, er wolle seinen Papa und kein Fahrrad, trotzdem fuhr er damit, und er ließ auch mich fahren, wann ich wollte, denn meine Mutter konnte kein Fahrrad kaufen, nicht einmal für sich selber. So ein Fahrrad kostete hundertfünfzig Mark, wir vier hatten am Sonntag ja nur hundertsechzig bekommen, und unsere Mutter konnte nur 38 Reichsmark einzahlen, auch auf der Sparkasse hatten wir kein Geld, deshalb würde ich wohl im ganzen Leben nie ein Fahrrad bekommen, aber es machte nichts, Hans-Werner hatte ja eines, er war mein bester Freund, mein allerbester, sein Fahrrad sei auch meines, sagte er, nicht einmal die Querstange störte mich, ich schwang mein Bein von hinten über den Sattel, wie es Großvater, Eia und auch Hans-Werner taten, und kam mir großartig dabei vor. Hans-Werner konnte mich sogar kutschieren, wenn ich mich auf den Lenker setzte, und seine Mutter rief: «Lasst den Quatsch, ihr macht das teure Rad kaputt!» Einmal war der dicke Fabrikant dabei und regte sich auf, dass es Perlen vor die Säue sei, uns solch ein schönes Rad in die Finger zu geben.

Am Abend hörte ich bei Großvater im Radio, dass wir ab jetzt keine Bezugsscheine mehr bräuchten. Wir könnten alles frei kaufen, Fahrräder, elektrische Kochplatten, Bügeleisen, Tauchsieder, Kühlschränke, Nähmaschinen. Sogar Motorräder und Autos, Radioapparate und Schreibmaschinen würden wir bald kaufen können. Aber was nützte uns das, wenn wir kein Geld dafür hatten? Meine Mutter hätte sehr gut eine Schreibmaschine brauchen können, dann hätte sie noch mehr üben können für den Posten in der Firma Ringsdorf, aber eine Schreibmaschine kostete fünfhundert Mark. «Davon kann ich ja nicht einmal träumen», sagte meine Mutter.

Der uns das im Radio erzählt hatte, der wusste das von einem Professor Erhard. Von dem hörte man jetzt fast jeden Tag im Radio, dass er das alles regiert hatte mit der Währungsreform. Mein Großvater hing immer dicht am Radio, wenn dieser Erhard sprach, und oft sagte Großvater: «Der hat vielleicht Mut, der macht, was er für richtig hält, und fragt die Amerikaner einfach nicht vorher.» Mich interessierte, ob einer wie dieser Professor Erhard auch nur vierzig Mark bekommen hatte am Sonntag. «Ja, der hat auch für sich, seine Frau und seine Tochter vierzig Mark bekommen, aber am Ersten, da bekommt der sein Gehalt, und das beträgt eintausendfünfhundert Mark, der ist reich, aber er hat das auch verdient, der ist schlauer als wir alle zusammen und hat sich Tag und Nacht hingesetzt und geplant, damit das auch klappt mit der Währungsreform.»

Meine Mutter saß da, sie rührte in Großmutters Zichorienkaffee und hatte den feinen traurigen Zug um den Mund, den ich so gut kannte, der mich tief beunruhigte. Meine Mutter freute sich nicht über diese Währungsreform, so viel sah ich, und da sagte sie es auch schon: «Sie haben alles in ihren Kellern gehortet und haben uns nichts gegeben. Früher standen wir mit der vollen Geldbörse vor leeren Schaufenstern, jetzt stehen wir ohne Geld vor den gefüllten Regalen.»

Großvater sagte, das mache ihn auch wütend, «vielleicht sollten wir nach Derschlag gehen zum Einkaufen, dann müssen wir denen allen nicht ins Gesicht sehen.» Meine Großmama saß neben meiner Mutter, schob ihren Zichorienkaffee weg und sagte verträumt, ihr sei alles gleichgültig, wenn sie nur endlich ihre Kaffeemühle hören könne: «Bohnenkaffee, echten Bohnenkaffee! Alles is mir jlichevill, hör ich bloaß de Kaffeemüll!»

Ich saß wieder dabei und fühlte mich verwirrt, alles schien um mich zu schwanken. Die Valberts, die Sickerlings, die Neumanns, Metzger Ochel, ich kannte sie alle, war angehalten, sie stets höflich zu grüßen, und auch sie behandelten mich mit Freundlichkeit, besonders Metzger Ochel, der mir immer eine Extrascheibe Wurst auf die Theke legte. War sie in den Augen seiner Frau zu dick oder es passte ihr aus anderen Gründen nicht, legte sie die Scheibe zurück, ehe ich sie nehmen konnte, und es war schon passiert, dass Metzger Ochel sie ein zweites Mal auf die Theke legte, mit Nachdruck, ebenso betont legte seine Frau die Scheibe wieder zurück, sodass Metzger Ochel sie mir schließlich in die Hand gab. Stumm schaute ich diesem Zweikampf zu, im Vertrauen darauf, dass Onkel Ochel siegen und die Wurst mir gehören würde. In der letzten Zeit waren auch Ochels Schaufenster leer gewesen, nur ein freundlicher Schweinskopf aus Pappe hatte einen angegrinst, und heute – heute prunkten sie mit Würsten jeder Sorte, sie lagen in zierlichen Papierdeckchen, Wurst auf Wurst, wie Brennholz stapelten sich Cervelatwürste, ringelten sich Fleischwurstkränze übereinander, Pyramiden von Konserven wurden gekrönt mit Tellern, auf denen gebratene Koteletts und Schnitzel mit Kartoffelsalat zum Essen einluden, und mittendrin biss ein echter Schweinekopf in ein Petersiliensträußchen.

Ob das Metzger Ochel, der fast ein bisschen mein Freund war, alles in seinem Keller gehortet hatte? Kalt genug war es da unten, ich hatte es schon einmal gesehen, weiße Kacheln hinter dicken Türen, alles eisekalt. Und woher sollte praktisch über Nacht auch alles kommen? Ich begriff – während wir oben in den Wohnungen Hunger hatten und fast nichts zu essen, keine ordentlichen Schuhe, keine warmen Kleider, hatten die Geschäftsinhaber und die Bauern tief unten in ihren Häusern alles gestapelt, gehortet wie die Eichhörnchen, sie hatten uns belogen, jeden Tag, weil sie auf das neue Geld warten wollten. Auf das schöne neue bunte Geld von den Amerikanern.

Mir war es gleichgültig, dass sie auch mich belogen hatten, daran war ich schließlich gewöhnt, alle logen, niemand sagte einem die Wahrheit, ein Kind zu belügen ist leicht und eine lässliche Sünde, so ein Kind versteht ja doch noch nichts, was soll man sich da mit Erklärungen aufhalten, man lügt und hat seine Ruhe. Aber mir taten meine Mutter Leid und mein Großvater, ich fühlte, dass sie gekränkt waren, gedemütigt, dass sie sich schämten, in der Vergangenheit so oft um Lebensmittel gebettelt zu haben, um Schuhe für uns schon auch, aber vor allem um Lebensmittel.

Das mit dem Mitleid ist etwas ganz Komisches, ich kann es mir nicht erklären, nicht wirklich. Es würgt einen. Wenn ich mir vorstelle, dass mein Bruder bei den Amerikanern die Aschenbecher leer macht und die Kippen einsammelt, wenn ich mir vorstelle, dass ein Amerikaner das sieht und schlecht von meinem Bruder denkt – dann drückt es mir fast die Kehle zu, denn ich weiß, dass mein Bruder Eia solche Blicke sehr wohl sieht, die von den Amerikanern und die vom Hotelier Schramm, und dass er trotzdem die Kippen aus dem Dreck sortiert, für unsere Mutter.

Dann sehe ich meine Mutter auf der Belmicke, bei den Bauern Halbe und so, wenn sie Mutters Sachen nicht wollen, wenn sie in der Stube zum Essen beten und meine Mutter wartet draußen, sie hat Hunger, aber sie geben ihr nichts, weil sie unsere Sachen nicht immer gebrauchen können, sie nehmen nicht alles.

Und Großvater. Ihm fällt es am schwersten, das Hamstern, das Tauschen auf dem schwarzen Markt. Nicht nur weil er ein kaputtes Bein hat, weil er schlecht in den Hamsterzug hineinkommt, weil er stottern muss, wenn er sich geniert, dann habe ich ihn so lieb, dass mir alles wehtut, und ich möchte erwachsen sein und ein richtiger Schieber mit der Mütze in der Stirn und der Zigarette im Mundwinkel, so sehen die richtigen Schieber auf dem Schwarzmarkt aus, und sie haben vor dem Teufel keine Angst und nicht vor dem Dunkeln. Sie haben das bunte neue Geld schon wieder in Bündeln in der Manteltasche, und Großvater sagt, dass die Schwarzmarktschieber Gauner seien. Das seien dieselben Leute, die am Krieg verdient hätten. «Sie haben dem Hitler die Rüstung und den Krieg finanziert und dabei ein Vermögen gemacht. Nach dem verlorenen Krieg haben sie auf dem Schwarzmarkt ihre Geschäfte betrieben, und jetzt machen sie fröhlich so weiter. Die ganze Währungsreform», so mein Großvater, «ist ein Betrug am Volk, ein sozialer Skandal, der wie immer die kleinen Leute trifft.»

Sosehr ich meinen Großvater liebte und bewunderte, sosehr ich ihm jedes Wort glaubte, auch wenn ich nichts verstand – ich wollte trotzdem ein Schieber sein, ein Kriegsgewinnler, ein Währungsgewinnler. Mir selber konnte ich es ruhig eingestehen, dass ich ein schlechter Mensch sein wollte, einer, der bei Nacht und Nebel Geschäfte macht und am Tag dann mit seiner Familie zum Essen geht. Nicht nur Eintopf bei Bockemühlen Emma wollte ich, sondern Gänsebraten und russische Eier, Forelle blau und Buttercremetorten, wie es auf der Speisekarte im Hotel Graf von der Mark stand. Leider wusste ich nicht, wie ich es anstellen sollte, wenigstens Schieber, Währungsgewinnler zu werden, aber es gab nichts, was ich mir mehr wünschte. Ich wollte zu den Betrügern gehören, nicht zu den Betrogenen. Aber ich schaffte es nur, eine Tasche Eier zu klauen.

Mit meiner Mutter und Tante Im ging ich zum Markt. Es war Juli, man ging in den Straßen wie in warmer Watte, ich war hungrig und durstig, sehnte mich nach einem Eis, das sich jetzt jeden Tag in Valberts Eismaschine drehte, doch daran war nicht zu denken, Mutter und Tante Im sprachen nur davon, dass sie wieder nach Köln müssten, zur Freibank, weil man die normalen Fleischpreise nicht zahlen konnte, und außerdem sollte es beim Firmenich billiges Pferdefleisch geben. «Wir müssen sehen, dass uns einer mitnimmt, vielleicht Neumanns Herta, wenn sie morgens nach Köln zum Großmarkt fährt. Wir sagen, ich müsste zum Rathaus, und auf dem Heimweg fahren wir per Anhalter.»

Sofort wurde ich hellwach, vergaß sogar meine Sehnsucht nach Eis. «Ich fahre aber nicht wieder mit euch nach Köln!», rief ich, und beide winkten ab, Mutter und Tante Im, sie waren längst nicht mehr an meiner Begleitung interessiert, und ich war erleichtert. Heute hatten sie mich nur deshalb mitgenommen, weil sie gehört hatten, dass es am Markt billige Kartoffeln gebe und Eier. Mein Bruder und Mia hatten noch Schule, da mussten sie mich zum Tragen mitnehmen, Mutter und Im wollten alles an Kartoffeln und Eiern kaufen, was sie kriegen konnten. Wer wusste, wann es wieder was gab.

Die Hauptstraße hatte genug Schatten, aber unten an der Kölner Straße fiel die Sonne wie ein großes heißes Tier auf mich, sie lag auf der Straße, machte sie hell und fröhlich, berührte die Türen und Fenster der Häuser, öffnete sie und zeigte die Bewohner, die, ihre Unterarme auf Kissen gelegt, das Geschehen auf der Straße verfolgten. Das sah ich sonst nur am Feierabend oder am Samstagnachmittag, aber dann lernte ich rasch, warum heute für viele Feierabend war, nämlich der Eier wegen.

Eierhändler aus Köln hatten unter zwei Sonnenschirmen ihre Eierkisten aufgestellt. Preisschilder zeigten an, dass die Eier, je nach Größe, dreißig bis fünfzig Pfennige kosteten. Eine Traube Attenberger hatte sich schon um die Händler angesammelt. Wir hörten grobe Zurufe, wütendes Geschrei.

«Ihr seid wohl verrückt geworden!»

«Die Eier habt ihr doch vor der Währungsreform für elf alte Pfennige eingekauft!»

«Und in Kühlhäusern gehortet!»

Mutter und Tante Im sahen sich das an, hörten die empörten Rufe der aufgebrachten Kundschaft.

«Die haben Recht», sagte Tante Im, «rechne mal, für elf Pfennig eingekauft und nun wollen sie uns bescheißen. Die machen doch tausend Prozent Gewinn!»

«Das werden wir denen versalzen!», meinte meine Mutter, ihre Augen waren etwas zusammengekniffen, und sie schaute aufmerksam der Entwicklung zu. Als einige Männer damit begannen, Eierkisten von den Ständern zu nehmen, die Eier auf den Boden zu schütten und zu zerdeppern, machte sie sofort mit. Ich staunte. Bei meiner Tante Im wunderte es mich keine Sekunde, dass sie mit einigen Männern in einen Lastwagen stieg, auf dem weitere Eierkisten für den Verkauf bereitstanden. Dass sie freudig mithalf, auch diese Eierkisten auf die Straße zu werfen. Aber meine Mutter?

Vor Wochen, als die Attenberger Ringsdorfs Textillager aufbrachen und für sich und ihre Kinder Kleider klauten, Jacken, Hosen, Pullover, bis die Regale leer waren, hatte Tante Im auch Wind davon bekommen und meine Mutter überredet mitzumachen. Die kam dann von dem Raubzug nach Hause, brachte Pullover und eine Hose für meinen Bruder und Kleider für Mia und mich. Doch sie hatte auch ihren seltsamen Blick unter den starren Wimpern, redete kein Wort, und am nächsten Morgen ging sie zu Frau Ringsdorf und brachte die Sachen zurück. Keiner von uns verstand das, Eia, Mia und ich wollten unbedingt die Sachen haben, sie gehörten praktisch schon eine Nacht lang uns, aber es half nichts. Meine Mutter hatte ein allzu katholisches Gewissen, glaube ich. Später habe ich von Helga Ringsdorf erfahren, dass ihre Mutter der meinigen die Sachen wieder mitgeben wollte, aber meine Mutter hatte sich zigmal entschuldigt und war gegangen.

Aber heute? Die Eier? Die konnte Mutter nicht mehr zurückbringen. Die waren Mus, ich hätte es gern in der Pfanne gehabt, war aber ansonsten absolut entzückt, berauscht und angestachelt von dem Eierkrieg.

Die Eierhändler riefen: «Hilfe, Hilfe, Polizei, Überfall!», sie rannten schließlich los, Richtung Rathaus, wo sie vielleicht am ehesten den Arm des Gesetzes vermuteten.

Bald würde es hier ein Gewitter geben, doch vorher wollte ich Kriegsgewinnler sein, nur ein einziges Mal. Ich schlängelte mich durch die aufgebrachten Attenberger und suchte einen Weg, in den Laster und damit an unzerschlagene Eier zu kommen. Durch eine zerrissene Plane kletterte ich auf den Laster, niemand achtete auf mich, alle standen unter den Schirmen und demolierten den Stand, ließen sich vom Laster Kisten herunterreichen und zerschmissen sie mit zunehmender Lust. Wo war die Sorgsamkeit, mit der sonst jeder Tropfen Milch, jedes Gramm Fett gehütet wurden? Mir war es egal, meine Kraft und Phantasie war darauf gerichtet, in meine Tasche Eier hineinzutun, vorsichtig, ganz vorsichtig, hatte ich wohl schon ein Dutzend? Ich wollte aber auch noch welche für die Großeltern, also rasch noch ein paar und noch ein paar, und dann kletterte ich behutsam zurück, die Eiertasche um meinen Hals wie der Esel seinen Hafersack.

Meine Mutter und Tante Im fanden sich später auf dem Polizeirevier in der Othestraße wieder, halb Attenberg war da, aber die Polizisten hatten selber Wut auf die raffgierigen Eierhändler und nahmen lediglich ein Protokoll auf. Die Attenberger gaben alles zu und konnten wieder gehen. Eine Anzeige wegen Sachbeschädigung oder groben Unfugs mochten die Polizisten allerdings nicht ausschließen. Und wennschon.

Durch das Schmittenloch ging ich nach Hause, vorher hatte ich bei meinen Großeltern Eier abgeliefert. Sie wohnten nicht weit vom Markt, hatten aber einen Mittagsschlaf gehalten und nichts von dem Radau gehört. Über die Eier waren sie froh, immerhin hatten Eier, die man ohnehin nur auf dem Schwarzmarkt bekam, dort noch vor kurzem viel Geld gekostet. Meine Großmutter fragte gar nicht, wie ich an die Eier gekommen sei, sie rief begeistert: «Jedem Mann ein Ei, dem frommen Schweppermann zwei!», doch Großvater wollte wissen, woher denn der Eiersegen käme, und ich erklärte es ihm. Er fand nichts auszusetzen, lobte mich sogar, dass ich rettete, was die anderen sonst auch noch zu Bruch geschlagen hätten. Aus der Wäscheschublade meiner Großmutter bekam ich zwei ordentliche Brocken selbst gemachte Sahnebonbons, die lutschte ich durch das Schmittenloch hinauf, wo ich bald außer Puste kam. Doch ich fühlte in seltenem Behagen, dass ich atmete, die Sonnenhitze machte mich müde und ich geriet ins Träumen. Niemand außer mir war im Schmittenloch, niemand war zu sehen oder zu hören, doch ich fühlte, dass etwas bei mir war, ganz nahe, ich schloss die Augen und dachte an meinen Vater, an seine Stimme: «Komm zu mir, mein Agneschen», da war mein Vater, mein geliebter Vater mit seinen dunklen Augen, und dann dachte ich an den Park, an das helle Haus mit den großen Fenstern und an die Frau, die am Fenster stand, rauchte und ihr langes Haar nach hinten strich.

Ich stand im staubigen Schmittenloch, und in der Eiche zankten sich die Vögel.

Meine Großmutter machte sich Sorgen um Mutters Bruder, Onkel Werner. Was sie früher gelegentlich bekrittelt hatte, Großvaters Hingabe an sein Radio, wurde nun ihr eigenes Anliegen. Manchmal hockte ich auch davor, obwohl ich die Nachbarschaftstreffen bei den Großeltern inzwischen nicht mehr so interessant fand wie früher. Aber als ich ständig neue Wörter lernte: Spaltung Deutschlands, Sozialistische Einheitspartei, Sektorengrenze, Luftbrücke, da hörte ich aufmerksam zu. Ich begriff, da wurde wieder gekämpft, da flogen wieder Flugzeuge, aber wieso warfen die keine Bomben mehr ab, und wieso hießen sie Rosinenbomber? Schuld daran waren wieder die Russen. Sie schimpften mit den Amerikanern, weil die uns das schöne neue Geld gegeben hatten, die Russen wollten den Berlinern in ihrem Sektor ihr eigenes Geld geben, das war aber bloß die alte Reichsmark, auf die die Russen Spezialkupons draufgeklebt hatten. Die Berliner sagten, das sei Tapetenmark, denn die Kupons waren mit schlechtem Klebstoff aufgepappt und fielen dauernd ab.

Großvater sagte, die Russen wollten den Ost-Berlinern immer einreden, dass sie es bei ihnen besser hätten als die Leute im Westen, und sie wollten, dass ganz Berlin das Tapetengeld bekäme. Berlin, so sagten die Russen, liege in der sowjetischen Besatzungszone, und für die Berliner gelte die Tapetenmark. Die Russen zankten sich mit den Amerikanern derart, dass die im Radio sogar von einem neuen Krieg sprachen. So viel begriff ich: Die Amerikaner wollten nicht, dass die Russen in Deutschland zu bestimmen hatten. Und die Russen wollten nicht, dass amerikanische Verhältnisse in Deutschland einzogen. Instinktiv gehörte meine Sympathie den Amerikanern, ich wollte, was sie wollten. Die Russen waren für mich Finsterlinge, die meinen Vater festhielten, Deutschland abriegeln wollten. Ich sah sie vor mir, die Russen, wie sie riesige Tore mit riesigen Riegeln schlossen und dahinter meinen Vater und jetzt auch noch die Berliner einsperrten.

Mein Großvater wurde nun auch unruhig. Immer wenn er nervös war, stotterte er leicht. «Ma-Marie», rief er, «jetzt verbieten sie den Passagierzugverkehr. Du kannst nicht mehr zu Werner mit dem Zug reisen und er nicht mehr zu uns.» Trotz des Kummers zankte der General mit meinem Großvater: «Jetzt, wo es zu spät ist, regst du dich auf! Jetzt ist die Welt mit Brettern vernagelt!»

Auch Autos durften nicht mehr rein in den Ostsektor. «N-nicht einmal zu Fuß kannst du noch rein, a-auch nicht mit dem Interzonenpass!»

Mich interessierten am meisten die Rosinenbomber. Großvater erklärte, dass die Amerikaner einen neuen Krieg riskieren würden, wenn sie mit einem bewaffneten Konvoi von Westdeutschland nach Berlin durchzubrechen versuchten. Daher hatte General Clay die Idee, die Berliner aus der Luft zu versorgen. Zwanzigtausend Berliner, die in drei Schichten arbeiteten, bauten aus dem Kriegsschutt Rollbahnen, das imponierte mir, denn es hieß, es wäre damit ruck, zuck vorwärts gegangen. Einer der amerikanischen Piloten wurde im Radio interviewt. Er berichtete, dass er fast jeden Tag fliege. Es sei die befriedigendste Aufgabe, die er je bekommen habe. Er bringe Lebensmittel und Kohle. Manchmal schafften er und seine Kollegen innerhalb von vierundzwanzig Stunden mehr als eintausenddreihundert Flüge nach Berlin. Praktisch lande jede Minute eine Maschine auf dem Flughafen Tempelhof.

Ich verstand aber immer noch nicht, warum die Flugzeuge Rosinenbomber hießen. Bis ich hörte, dass die Piloten kleine Fallschirme bastelten, daran befestigten sie Süßigkeiten wie Schokolade, Kaugummi und Packungen mit Rosinen für die

Kinder. Ich stellte mir vor, wie meine drei Berliner Cousinen in Tempelhof über die Heide rannten und die Fallschirme suchten. Da hätte ich gerne mitgemacht. Aber Großvater sagte, meine Cousinen lebten ja im Ostsektor, und ich solle bloß die Berliner Kinder nicht beneiden. Die würden noch mehr hungern und frieren als wir. Die Rosinenbomber könnten beim besten Willen nicht ganz Berlin satt machen.

9. KAPITEL

Wer niemals lügt, dem glaubt man nicht Witwe Hammesfahr rächt sich, und mein Vater kommt nicht zurück zu uns

Ich durfte mich mit schmerzlichen Gedanken an meinen Onkel Werner und an meine drei Berliner Cousinen nicht aufhalten, meine Zeit, mein Leben wurden mir praktisch weggefressen von den Vorbereitungen auf meine erste heilige Kommunion. Dies war die Zeit, in der ich mit Rutha gemeinsam versuchte, mich in ein Kind zu verwandeln, das es wert ist, ein Gotteskind zu heißen. Die Krone der Schöpfung, das wollten Rutha und ich werden, und wir wussten, wir mussten uns beeilen, wenn wir zur Erstkommunion damit fertig sein wollten. Wozu hatte Gott uns so viele Kräfte und Fähigkeiten geschenkt, wir könnten durch Wissenschaft und Geschicklichkeit die Erde beherrschen, Rutha und ich, wir könnten Freundschaft und Treue halten – alles, wenn wir es nur richtig wollten.

Ich hätte ja am liebsten gemeinsam mit Hedy an mir gearbeitet, aber sie war mosaischen Glaubens und versuchte auch nicht mehr so unbedingt, das geheim zu halten. An die große Glocke hängte sie es allerdings auch nicht. Es war nur eine Frage der Zeit, bis Hedy mit ihren Eltern nach Köln ziehen würde. So lange unterrichtete ihr Vater Hedy in Hebräisch. Das ist eine Sprache mit ganz eigenen Schriftzeichen. Manche sehen aus wie N oder D oder P, aber doch wieder völlig anders. Hedy hat mit mir geübt, ich habe *Habakuk* geschrieben und *Haggai*, das ging leicht, weil ich es nur abmalen musste. Sie sei froh, sagte Hedy, dass sie kein Junge sei. Sonst hätte sie richtig Hebräisch können müssen für die Bar-Mizwa, die Einsegnung. Hedy erzählte mir auch, dass ihre Eltern alle Feste ihrer jüdischen Tradition und Religion feiern würden. Versöhnungsfest und so. Da fastet man und fragt sich von morgens bis zum Abend, ob man im vergangenen Jahr alles richtig gemacht hat. «Hast du dem Nächsten nichts zuleide getan? Liebst du deinen Nächsten?»

Mich machte das Schreiben der hebräischen Buchstaben auf eine seltsame, mir unverständliche Weise traurig. Ich fühlte, dass Hedy sich von mir entfernte, ich fürchtete, dass mir Attenberg ohne sie wieder so fremd wie früher werden würde. Es war ein ähnlich ziehendes Sehnsuchtsgefühl, das ich hatte, wenn ich meinem Bruder die englischen Vokabeln abhörte und mich klein fühlte, ohnmächtig, weil ich ahnte, dass es viele fremde Welten gab, Sprachen, Menschen, Städte – ich hatte Sehnsucht nach ihnen.

Portugal. Ines Simon. Nie würde ich mit ihr in diese von meinem Großvater als ungewöhnlich schön beschriebene Landschaft reisen. Nie Portugiesen sehen, ihre Städte, ihre Häuser. Wie viel könnte ich von ihnen lernen! Immer noch hockte ich in meiner Höhle und schaute auf Ines Simons Haus, manchmal schnupperten ihre Hunde, die sich an mich gewöhnt hatten, am Zaun, dann liefen sie gelangweilt wieder weg. Doch jetzt, wo ich ständig zum Kommunionunterricht gehen musste, konnte ich nur noch selten in meinem Versteck bei der Villa Simon hocken. Ich musste dauernd Gewissenserforschung treiben.

«Hast du deinem Nächsten nichts zuleide getan? Liebst du deinen Nächsten?» Das fragten sich die Juden am Versöhnungsfest, und das fragte uns Pfarrer Hauff ja auch dauernd, und er sagte immer, wir müssten unseren Nächsten so sehr lieben wie uns selbst. Bisher hatten Rutha und ich auf diesem Gebiet viel versäumt, das sahen wir ein. Ich musste ja nur an meine Kaltherzigkeit gegenüber den Zinnikus, den Ames und der alten Frau Wind denken. Und unsere Kräfte und Fähigkeiten? Für wen hatten wir sie eingesetzt? Lehrer Hübner ermahnte uns, anständig zu lernen und nicht nur die Aufgaben lieblos hinzuschmieren. «Ohne Fleiß kein Preis», wie oft appellierte er vergeblich an unsere Strebsamkeit. Auch meine Großmama Marie sagte: «Nur wer sein eigner Meister ist und sich selbst beherrschen kann, dem ist die Welt und alles untertan.»

So wie Rutha und ich jetzt waren, so unbeherrscht und weit weg vom Stand der heiligen Gnade, so konnten wir unmöglich bleiben. Wie sollte denn Jesus Christus, der Schöne, in eine so verstaubte, ach was, verdreckte Kammer einziehen, wie es meine Seele war? Dem musste es ja grausen.

Rutha und ich begannen damit, jeden Morgen in die Frühmesse zu gehen. Niemand brauchte mich zu wecken. Wenn es vom Kirchturm sechs schlug, stand ich auf, spritzte mir im Badezimmer Wasser ins Gesicht, mehr nicht. Ohne Frühstück machten wir uns auf den Weg, wir wollten üben, am Morgen lange nüchtern zu bleiben, denn der Herr Jesus sollte auch nicht in eine Kammer einziehen, in der schon gemeines Brot vorhanden war, denn er zog ja ein in der Gestalt des Brotes. Rutha berichtete mir, dass sie gehört hätte, dass sich viele heilige Männer selber geißeln würden und dadurch die Seligkeit erlangten. Das wollte ich aber nicht, mich geißeln, ich riet auch Rutha davon ab.

Während meine Mutter bei ihren vielen Cousinen auf Suche nach der geeigneten Ausrüstung für die Kommunionfeier ging, bereiteten Rutha und ich uns auf die erste Beichte vor. Wir hatten beschlossen, uns jeden Tag eine Sünde abzugewöhnen, dann könnten wir bis zum Tag der Erstkommunion vielleicht völlig sündenfrei sein. So wollten wir eine Woche lang nicht lügen, eine Woche lang nicht stehlen, weder bei uns daheim noch bei anderen, das sollte meine Schwester Mia sich bitte mal zum Vorbild nehmen, sie hat alle Kekse heimlich aufgegessen, jeden Tag einen, dann zwei, dann immer mehr, bis meine Mutter an Großvaters Geburtstag mit leeren Händen dastand, ohne Haferflockenmakronen, die isst mein Großvater sehr gerne, und es sollte eine Überraschung sein.

So war Mia, einfach abscheulich, hoheitsvoll schwieg ich zu ihrer Missetat, die verachtungsvolle Stille, die meine Mutter um sich verbreitete, reichte für uns alle, und überhaupt war ich Erstkommunikantin und musste auch Mia alles verzeihen, es fiel mir schwer. Noch viel schwerer war es, mir eine Woche lang kein Gefühl zu machen – wegen des sechsten Gebotes und so.

Unsere Heiligkeit bekam allerdings einen gewaltigen Rückschlag, als die Witwe Hammesfahr mit ihrem kleinen Sohn Harry in Attenberg auftauchte. Harry Hammesfahr war einer der Nachbarssöhne und hatte sich in einem Feldlazarett in eine Krankenschwester verliebt, sie blitzgeheiratet und seinen Eltern im Heimaturlaub vorgestellt. Damals war er zweiundzwanzig Jahre alt gewesen. Die Krankenschwester pinselte schon morgens Rouge auf ihre Wangen und war ein Jahr älter als Frau Hammesfahr, Harrys Mutter. In Attenberg rief man sich gegenseitig an die Fenster, wenn die Schwiegertochter der Hammesfahrs vorüberging, und ich glaube mich daher an sie zu erinnern.

Die Familie Hammesfahr nahm dem Sohn diese Heirat übel, und am dritten Tag reiste er mit seiner Krankenschwester ab. Bald darauf fiel er in Russland, da war die Trauer noch einen Ton höher als in den anderen Familien, alle rannten rasch am Haus der Hammesfahrs vorbei, man ging ihnen aus dem Weg, und die Schwiegertochter hat sich nie mehr in Attenberg sehen lassen. Später hat sie den Schwiegereltern die Geburtsanzeige eines kleinen Harry geschickt, aber mit der Bemerkung, die Hammesfahrs sollten ja nicht wagen, das Kind zu besuchen.

Jetzt hatten die Hammesfahrs nur noch Kuckuck, den Bruder von Herrn Hammesfahr, der natürlich nicht Kuckuck hieß, sondern Gottfried, doch der Kuckuck war ein wenig lahm im Kopf, und wir waren gemein, wenn wir uns langweilten, verteilten uns auf die Gassen und riefen «Kuckuck», sobald er auftauchte. Immer wieder ärgerte sich der Kuckuck maßlos, rannte in die Gasse, um den Kuckuckrufer zu verhauen, da schallte es schon aus der anderen Gasse und Kuckuck wandte sich wutschnaubend dorthin, und so weiter.

Mir tat der Kuckuck Leid, aber ich machte immer mit beim Kuckuckspiel. Dabei war Kuckuck äußerst gutmütig und redselig, wenn man ihn nicht ärgerte. Er hatte uns auch erzählt, dass ein kleiner Harry geboren war, obwohl ihm seine Schwägerin das strikt verboten hatte. Doch nun kam der neue Harry Hammesfahr ja an der Hand seiner Mutter daher und Kuckuck geriet außer sich vor Freude. Aber die Harry-Mutter wollte nur Rache.

Sie wohnte im Hotel Schramm, hatte ihre Haare frisch gefärbt, das sagten jedenfalls alle, und die Wangen waren noch stärker als früher mit Rouge gerötet. Herausgeputzt in einem eleganten weißen Kostüm ging sie nun den ganzen Tag lang mit dem kleinen Harry spazieren, immer rauf und runter die Hauptstraße, da, wo die Hammesfahrs wohnten, neben dem Hotel Schramm nämlich, blieb sie stehen, hob den kleinen Harry hoch, schmuste mit ihm, gab ihm einen Keks, und bald wusste es die ganze Oberstadt, das mit dem kleinen Harry.

Zuerst kam der Kuckuck, obwohl sie es ihm verboten hatten. Er lief im Abstand von einigen Metern hinter der Witwe Hammesfahr und dem Kleinen her, blieb stehen, wenn die Witwe stehen blieb, und lief weiter, wenn sie weiterging. Die Witwe hob manchmal das Kind hoch, als wolle sie es dem Kuckuck zeigen, doch dann ging sie mit ihm weiter, ohne den Kuckuck zu beachten.

Die ganze Oberstadt nahm Anteil, als die alten Hammesfahrs sich zögernd aus ihrem Haus herauswagten. Sie waren noch nicht wirklich alt, vor allem nicht älter als die Witwe. Sie konnten es nicht lassen, das Kind wenigstens von weitem zu sehen. Frau Hammesfahr machte es schließlich wie Kuckuck, sie begann, wenn auch tief beschämt, der Witwe ihres Sohnes nachzulaufen. Herr Hammesfahr blieb an der Hausecke stehen, wartete, bis seine Schwiegertochter auf der anderen Straßenseite vorbeikam, dann versuchte auch er, einen Blick auf den Kleinen zu werfen. Es gelang ihm nicht, er ging kopfschüttelnd ins Haus zurück.

Alle Oberstädter an der Hauptstraße betrachteten die Entwicklung mit Interesse. Man gönnte es den Hammesfahrs plötzlich, warum waren sie auch so hart zu der Schwiegertochter gewesen. Aber am zweiten Tag, als die zierliche Frau Hammesfahr mit dem schwachsinnigen Kuckuck immer noch hinter ihrer Schwiegertochter herlief, bekamen die Attenberger Mitleid mit ihr und wurden wütend auf die Witwe, die derart herzlos der Großmutter ihr Enkelsöhnchen praktisch vor die Nase hielt, ihr aber nicht erlaubte, es nur einmal richtig anzusehen.

Mein Bruder Eia begann, etwas zu unternehmen. Er rief alle größeren Kinder der Oberstadt zusammen, auch Rutha, Christa und ich durften mitmachen, und die Jungen beschlossen, dass wir Kinder, und zwar die Kleinen, die man noch nicht bestrafen konnte, die Schwiegertochter einkreisen, sie festhalten sollten, während die Jungen ihr den kleinen Harry wegnehmen und seinen Großeltern bringen würden. Ich vergaß meine Erstkommunion, meine wochenlang antrainierte Heiligkeit, mir glühte der Kopf vor dem Bestreben, den alten Hammesfahrs zu helfen, denen plötzlich auch meine ganze Sympathie gehörte, während ich früher die Schwiegertochter bemitleidet hatte. Meine Entschlossenheit übertrug sich auf die anderen, wir marschierten, ein Trupp von etwa zehn Kindern, auf die Witwe zu, kreisten sie ein und hielten die völlig überrascht Kreischende fest, während Eia und seine Freunde den kleinen Harry an sich rissen und im Galopp zu den Hammesfahrs preschten.

Die Witwe schrie, versuchte uns zu schlagen, ich sah ihr von Überraschung und Wut zerrissenes Gesicht, ich sah die Schminke, es sah ein bisschen aus wie die Clowns vom Wanderzirkus Busch, und die Witwe strampelte auch so ähnlich, aber wir hielten ihre Arme eisern fest, ihre Beine waren längst von Horsti und Hans-Werner umklammert, sodass sie keinen Schritt machen konnte, nichts mehr begriff, ihr Gesicht unter dem tiefschwarzen Haar wurde noch röter als das Rouge, sie schrie «Hilfe! Hilfe! Mein Harry, mein Harry!», dabei tat dem doch keiner was. Ich wusste, dass ich nicht tun durfte, was ich tat, aber es gefiel mir, ich hätte gerne noch mehr Witwen zum Überwältigen gehabt. Für einen Moment fürchtete ich Strafe durch meine Mutter, doch da wäre zuerst einmal Eia dran gewesen, außerdem blieben die Erwachsenen ringsum ruhig in ihren Fenstern hocken und sahen zu, und erst als Eia und die anderen aus dem Hof der Hammesfahrs zurückkamen, ohne Harry, da ließen wir die Witwe los. Sie stürzte sofort zum Haus ihrer Schwiegereltern, wir begleiteten sie mit einigem Abstand, sahen, wie sie klingelte, gegen die Tür trat und abwechselnd nach der Polizei und ihrem kleinen Harry rief.

Nun tat mir die Witwe wieder Leid, zumindest ein bisschen, aber die alten Hammesfahrs auch, und ich war gespannt, wer gewinnen würde, da lief die Witwe zu Bockemühlen Emma, sie wusste, dass Emma Telefon hatte, und Emma erlaubte ihr, obwohl ihr das Theater der Witwe auch nicht passte, die Polizei anzurufen. Da brachte aber der alte Herr Hammesfahr schon seinen kleinen Enkel zurück, er trug ihn den Gehsteig vor Schramms Hotel entlang, langsam, als sei jeder Schritt für ihn eine Köstlichkeit, er schaute den Kleinen so strahlend an, wie ich den alten Hammesfahr noch nie gesehen hatte, der Kleine, dunkel und mit einem üppigen Haarschopf wie früher sein Vater, lachte glucksend, der alte Hammesfahr wackelte mit dem Kopf, der Kleine jauchzte, doch da kam die Witwe angerannt, der alte Hammesfahr setzte den Kleinen ab, winkte ihm noch einmal zu und ging zurück, an Schramms Hotel vorbei, er ging langsam, es schien mir, als sei er plötzlich alt und gebückt.

Die Witwe sah, dass ihr Harry sehr fidel war, plötzlich begann sie zu weinen und rief: «Warten Sie, Herr Hammesfahr», da blieb der alte Hammesfahr stehen, die Witwe ging mit Harry auf ihn zu, und die beiden standen eine Weile ratlos voreinander. Plötzlich fiel die Witwe dem alten Hammesfahr um den Hals. Der stand da, die Arme hingen ihm herunter, als gehörten sie ihm nicht, aber er wehrte die Witwe auch nicht ab, und sie trocknete sich irgendwann die Tränen, und dann gingen sie einträchtig den Gehsteig hinunter und nach rechts hinein in den Hof der Hammesfahrs.

«Man sollte es nicht für möglich halten», sagte Beckers Friedchen und leckte sich die Lippen. Friedchen hatte wohlwollend unseren Kampf mit der Witwe beobachtet, jederzeit bereit, uns beizustehen. Nun war sie ein wenig enttäuscht vom Ausgang des Streites, glaube ich. Mir dagegen war es recht so, schließlich war ich Kommunionkind, ich hätte die Witwe nie festhalten dürfen und zusehen, wie mein Bruder ihr den Sohn entriss, ich wusste zwar nicht genau, welches der Zehn Gebote damit gebrochen war, vielleicht das vierte, «Du sollst Vater und Mutter ehren!», die Witwe Hammesfahr war ja eine Mutter, wenn auch eine sehr späte, wie meine Großmama sagte. Sollte man nur seine eigene Mutter ehren, oder anderleuts Mütter auch? Es gab ja noch das siebte Gebot, «Du sollst nicht stehlen!» Irgendwie hatte Eia das Kind ja geklaut, aber darüber brauchte ich jetzt wohl nicht mehr nachzudenken, die Hammesfahrs waren vereint, wir hatten doch ein gutes Werk getan.

«Darf sich ein Kommunionkind eigentlich etwas wünschen?»

Alle sahen mich überrascht an. Wir saßen beim Sonntagsessen, wie üblich waren die Großeltern da und die alte Frau Wind. Und Friedrich, mit seinem schmalen Schlangenkopf, seinem Kreuzotternkopf, der in mir das Gefühl einer drohenden Gefahr, eines aufsteigenden Ekels hervorrief. Immer wenn ich ihn sah, durchzuckte mich der Gedanke, wie anders es hätte sein können, wenn er nicht gekommen wäre. Dann säße nicht er hier, sondern mein Vater. Mir wurde auf der Stelle elend, ich hatte das Gefühl, als höbe und senkte sich unter mir der Fußboden, doch wegen meines Vaters, für meinen Vater musste ich es wagen. Großvater, der vielleicht meinen Blick auf Friedrich gesehen hatte, schaute mich aufmerksam an, die anderen waren mit Großmutters Sonntagssuppe beschäftigt, in der kleine Hackfleischbällchen schwammen, mehr Brot als Hackfleisch, aber sie schmeckten wunderbar.

Mir hörte außer Großvater nie jemand richtig zu, also fragte ich nochmals, ob sich ein Kommunionkind etwas wünschen dürfe, und als mein Großvater sagte: «Was möchtest du denn, Agnes?», da sagte ich, dass ich mir wünsche, meine Erstkommunion ohne Friedrich zu feiern.

Natürlich sah ich dabei meine Mutter an, ihr schmales Gesicht mit der hohen Stirn, aus der die Haare streng herausgekämmt und oben in einer schwungvollen Welle zusammengehalten wurden. Die Augen erschienen mir grün wie nie, ihr Blick ging von mir ins Unwirkliche, Ferne, dann faltete meine Mutter ihre Serviette, stand auf und ging hinaus. Friedrich wollte mich mit seinem Blick zerfetzen, aber ich schwitze meine Angst vor ihm aus mir heraus, jeden Tag mehr, bald habe ich keine Angst mehr, «keine Angst, keine Angst, Rosmarie». Ich sang es, und Friedrich hätte mich gerne geschlagen, doch er stieß theatralisch seinen Stuhl zurück und ging meiner Mutter hinterher. Mia schluckte ihr letztes Hackbällchen runter und sagte zu mir: «Du dumme Ziege, du kannst nichts anderes als Mama ärgern!»

«Selber Ziege», sagte ich, verwundert, dass sonst kein Widerstand kam. Meine Großeltern sahen sich an, meine Großmama zuckte mit den Schultern, aber sie schimpften nicht mit mir. In den Augen meiner Mutter glaubte ich eine Zeit lang Gewitter zu sehen, doch sie hatte dann so viel zu tun, um auf dem Kölner Schwarzmarkt Bohnenkaffee zu erstehen und ihn auch zu bezahlen, das Kilo kostete achtzehn Mark, Butter kostete genauso viel, und trotzdem gab es auf meiner Erstkommunion Bohnenkaffee, echten Bohnenkaffee ohne ein einziges geröstetes Korn darinnen, und es gab zwei Butterkremtorten, so schön verziert von meiner Mutter, dass keiner sich traute, sie anzuschneiden. Leider waren nur die Äußerlichkeiten so prächtig, was meine Heiligkeit anging, erlitt ich eher Schiffbruch. Rutha auch. Wie hatten wir uns bemüht, die Sünden aus unserem Leben herauszuhalten, kein einziges Mal hatten wir uns das Gefühl gemacht, nicht im Beul und nicht im Bett, nicht allein und nicht mit anderen. Gestohlen hatten wir nicht oder doch nur kaum, Rutha einmal ein rohes Ei aus Hunger, das gehörte aber in den Bereich fringsen, brauchte also nicht gebeichtet zu werden.

Stolz und glücklich über meine unter Mühen erworbene Reinheit, betrat ich den Beichtstuhl, ich warf noch einen mitleidigen Blick auf die anderen Beichtkinder, die, nervös und sichtlich von Sünden verschlackt, sich kaum in den Beichtstuhl trauten. Ich dagegen erwartete höchstes Lob von Häuffchen, kaum jedoch hatte ich mich niedergekniet, begonnen, auf die Fragen Häuffchens zu antworten, dass ich keinmal oder nie oder seit drei Monaten nicht mehr – da zischte Häuffchen empört, das sei doch eine Schande, dass ich mich nicht anständig vorbereitet habe. Und das vor der Erstkommunion! Ich solle auf der Stelle verschwinden und bereuen und am Schluss, wenn alle gebeichtet hätten, solle ich gefälligst wiederkommen und anständig beichten.

Rutha kam ebenso rasch aus dem Beichtstuhl zurück wie ich, sie setzte sich zitternd neben mich, auch sie konnte nicht fassen, was uns geschehen war. Wie so oft fühlte ich mich klein und ohnmächtig, wütend aber auch, und ich wurde noch wütender, als Rutha flüsterte, dass ich an allem schuld sei, ich hätte angefangen mit der Reinheit, und jetzt hätten wir die Bescherung. Sicher dürften wir morgen nicht zur Erstkommunion. Und sie habe ein so schönes Kleid. Meines sei ja nur geliehen, da sei es für mich nicht so schlimm, aber ihr Kleid sei aus Spitze, sie habe einen echten Pompadour und ein Kränzchen mit ganz vielen weißen Rosen, und jetzt dürfe sie wegen mir nicht ...

Ich puffte Rutha so fest in die Rippen, dass sie fast aus der Bank rausfiel. «Du bist so dumm wie Bohnenstroh», zischte ich ihr zu, «ich hab auch einen Pompadour, und meine Schuhe sind nicht geliehen, und jetzt müssen wir uns was ausdenken!» Rutha wurde wieder still, schniefte in ihr Taschentuch, ihre rote Schnupfennase sah aus wie ein Radieschen, da würde es ihr morgen nichts nützen, dass ihr Kleid nicht geliehen war. Aber jetzt hatte ich andere Sorgen. Ich suchte schnell aus meinem Gebetbuch ein paar Sünden raus, vier für mich, zwei für Rutha, sie sollte sich gefälligst die anderen selber raussuchen, aber es war hart, rein von Sünden zu sein und sich dann welche zulegen zu müssen, bloß weil Häuffchen nicht glauben wollte, dass zwei Mädchen gottgefällig und unschuldig sein konnten. Wenn auch nur für ein paar Wochen, aber mein Bruder wäre dazu nicht imstande gewesen. Ich zweifelte heftig an der himmlischen Gerechtigkeit, denn der Herr Jesus oder sein Vater hätten ja auch mitkriegen können, wie wir uns fast umgebracht hatten, um nicht zu sündigen. Ehe ich an allem irrewurde, fiel mir ein, dass alle drei, Häuffchen, Jesus Christus und sein Vater Männer waren. «Männer verstehen nichts von Frauen!», das sagte meine Tante Im dauernd, und heute begriff ich, was sie meinte.

Im Beichtstuhl sagte ich gottergeben, dass ich meiner Mutter Kekse gestohlen hätte, obwohl sie mein Großvater hätte bekommen sollen, dabei hatte Mia das gemacht, diese gemeine Kuh, ich meldete, dass ich Unkeuschheit – du lieber Himmel, jetzt hörte Häuffchen gar nicht mehr mit Fragen auf. Doch plötzlich sagte er, ob das auch stimme, ob ich nicht etwa angeben würde und so. Ja – was denn nun? Schließlich fiel mir nichts mehr ein, als eine kleine Strophe zu heulen, und Häuffchen schlug das Kreuz über mir. *Ego te absolvo.*

Rutha heulte sofort, als sie sich in den dunklen Beichtstuhl kniete, sie machte mir aber auch alles nach, und sie kam noch schneller wieder raus als ich. Am nächsten Tag glühte ihre Nase immer noch, wir standen nebeneinander im Kirchengang, zwischen den Bänken, auf dem Weg zum Altar, die Kirche war ein Haus voll Glorie, Ruthas Nase war ritzerot, meine Knie waren grün, leider, ich musste meiner Mutter noch eine Tischdecke von der Bleiche holen, war auf dem feuchten Gras ausgerutscht und auf die Knie gefallen. Die ganze Familie, die Großeltern, sogar der schöne Edmund war mit Großmama Auguste gekommen, alle Tanten und Cousinen holten mich ab zum Kirchgang, ich war die Einzige in diesem Jahr, die zur Kommunion ging, deshalb hatte das auch gut geklappt mit der Ausstattung, aber mit mir war kein Staat zu machen, ein zweites Paar lange weiße Strümpfe gab es nicht, ich glaube, selbst mein Großvater genierte sich ein wenig mit einem Kommunionkind, das grasgrüne Knie hatte, von meiner Mutter will ich lieber nicht reden.

Der Küster zündete aber trotzdem unsere Kerzen an, Ruthas und meine, ich sah Rutha, wie sie hochschaute zu der Kerzenflamme, da merkte ich zum ersten Mal, dass Rutha ein feines Gesicht hatte, dass sie richtig rein aussah, rein und unschuldig, und ich dachte, dass Jesus Christus und sein Vater doch gesehen hatten, dass wir heute ohne Sünde waren, Rutha und ich, ich glaube, ich kann es nicht beschreiben, aber es war, als lebte ich plötzlich tausendfach, ich sah unsere Mütter und Großmütter, die verstohlen ihre Augen betupften, wie hatten sie sich abgeschuftet, nicht zuletzt für uns Kinder alles Notwendige herbeizuschaffen, ich sah das angespannte Gesicht meiner Mutter, ihre Zartheit und Blässe, Großvater, dessen krankes Bein wieder stark zuckte, meine Großmama Marie im schlichten Schwarz, Auguste hatte sich, vermutlich für ihren schönen Hans Edmund, in ein rotes Kostüm gekleidet, das noch aus Vorkriegszeiten war, sie stand in der Bank wie ein Leuchtturm, auf den alle schauten. Der schöne Edmund zwinkerte mir immer zu, obwohl man das in der Kirche nicht soll, aber Edmund geht sonst nicht in die Kirche, er geht zu fremden Frauen. Eias Ohren standen heute noch weiter ab, weil sie ihm die Haare frisch im Nacken hochrasiert hatten, und Mias rote Zöpfe glänzten, sie saß bei ihren Freundinnen und deutete verstohlen auf meine grünen Knie, trotzdem liebte ich in diesem Moment, den ich nicht beschreiben kann, auch sie, und das will was heißen. Meine Mutter liebte ich am meisten. Am allermeisten meinen Vater. Er war bei mir, ich hatte sein Foto hinter mein Unterhemd gesteckt, es pikste mich ein bisschen, aber mein Vater durfte das, ich hörte seine Stimme, und ich wusste, dass er hier war, bei mir, und dass der Tag nur ihm und mir gehörte.

In den Straßen von Attenberg gab es neue Ereignisse. Ein Auto fuhr durch den Ort, kam aus der Unterstadt, den Neuen Weg hinauf in die Hauptstraße. Auf dem Auto war ein großer Trichter aufgebaut, ein bisschen so wie der vom Plattenspieler meines Großvaters, nur nicht so schön. Aus diesem Trichter kam Musik, aber wie, Märsche wie beim Schützenfest, knatternd wie alte Motorräder klangen diese Märsche, und zwischendurch riefen immer Männerstimmen, Deutschland bekomme im September einen neuen Bundeskanzler, Doktor Konrad Adenauer. «Doktor Konrad Adenauer! Nur er kann und muss der erste Bundeskanzler der Bundesrepublik Deutschland werden! Doktor Konrad Adenauer!» Komisch – mir fiel immer das Lied von einem anderen Doktor ein: «Ich bin der Doktor Eisenbart, kurier die Leut nach meiner Art.»

In einer Zeitung sah ich sein Bild und staunte. Das war ein ganz alter Mann, dieser Konrad Adenauer, er sah aus wie ein Häuptling der Sioux-Indianer, und Großvater sagte: «Der Adenauer ist unglaublich gerissen, der regiert jetzt schon am Parlament vorbei, aber der Schumacher lässt sich das nicht gefallen.» Ich spürte, dass mein Großvater auf der Seite dieses

Schumacher war. Das kannte ich vom Indianerspielen. Der Adenauer war ein fieser, hinterhältiger Sioux, der Schumacher ein edler Apache, so wie ich. Mir war es zwar nicht recht, immer die Nscho-tschi zu sein, weil ich da dauernd starb, aber sonst hätten sie mich nicht mitspielen lassen. Früher war Eia immer Winnetou und sein Freund Rolf Immicker Old Shatterhand, aber sie spielten schon länger nicht mehr Indianer, und ich war irritiert, seit ich Friedrich zu meinem Großvater sagen hörte, dass Hitler der deutschen Jugend die Liebe zu Karl May eingepflanzt hätte, «und die treibt ihnen kein Pastor mehr aus!»

Ich sah Friedrich an, sah seinen goldenen Eckzahn blinken, das sah man fast nie, denn Friedrich lächelte selten, aber nun konnte ich am Glänzen seines Eckzahns sehen, wie gut es ihm tat, dass irgendwas von dem toten Hitler in den Büchern von Karl May zu finden war. Ich würde Großvater fragen, aber da sagte er schon ziemlich grob zu Friedrich, er werde, zumindest was seine Enkel betreffe, schon für Aufklärung sorgen. «K-Karl May», sagte Großvater, und sein linkes Bein zuckte wie verrückt, «K-Karl May war ein hoch begabter Erzähler, aber auch eine ungebildete, gebrochene Persönlichkeit. Er konnte nicht besser differenzieren als ein Klippschüler. Für ihn waren die Weißen immer die Helden, klug, gut und erfolgreich, die Indianer dagegen ebenso wie die Eingeborenen des Orients waren unmündige Kinder, die von den weißen Herrschaften entweder gelobt und zu sich erhoben oder bestraft und vernichtet wurden, je nachdem. A-aber freuen Sie sich nicht zu früh, Herr Röder, Karl May ist zwar ein Rassist, wie er im Buche steht, aber er ist ein schwacher Schriftsteller. Bilden Sie sich bloß nicht ein, dass der die deutsche Jugend formen könne, oder gar verderben, wie es Ihr Hitler versucht hat.»

Friedrich sprang auf. Ich dachte, der geht jetzt auf Großvater los, und wollte mich schon schützend dazwischenwerfen, doch Großvater stopfte sich seine Pfeife, wenn auch seine Hände zitterten und sein Knie schon wieder zuckte. Friedrich warf seinen Stuhl auf den Boden, das tat er gern, dann schrie er Großvater an, dass er an den nächsten Baum aufgehängt gehöre, «aufgeknüpft, jawohl, am nächsten Baum, Sie haben nichts begriffen, nichts von unseren Idealen, wir haben an etwas geglaubt! Sie waren nie bei der Partei, Sie wissen ja gar nicht, was Gemeinschaft ist, was Ehre oder Treue heißt. Wir hatten echte und tiefe Gefühle für Deutschland, wir wollten unser Vaterland retten! Was war denn Deutschland, ehe Hitler kam? Ein verstümmeltes, isoliertes, gedemütigtes Land! Sie waren nicht dabei, als der Führer die Autobahn München–Salzburg eingeweiht hat, aber ich! Ich habe den Jubel der Menschen gehört! Sind Sie einmal mit Kraft durch Freude verreist? Natürlich nicht, das war Ihnen ja zu dumm! Nicht ein einziges Mal waren Sie bei einem Parteitag, bei den Olympischen Spielen, die Welt war in Deutschland zu Gast, ein Meer von Fahnen aller Länder! Nichts haben Sie gesehen, nichts, nichts, nichts!»

Friedrich rannte raus, er heulte, auch das tat er gern, er liebte Auftritte wie in Ringsdorfs Saal, wo ausgebombte Kölner Schauspieler sich trafen und Stücke probten. Ich hatte mit Helga dort bei Proben gelauscht und gesehen, dass Schauspieler wütend aufsprangen, ihre Stühle hinter sich warfen, sodass sie umfielen, ich hob Friedrichs Stuhl auf, ich tat das gern. Leider konnte ich ihn nie dazu bringen, das Zimmer zu verlassen, eher war es umgekehrt.

Meine Mutter, die ihren Vater so sehr liebte wie ich meinen, glaube ich, sah meinen Großvater aus müden, rot umränderten Augen an. «Vater, bitte, lass dich nicht auf Diskussionen mit Friedrich ein. Es führt doch zu nichts.»

«Das sehe ich nicht so», sagte Großvater scharf, «ich wüsste bloß bald mal gern, was du an diesem unheilbaren Nazi findest. Schämst du dich denn gar nicht?»

«Vater! Nicht vor dem Kind!»

Meine Großmama hatte mich schon bei der Hand genommen und zog mich hinter sich her aus dem Zimmer. Im Gehen sagte sie noch zu meiner Mutter: «Tritt, was schädlich ist, beiseit! Hin, verdammte Pest und Streit!»

Wenn meine Mutter doch nur auf Großvater hören wollte! Ich wusste inzwischen, dass meine Großeltern keine Nazis gewesen waren. «Nicht einmal Märzveilchen», sagte meine Großmutter zufrieden, und dann erklärte sie mir, dass die Leute Märzveilchen genannt wurden, die im Jahr 1933, als Hitler die Macht übernommen hatte, noch rasch in die Partei eingetreten waren. «Manche, vor allem Beamte und kleine Geschäftsleute, hatten Angst, dass sie ihre Stellung verlieren oder keine Aufträge mehr bekommen würden. Dafür muss man Verständnis haben. Viele Leute waren auch wirklich idealistisch, sie haben geglaubt, dass Hitler ein großes Reich für alle Deutschen schaffen würde, sie wollten daran mitarbeiten, Hitler hat sie missbraucht.»

Vorgestern hat Friedrich mich geschlagen. Weil ich bei Tante Korb war und mit ihren Kindern und Rutha und Christa und Hans-Werner und Horsti Völkerball gespielt habe. Ein gutes Spiel, ich wurde nie abgeworfen, fast nie, und wenn ich am Werfen war, traf ich dauernd. Es war ein schöner Abend, wir spielten vor dem Feuerwehrhaus, vorher hatten wir bei Tante Korb Wasser getrunken, bei den Korbs hing an der steinernen Spüle eine große Suppenkelle, daraus tranken alle Korbs, wir auch. «Unser Wasser schmeckt gut, wie echte Butter», sagte stolz Thereschen Korb, ich hätte nie gedacht, dass ich aus so was trinken würde, woraus tausend Leute tranken, egal, es war gut, ich hatte Durst auf alles, auf das Leben in der Oberstadt, ich empfand es wie Zauberei, Hexerei, ich rannte, ich warf, ohne zu überlegen, ohne zu denken, nichts konnte mich halten, ich war in einem Schwung wie noch nie. «Agnes, du schwingst wie ein Prophet», sagte unser Turnlehrer Henkel, wenn er mich an die Ringe hob und ich Schwung nahm und mich in der Luft drehte, zurückschwang und wieder vor und wieder zurück, ich fühlte mich, nur mich, und genauso fühlte ich mich auch heute – ich wollte nie aufhören, die anderen auch nicht –, dann kam Mia, rief mit scharfer, bebender Stimme: «Komm du nur nach Hause!», ich hörte die Drohung, Mias leisen Triumph, dass ich jetzt bestraft würde, Mia fand, dass mir immer alles nachgesehen würde, während sie selber ...

Ich rannte also heim, nahm den Weg an Tante Amelies Haus vorbei, das schon längst von anderen Leuten bewohnt wurde, lief durch die Gasse auf die Hauptstraße und aus der Abenddämmerung in den kühlen dunklen Flur, hinter mir Mia, sie rief: «Nun haut sie aber auch endlich», und oben nahm mich Friedrich in Empfang, er hatte eine Peitsche in der Hand, im Oberbergischen heißt so was Schmicke, er schlug sie mir quer herüber, und als ich mich zusammenkauerte, trafen mich die dünnen Lederriemen auf dem Rücken, an den Waden, noch wütender als den scharfen, heißen Schmerz fühlte ich die Gemeinheit, mit der sie mich schlugen, meine Mutter und Friedrich, auch wenn es Friedrich war, der die Schmicke hatte, bebte meine Mutter mit ihm in ihrem Zorn, den nicht ich hervorgerufen hatte, nicht wirklich, dessen war ich mir sicher.

Heute, in der Pause auf dem Schulhof, erzählte ich es Hedy. Wir lehnten an dem schmiedeeisernen Gitter vor der Kirche, ich fühlte die Stäbe warm und stark in meinem Rücken, das tat mir gut, denn innerlich war ich leer und kalt. Hedys feines, vornehmes Gesicht, ja, es war vornehm, Hedys Haut war hell und glatt wie feinstes Porzellan, das dichte blonde Haar immer korrekt zu Zöpfen geflochten und von einem Haarreif gehalten, Hedy war, was meine Großmutter und meine Mutter ein feines Mädchen nannten, so wie Hedy würde ich niemals werden, leider, sagten sie, aber sie kannten Hedys Gesicht ja nur von außen, wenn es gesammelt und vorsichtig war. Wenn sie gehört hätten, was Hedy oftmals umtrieb, zu welchen Streichen sie uns mit frömmstem Gesicht anstiftete – dann hätten sie vielleicht anders geredet. Mich störte es nicht, dass sie

Hedy lobten, ich bewunderte meine Freundin auch, ich spürte, dass sie in vielen Dingen reicher war als ich, das fand ich in Ordnung, ich litt nicht darunter, keineswegs. Ich kannte Hedy auch, wenn sie Niederlagen hinnehmen musste, manchmal durch mich, die ich oft bessere Aufsätze schrieb als sie, schönere Gedichte, wenn sie dann ihr Heft mit der Zwei in Empfang nahm, während ich eine Eins hatte, riss ihr Gesicht auf, fand sie sich selber unanständig, wenn es ihr nicht gelungen war, das Beste zu schaffen. Nie richtete sich ihr Ehrgeiz gegen mich, immer gab sie nur sich selbst die Schuld.

Die Schläge von Friedrich empörten Hedy, ihre Haut wurde blass, die Lippen auch, niemals würden Hedys Eltern sie schlagen, niemals! Hedy schüttelte mich: «Ich hab es dir doch schon immer gesagt, du musst ihn spökenkieken, du musst! Beim Nordmann hast du es auch geschafft, spökenkieke ihn endlich, damit er krepiert! Treib ihn auch in die Agger oder lass ihn Munition finden wie den Stachelschmidt Bruno!»

Bruno wollte mit anderen Jungen im Beul Indianer spielen, sie fanden Munition in einem Bombenkrater, Granaten, einiges war explodiert und die Jungen hatten überall Splitterwunden. Am ärgsten Bruno. Ihm wurde seine rechte Hand abgerissen, sein ganzer Körper war von Granatsplittern verletzt. Bruno, so berichtete Beckers Friedchen, müsse eine künstliche Hand kriegen, eine aus Holz, mit Leder drüber.

So sollte Friedrich aussehen, blutig, grausam entstellt, tierisch, rohes Fleisch der ganze Körper, alles für Friedrich, ich hasste ihn, am liebsten hätte ich laut geschrien. Ich wollte den Hass mitnehmen in meinen Schlaf, noch heute wollte ich das tun und spökenkieken, spökenkieken, Friedrich in den Beul kieken, da würde doch noch eine Mine für ihn liegen, nur eine, lieber Jesus Christus, leg ihm eine hin.

Kein Tag verging, keine Nacht brach herein, ohne dass ich spökenkiekte. Ich fühlte mich eingeschlossen in meine Mordträume und sah zu, wie sich unser altes Haus leerte. Seit Herr

Waller bei der Freiwilligen Feuerwehr engagiert und mit seiner Familie ins Feuerwehrhaus gezogen war, seit Frau Thomas mit Rutha in der Unterstadt lebte und ihre Eltern und Änna im Haus ihres neuen Ehemannes Platz gefunden hatten, wurde es leise in der Hauptstraße 21. Ich erfuhr irgendwann, was die anderen natürlich längst wussten, dass unser Haus gar nicht unser Haus war, dass es einer alten Dame gehört hatte, die es meinen Eltern vermietete. Diese Dame lebte in Hamburg, sie hatte das Haus selber geerbt und gab es nun, wo ihre einzige Nichte dafür Verwendung hatte, an diese weiter. Die Lauffenbergs, denen ihr neuer Besitz offenbar nicht mehr bedeutete als ein Dach über dem Kopf, zogen mit ihren Kindern Konrad, Krischan und Kuno ein. Sie verteilten sich auf die Zimmer, die frei geworden waren, und baten meine Mutter, sich nicht weiter stören zu lassen.

Mir war es gleichgültig, wem unser altes Haus gehörte, und die Lauffenbergs waren uns rasch auf eine selbstverständliche Art vertraut. Bella Lauffenberg war rundlich, fröhlich und völlig anders als die Leute, die ich kannte. Sie wohnte schon wochenlang mit uns zusammen und hatte noch kein einziges Mal an mir herumgemäkelt. Das war mir neu. Fast hatte ich das Gefühl, dass Bella Lauffenberg mich gut leiden konnte. Seltsam. Sie sah mich immer ruhig an, so ähnlich wie vor langer Zeit Henri mich angesehen hatte, sie fragte mich, ob ich gerne Bücher läse und ob ich bei Konrad, Krischan und Kuno bleiben würde, wenn sie mit ihrem Mann in Ringsdorfs Saal ein Konzert besuchen wollte. Oder mit dem Jüngsten im Körbchen nach Derschlag zum Kinderarzt fahren. Meine Mutter schien auch erstaunt, sie hielt eigentlich Mia für geeigneter, auf die Kinder aufzupassen, ließ es aber zu, dass ich in der Lauffenberg'schen Wohnung Kindermädchen spielte. Herr Lauffenberg unterrichtete am Gymnasium Englisch und Sport. Er war dürr und konnte so unglaublich rasch die Treppen hinunterlaufen, dass es wie Hexerei wirkte. Es schien, als gleite er die Treppe herunter, ohne die Füße aufzusetzen. Ich versuchte das auch, ließ es aber nach dem ersten Sturz bleiben. Bella Lauffenberg sei auch Lehrerin, hieß es, sie habe aber ihren Beruf der Kinder wegen aufgegeben.

Meine Mutter arbeitete bei Ringsdorfs. Darüber war sie erleichtert und ich auch, denn ich konnte mich jetzt auf die Zeit verlassen, wusste, wann meine Mutter daheim war und wann nicht, ich musste die Zeitreste nicht mehr mit vielen Leuten teilen, bei denen meine Mutter ausgeholfen hatte. Einmal durfte ich sie sogar im Büro abholen. An meinem Geburtstag. Ich hatte es mir gewünscht, und es war möglich gewesen. Durch eine mit riesigen Messinggriffen versehene Schwingtür, über roten Teppichen kam man in das vornehme Büro, jedenfalls fand ich es sehr vornehm, vier Schreibtische standen in einem Raum, dessen große Sprossenfenster zum Bahnhof und zur Dörspe hinaussahen. An einem Schreibtisch saß meine Mutter, es war ihr Schreibtisch, nur sie saß dort, niemand anderer. Meine Mutter schrieb die Aufträge, die von großen Kaufhäusern kamen, auf weiße Karteikarten, die in einem Kasten nach dem Alphabet geordnet waren. F.W. Brügelmann Söhne oder Peek & Cloppenburg wollten Strickjacken, Röcke, Pullover oder feine Unterwäsche in Rippware von der Firma Ringsdorf haben. Meine Mutter notierte das, ging dann mit der Karte aufs Lager und stellte mit dem Meister dort die Sendungen zusammen. Fehlten Jacken oder Pullover, musste Mutter in der Strickerei Alarm schlagen, damit schnellstens produziert wurde. Das konnten die in der Strickerei aber nur, wenn sie genügend Garn hatten. Auch darum musste meine Mutter sich dann kümmern. Ich war sehr stolz, dass meine Mutter offensichtlich ihre Arbeit gut machte. Sie telefonierte, schrieb, raffte die Karteikarten zusammen und ging rasch durch die große Packhalle in den ersten Stock, wo die Lager sich weit erstreckten. Erst gegen sechs Uhr am Abend kam meine Mutter aus ihrem Büro zurück.

Ich hatte viel Zeit, Hans-Werner im Salon seiner Mutter zu helfen. Noch immer musste er einen weißen Friseurkittel tragen, noch immer machte seine Mutter ihm einen Wasserscheitel, klebte sein dunkles Haar mit Frisiercreme exakt an den Kopf. Im Salon war es warm, eine süßliche Wärme, manchmal vom scharfen Geruch verbrannter Haare durchzogen. Wir mussten immer wieder die abgeschnittenen Haare vom Boden fegen. Ich hielt die Kehrichtschaufel, Hans-Werner schob die hellen und dunklen Haarsträhnen drauf, ich half mit den Händen nach, er brachte alles zum Mülleimer und so ging es weiter. Ich spürte, dass Hans-Werner mir etwas sagen wollte. Er sah immer verstohlen zu seiner Mutter, die gerade mit der Brennschere hantierte und sie sich an die Wange hielt, ehe sie der Kundin damit scharfe Wellen in die Haare brannte. Der für die Herren zuständige Friseur schnitt das Haar bis hoch über die Ohren und schor die Kahlstellen noch kahler, er war im intensiven Gespräch mit seinem Kunden, schaute sich dabei immer höchst zufrieden im Spiegel an und beachtete uns nicht.

Hans-Werner kniete sich zu mir herunter, beide schoben wir mit den Händen wieder neue Haarsträhnen auf die Schaufel. Er sah mich an, seine dunklen Augen waren wie schwarze Knöpfe über dem weißen Kittel.

«Sie wollen ihn nicht mehr ...»

«Wer – was ...»

Ich wusste sofort, was Hans-Werner meinte, aber ich wollte es für einen klitzekleinen Aufschub noch nicht wissen, für eine Sekunde lang noch nicht die Wahrheit hören, die ich lange ahnte.

«Deine Mama will deinen Papa nicht mehr – er ist schon aus Russland zurück – aber er kommt nicht zu euch ...»

Sie haben mich übers Ohr gehauen. Wie sie es immer machen. Alle wissen, dass mein Vater nicht zurückkommt zu uns – nur ich nicht. Ich habe verloren. Verloren. Ich habe nur noch mich.

10. KAPITEL

**Da kommt etwas, und du kannst nicht mehr gehen
Der Schwarzwald kann sehr bunt sein, und
ich weiß, was eine Harke ist**

Dies wird der letzte Geburtstag sein, den ich mit Hedy feiern kann. Jedenfalls in Attenberg. Hedy sagt, wenn sie in Köln leben, kann ich sie in den Ferien besuchen. Sie werden ein Gästezimmer haben, Hedys Mutter hat es versprochen. Trotzdem fühle ich mich lahm, traurig, als wäre ich nicht auf Hedys Geburtstagsfest, sondern wanderte im dichten Nebel herum, wo man niemanden erkennt. Natürlich musste ich auch immer an Vater denken, aber mir fiel nur verloren, verloren, verloren ein, so müde war ich. Hans-Werner hatte mir einen Füller mitgebracht, einen richtigen Pelikan, mir, nicht Hedy, ich wusste, dass er den von seinem Großvater bekommen hatte, aber er bestritt es, er habe den Füller gekauft, das Geld sei vom Großvater, das sei richtig und ich solle endlich den Füller nehmen wegen meinem Papa. Ich sah sie alle, Hedy, Christa, Rutha, Hans-Werner, Horsti und die anderen – wir spielten Apfeltanz und Lakritzrollenessen, und ich musste dauernd Horsti oder jemand anderen küssen oder mir was ausziehen, weil ich so schläfrig war. Mühsam versuchte ich, die anderen klar zu sehen, es zerdrückte mir das Herz, dass sie mir vertraut und so völlig fremd waren. «Was ist mit dir?», sagte Hedy. «Es ist so neblig hier», wollte ich antworten, aber Hedys Mutter sah mich komisch an, ihre Augen waren riesengroß auf mir. «Du musst nach Hause, Agnes, du musst ins Bett, ich glaube, du hast Fieber!»

Ich gehe mit dem Hausmädchen den Neuen Weg hinauf in

die Oberstadt, das Mädchen hält mich fest am Arm und rennt in einem irren Tempo, immer kreuz und quer über den Neuen Weg, was soll das, ich bin so müde, ich will den Apfeltanz mit Hans-Werner machen, nicht mit Horsti, was soll ich hier auf der Straße, da kommen Schneeweißchen und Rosenrot, sie haben einen Hund an der Leine, oder ist es Schneeweißchens Kater – Berge von Papier fliegen auf dem neuen Weg herum, Papiere von der Scheidung, Hans-Werner sagt, dass meine Mutter zu einem Rechtsanwalt geht, unten, an der Kölner Straße lässt sie sich scheiden, so ein Durcheinander von Papier, ich hab keinen Stift, ich kann nicht draufschreiben, dass mein Vater unschuldig ist, sie schießen auf ihn, sie sind hinter ihm her, wir haben verloren, er und ich, und das Mädchen rennt immer schneller mit mir, warum hetzen wir so, immer werde ich gehetzt, da ist schon Biesterfelds Eissalon, oder Blumbergs Papiergeschäft, ich weiß es nicht, ich kann nichts sehen, Vater! Du kannst nicht mit mir sprechen, meine Mutter redet über dich, klagt sich Tränen in die dichten Wimpern, Vater, hol mich hier weg, es ist so eine lange Reise. «Was ist los mit dir, Agnes?», sagt das Mädchen, und dann sehe ich die Rosen an Bösinghaus' Veranda, dicke rote Rosen, ich falle hinein, die Rosen ersticken mich.

Das Linoleum ist blank. So ein blankes Linoleum habe ich noch nicht gesehen, nicht mal bei Großmutter Marie, und bei ihr kann man ohne Löffel Pudding vom Boden essen, das sagen alle. Dieses Linoleum hier in der Klinik quietscht, wenn die Schwestern darüber laufen, besonders wenn es die dicke Schwester ist, schrillt das Quietschen mir in die Ohren, ich möchte sie zuhalten, aber ich kann nur die rechte Hand zum Ohr heben, links ist alles taub, Arme, Beine, nichts kann ich bewegen, aber die dicke Schwester hält mich trotzdem fest, wenn der Arzt mit der Nadel in meinen Rücken stößt und mich lobt, weil ich nicht weine. Oder nur wenig.

Ich habe ein Zimmer für mich allein, weil ich ansteckend bin. Besuchen darf mich keiner, sie dürfen nur durch die Glasscheibe zu mir hereinsehen. Mutter steht dann draußen und Friedrich. Den will ich nicht sehen und er mich auch nicht, aber er kommt trotzdem, weil er weiß, dass ich ihn nicht sehen will. Mein Großvater steht oft draußen, er bringt mir eine Menge weißer Blätter und bunte Stifte, damit ich was zu tun habe, denn ich bin der einzige Fall von Kinderlähmung hier im Krankenhaus, ich bin ein mittelschwerer Fall, die anderen sind in Köln in der Eisernen Lunge, hat mir die Schwester gesagt. Außer mir hat noch ein Junge aus der Unterstadt Kinderlähmung gekriegt, er war fast schon erwachsen, seine Eltern haben ein Geschäft für Musikinstrumente, ich kenne sie, ich kannte auch den Sohn, weil ich in dem Geschäft meine Blockflöte bekommen habe, er ist gestorben und ich muss dem Himmel danken, dass ich am Leben bin, sagt die dicke Schwester, sie droht mir fast damit, so als könne sie das rückgängig machen mit dem Am-Leben-Bleiben, aber ich bin dankbar, täglich, ich danke dir, Herr Jesus Christ, und dich lobe ich, großer Gott, und du Schöpfer Geist, kehr bei mir ein, besuch das Herz der Kinder dein, ich bin nämlich verdammt allein hier, manchmal kommt ein Bläserchor, aber selten, und die Schwestern heben mich wie eine Puppe vom Bett, wenn sie ein frisches Laken drauflegen wollen. Ich kann nicht laufen, nicht einmal kriechen, denn meine linke Seite ist wie bei einer weichen Puppe.

Essen haben sie genug hier. Manchmal schwimmt in den Erbsen und Möhren ein Zettelchen, da steht «Agnes R.» drauf, Station II, mit Bleistift geschrieben, aber es macht mir nichts, ich habe auch immer den Grießpudding gegessen daheim, obwohl Eia gesagt hat, er hätte draufgespuckt, es wäre jetzt seiner. Eia kommt oft und Rolf Immicker ist dabei oder ein Sohn von Roßbachs, der auch Rolf heißt, es gibt jede Menge Rölfe in Deutschland, glaube ich. Mein Onkel Werner, der aus Berlin, hat einen Stiefsohn, der heißt auch Rolf, und sie gehören jetzt zum Osten Deutschlands, also praktisch nicht mehr so richtig zu uns. Meine Großmutter spricht dauernd von ihrem Sohn Werner, Großvater zuckt mit seinem kranken Bein.

Aber Eia und seine Rölfe stehen bei mir am Glasfenster und spielen mir Kasperletheater vor, bis die Schwestern sie rauswerfen, vor allem die dicke Schwester ist streng. «Das wäre ja nochmal schöner, wir sind doch hier keine Judenschule.» Ich frage sie: «Was ist das denn, eine Judenschule», und dann gibt sie mir einfach keine Antwort, aber zu meiner Mutter sagt sie, dass die großen Jungs nicht wüssten, wie man sich in einem Krankenhaus benimmt, und das könne sie nicht dulden. Und für mich sei es auch nicht gut, dass die am Fenster herumkaspern, es würde mich aufregen, und die Gefahr sei schließlich immer noch nicht vorbei. Mir gefällt aber das Kasperlspiel, es tut mir gut, weil ich lachen kann. Wer mich aufregt, ist die Schwester, sie gibt mir immer Spritzen in den Hintern und ich spüre, sie macht das gern.

Ich muss so lange hier drinnen bleiben, dass ich es mir gar nicht vorstellen kann. Mindestens noch zehn Wochen, sagt der Arzt, und dann krieg ich nochmal so lange irgendwo Luftveränderung. Im Schwarzwald oder so. Bald sind die Prüfungen für das Gymnasium. Gar nicht dran zu denken, sagen hier alle, «Sei froh, dass du lebst.»

Großmama hat mir ein Buch mitgebracht von Ernst Wiechert, *Die Majorin*. Großvater sagte: «Ma-Marie, das ist nichts für das Kind, so viel Nazi-Schwulst.» Da wurde Großmama Marie aber fuchtig: «Du siehst doch überall Blut und Boden, dabei hat Wiechert in Buchenwald im KZ gesessen!» Großvater wollte nicht streiten, er sagte, dass Wiechert sehr tapfer gegen Hitler gekämpft habe, als er ihn durchschaut hatte. «Aber der Mann hat Bücher geschrieben, die Hitler den Boden bereitet haben, ob er das nun vorhatte oder nicht.»

Mir gefiel die Erzählung von dem Soldaten Michael schon

deshalb, weil er hieß wie mein Vater. Er hätte sich und der Majorin gern Gefühle gemacht, aber sie hat mit ihrem edlen und reinen Getue alles versaut, glaube ich.

So unglücklich wie Michael und die Majorin möchte ich nicht sein. Aber hier liegen und Kinderlähmung haben will ich auch nicht. Keiner von denen, die an mein Fenster kommen, können verstehen, wie das ist, dazuliegen und nicht einmal allein aus dem Bett heraussteigen zu können. «Der Herr ist mein Hirte, mir wird nichts mangeln. Und ob ich schon wandere im finstern Tal, fürchte ich kein Unglück. Denn du bist bei mir.» Das steht im Psalm 23, ich habe es im Religionsunterricht auswendig lernen müssen, es gefällt mir, was da steht, aber manchmal kann ich es nicht so richtig glauben. Bei Matthäus heißt es: «Jesus Christus spricht, siehe, ich bin bei auch alle Tage, bis ans Ende der Welt.» Das ist auch verdammt nötig. Aber wo war Jesus Christus, als die Kinderlähmung umging? Hätte er sie nicht Leuten geben können, die nie seine Psalmen auswendig gelernt haben? Die gar nicht an ihn glauben? Leute wie Friedrich? Ich bete: «Lieber Jesus Christus, warum hast du auf mich die Kinderlähmung kommen lassen und nicht auf den Friedrich? Der sagt immer, Gott gebe es gar nicht und du seist nur ein armer Irrer gewesen, der im Tempel Unsinn geredet habe, deshalb hätten die Juden dich gekreuzigt. Lieber Jesus Christus, ich habe mit diesem Friedrich nichts zu tun, obwohl er jetzt sogar bei uns wohnt. Als ich ins Krankenhaus kam, ist er bei uns eingezogen, er wolle meine Mutter jetzt nicht allein lassen, sagt er, als hätte meine Mutter nicht Eia und Mia, nein, sie lässt den Friedrich einziehen, was für mich so schrecklich ist, dass ich zu den Großeltern will, wenn ich aus dem Krankenhaus herauskomme. Lieber Jesus Christus, ich glaube an dich und daran, was im Römerbrief steht, meinem liebsten Apostelbrief, der sagt, dass nichts uns von der Liebe Gottes scheiden kann, aber ich verstehe nicht, dass du mir die Kinderlähmung gegeben hast und Friedrich läuft heil herum, und das in unserer Wohnung. Außerdem ist er immer noch Nazi, und ich glaube, er bleibt es auch. Amen.»

Im Hochschwarzwald kann ich schon wieder gehen, wenn auch mit zwei Krücken. Sie lassen eine Schiene anfertigen für mein linkes Bein, sagen sie, dann brauche ich die Krücken nicht mehr. Ich werde jeden Tag massiert, morgens vor dem Frühstück und am Abend noch einmal. Ansteckend bin ich nicht mehr, aber ich habe trotzdem ein Einzelzimmer. Ich bin so froh, dass ich aufrecht stehen kann, wenn auch an Krücken. Die Schwestern sind sehr nett hier, sie reden gar nicht vom Tod wie die dicke Schwester in unserem Krankenhaus. Die Schwester, die mich massiert, hat ganz üppige Haare, aber sie sind schon völlig grau, sodass ich zuerst dachte, jetzt käme eine uralte Schwester. Aber Tessa, so heißt die Masseurin, hat ein junges Gesicht, schmal und braun, mit sehr weißen Zähnen. Tessa sagt, dass sie mich gesund massieren wird, ich solle mir keine Sorgen machen. «Wer so eine Krankheit übersteht, ist ein zäher Krischpel», sagt Tessa, und sie zupft die schlaffe Haut an meinem lahmen Bein, als sei meine Haut ein Tuch oder ein Laken, und dann massiert sie bis zum Knie und zurück und die Schenkel hinauf und zurück. Das Zupfen tut weh, das Massieren ist schön, aber Tessa soll ruhig zupfen, ich weiß, dass sie das richtig macht, und ich halte es aus.

Schwieriger ist, dass sie mir dort etwas zu essen geben, was Morobrei oder so ähnlich heißt und aus Mehl, Zucker und so viel Butter besteht, dass immer eine dünne goldbraune Schicht den Brei bedeckt, von dem ich bald nicht mehr als einen bis zwei Löffel essen kann. Das dulden die Schwestern aber nicht und ich kriege zur nächsten Mahlzeit wieder den Brei. Ich möchte ihn die Treppe hinunterkugeln wie den Pfannekuchen aus der Geschichte, die ich früher so gerne hörte, besonders wenn Tante Änna las, dass der Pfannkuchen «kantapper, kantapper» die Treppe hinuntergelaufen war. Wenn ich nur den widerlich süßen, fetten Brei auch auf so lustige Weise loswerden könnte, aber die Schwestern müssen mich zu meinem Glück zwingen. Noch schlimmer als der Brei ist Schwester Mathilde, die mittags die Aufsicht hat, wenn zwei Stunden Bettruhe ist. Während dieser zwei Stunden darf keiner aufs Klo, doch mir ist es schon passiert, dass ich so nötig musste, dass ich Albträume kriegte von Ins-Bett-Machen und wie ich in einer Schlange vor dem Fischgeschäft meine Hosen verliere und so, aber Mathilde setzte sich an die Tür und strickte, obwohl ich bat und bettelte. Vermutlich war sie zu faul, mir die Erlaubnis zu geben, denn man muss mir auf dem Klo helfen, wegen der Krücken.

Sonst ist der Hochschwarzwald schön, glaube ich, sogar sehr schön. Er hat Ähnlichkeit mit dem Oberbergischen, ist nur schwarz, wo das Oberbergische blau ist, wegen der blauen Tannen und des blauen Regens. Den gibt es im Schwarzwald nicht, dafür haben sie Häuser, deren Dächer fast bis auf den Boden heruntergezogen sind, und einmal besuchten wir die Mutter des Chefarztes, sie ist eine Künstlerin, lebt in einem dieser heimeligen alten Schwarzwaldhäuser, innen sind die Wände schneeweiß verputzt, und die Mutter des Chefarztes hat farbige Glasstücke unter den Verputz gelegt, überall tauchen große Wandflächen auf mit diesen sehr roten, blauen, grünen und lila Steinen, es ist wie eine Musik an der Wand, eine blühende, singende Wand, ein Konzert von Farben, so etwas haben wir im Oberbergischen nicht, gewiss nicht, ich konnte mich nicht satt sehen an den Wänden. Die anderen wollten weiter, in ein Wirtshaus, ich mochte mich nicht trennen, die Mutter des Chefarztes bot mir an zu bleiben. Sie war schon ziemlich alt, glaube ich, aber sie gefiel mir, sie gefiel mir sehr, und sie spürte das. Sie fragte, warum ich ihre Wände so bewundere, und ich erzählte ihr von Hedy, die mich früher manchmal fragte, ob ich ihren Schatz sehen wollte. Dann zeigte sie mir im Garten einen Platz, einfach staubbedeckte Erde, und dann wischte sie behutsam, aber kräftig den Staub weg, und vor mir lagen bunte Glassteine, zu einem fast so schönen Muster zusammengesetzt, als sähe man durch ein Kaleidoskop. Und ich sagte der Mutter des Chefarztes, dass Hedy fortgezogen sei nach Köln, dass ich auch noch einen Stiefvater kriege und dass ich bei ihr in diesem Haus mit den bunten Wänden bleiben würde, wenn sie Lust hätte, mich zu adoptieren.

Die Mutter des Chefarztes lachte, sie glaubte mir nicht, dass es mir verdammt ernst war mit der Adoption, denn seit ich im Schwarzwald und Friedrich bei uns daheim war, überlegte ich wie verrückt, wer mich adoptieren könnte. Ines Simon kam nicht infrage, sie wollte mit Sicherheit nicht die Stieftochter eines Nazis in ihrem Haus haben. Auch mit Großmutter Marie hatte ich schon gesprochen, das heißt zuerst mit Großvater. Er sagte, ich müsse mit Marie sprechen, ihm sei es recht, wenn ich bei ihnen leben wollte, aber er könne darüber nicht bestimmen, er sei ja nicht mehr gesund und so. Großmutter sagte dann entschieden, ich sei das Kind meiner Mutter, ich gehöre zu ihr und zu Mia und Eia, und dann sagte sie noch einen ihrer Lieblingssprüche auf: «Genieße, was dir Gott beschieden, entbehre gern, was du nicht hast, ein jeder Stand hat seinen Frieden, ein jeder Stand hat seine Last.»

Alles das konnte die Mutter des Chefarztes nicht wissen, aber sie sah mich ruhig und nachdenklich an, ich mochte Leute, die einem wirklich in die Augen schauten, die nachdachten, ehe sie einem Kind etwas verboten oder erlaubten, und nicht Kalendersprüche abspulten, wie Großmutter Marie es oft tat, obwohl sie mich lieb hatte.

Bei dieser Hochschwarzwaldfrau mit den bunten Wänden wäre ich wirklich gern geblieben, ich spürte, dass sie klug war und auf irgendeine Weise traurig, ich hatte das Gefühl, als würde ich die Frau und ihr Haus schon lange kennen, aber jetzt kamen die anderen aus der Wirtschaft zurück, ich musste ins Auto einsteigen, die Frau versprach mir, zu schreiben, und ich bekäme ein Geschenk von ihr. Das könne sie mir jetzt nicht geben, vor den anderen, das wäre ungerecht. Das begriff ich sofort.

Im Auto sagte der Chefarzt, er würde das kleine Haus, das bald zweihundert Jahre alt und ziemlich baufällig sei, abreißen lassen und ein schönes, großes Kinderheim bauen. «Aber Ihre Mutter – und die schönen Wände!» Es war mir so herausgerutscht. Der Chefarzt drehte sich zu mir um, er sagte, selbstverständlich werde er seinen Plan erst verwirklichen, wenn seine Mutter nicht mehr sei, solange seine Mutter in dem Haus lebe, rühre er nichts an. Ich sah den Chefarzt zum ersten Mal richtig an, seinen dunkellockigen Kopf, die große schmale Nase, er hatte wenig Ähnlichkeit mit seiner Mutter, vielleicht war das dunkle Haar von ihr, ich konnte nicht begreifen, dass dieser Mann, der sehr freundlich und behutsam mit mir umging, der mir Massage und Gymnastik zukommen ließ und mir Mut machte, dass er das Haus seiner Mutter nicht liebte, dass er es nicht behalten wollte zum Andenken an sie, die jahrelang am Verputz der Wände gearbeitet hatte.

Bald nachdem ich wieder daheim war, kam tatsächlich ein Paket aus dem Hochschwarzwald. Obwohl es an mich gerichtet war, öffnete es Friedrich. Sämtliche Post ging durch seine Hände, ich spürte jeden Tag mehr, dass er alles bestimmte, was bei uns geschah. Das Paket war am Mittag gekommen, ich war bei den Großeltern zum Essen, als sie mich gegen Abend heimbrachten, hing mein Geschenk, eine Lampe, die wie eine Weintraube aus buntem Glas aussah, schon in dem Schlafzimmer, das sich Mutter und Friedrich eingerichtet hatten. Die beiden waren nämlich inzwischen verheiratet. Als ich im Schwarzwald war, sind sie zum Standesamt geschlichen, sagte Mia, «Hinten durch die Gasse in die Unterstadt, damit niemand es erfährt» – aber Amanda Roßbach, die Klatschtante der Oberstadt, hatte es doch mitgekriegt, und als Mutter und Friedrich zurückkamen, war von Amanda die ganze Oberstadt zusammengetrommelt worden. Bockemühlen Emma und Tochter Hildchen, die

Immickers, Uhlmanns, Tante Korb, Beckers Friedchen, Amanda und Otto der Seltsame – sogar Martha Uhlmann stand dabei und der Höhö. Sie hatten ihre Gärten geräubert und überreichten nun einen riesigen Blumenstrauß. Metzger Ochel, sagt Mia, habe sich die riesige Pranke an der Schürze abgewischt und einen Ring Fleischwurst beigesteuert, weil er wusste, dass meine Mutter die gerne aß.

Ich entdeckte die Lampe erst, als Mutter mich bat, ihr zum Beziehen der Betten ein fehlendes Kopfkissen aus der Kommode zu bringen. Da sah ich an der Decke die leuchtend bunte Lampe, sie erinnerte mich sofort an den Hochschwarzwald, an die zierliche, dunkelhaarige Frau, die sich wirklich für mich interessiert hatte. Dann hörte ich es auch schon: «Eigentlich war das Paket für dich», sagte meine Mutter sachlich, «aber Friedrich meinte, für ein Kinderzimmer sei die Lampe zu empfindlich, zu kostbar. Und da hat er sicher Recht.»

Ich begriff es nicht. Eine Frau schenkt mir eine Lampe, mir ganz allein, und der Mann meiner Mutter hängt sie im Schlafzimmer auf, in seinem und Mutters verdammten Schlafzimmer.

In mir saß der gleiche Abscheu wie an dem Abend, als Friedrich die Schmicke über mich sausen ließ, ich sah meine Mutter, die geschickt ihre Bettbezüge über die Plumeaus streifte, sie sah mich freundlich an, seit meiner Krankheit ist sie weicher gegen mich gestimmt, glaube ich. «Es ist dir doch recht mit der Lampe», sagt sie und zieht den Kissenbezug auf, den ich ihr gebracht habe. Ich schleiche mich in mein Zimmer, lautlos schreie ich meine Mutter an, dass es mir gar nicht recht ist mit der Lampe, überhaupt nicht. «Es ist meine Lampe, meine! Mir hat sie die traurige Frau aus dem Hochschwarzwald geschickt, mir, nicht dir und schon gar nicht Friedrich!»

Ich knie vor dem weißen Stuhl, der neben meinem Bett steht. Meinen Kopf wühle ich in das Kissen, es ist weiß mit blauen Blumen, genau wie meine Bettwäsche und wie das

Kleid, das ich einmal zu Weihnachten bekam und das mir längst zu kurz ist. Das Kissen ist kühl und duftet nach Wäschestärke, bei uns ist ja alles so sauber, so frisch, großer Gott, wir loben dich, Herr, wir preisen Hoffmanns Stärke, sie nehmen aber jetzt Uhu-Line, das ist modern, «Wir werden es immer schöner haben, die Wohnung, die Kleider, Friedrich bestellt sogar ein Auto für uns», sagt meine Mutter – aber sie sollen ja nicht glauben, dass ich sie lieb habe, niemanden habe ich lieb, nur Vater, Eia und Mia und die Großeltern, und meine Amelie. Auch wenn sie tot ist, habe ich sie lieb, und wie, aber meine Mutter möchte ich um Erlaubnis bitten, dass ich sie nicht lieb haben muss. Ich muss immer um Erlaubnis bitten, es ist eigentlich verboten, seine Mutter nicht lieb zu haben oder nur tief innen. Obenauf nicht, vor allem wegen Friedrich. «Du sollst Vater und Mutter ehren, auf dass es dir wohl ergehe und du lange lebest auf Erden.» So habe ich es gelernt. Meinen Vater ehre ich und ich liebe ihn so, dass es mir wehtut, und ich will auch meine Mutter lieben, aber es ist manchmal schwer, wegen der Angst, die man vor Müttern hat, so eine blöde Liebesangst.

Ich muss weg hier, nur raus, laufe durch die Gasse an Vorndammes Pferdestall vorbei, trete auf eine Harke, die der Karl wahrscheinlich da stehen ließ, ich fluche, rufe «verdammte Scheiße» und schaue mich um, ob es auch niemand gehört hat.

Fluchen darf ich nicht, auch meiner Schwester ist es strikt verboten und Eia auch. Meine Mutter hasst Schimpfwörter, Flüche und Witze. Einmal hat Eia bei Tisch einen Witz erzählt, der handelte von einem berühmten und reichen Mann, der zwei Frauen hatte, eine Ehefrau und eine Sekretärin. Mit der Sekretärin hat er seine Frau jahrelang betrogen. Als sie es gemerkt hat, erzählte sie aus Rache bei einem großen Empfang, bei dem ihr Mann einen Orden bekam, dass ihr Mann jede Nacht ins Bett mache. Alle Zuhörer waren erstarrt, besonders der Ehemann mit dem Orden. Da rief die Sekretärin, die im Publikum saß, ganz laut, bei ihr habe er aber nie ins Bett gemacht. Ich habe den Witz nicht verstanden, aber alle anderen haben gelacht. Da stand meine Mutter auf, rückte ihren Stuhl laut zurück und ging. Sie war Eia tagelang böse.

Die Harke vom Vorndamme Karl hat mich am Kopf getroffen, bestimmt krieg ich eine Beule, aber ich traue mich immer noch nicht in den Hof der Vorndammes reinzugehen, mir ein breites Messer zu erbitten oder ein Stück Eis vom Eiskasten, damit ich den Kopf kühlen kann. Obwohl der Vorndamme Karl wieder freundlich ist zu mir, er winkt mir sogar mit der Peitsche. Das ist aber nur wegen der Kinderlähmung, die ich überlebt habe, was nicht immer so ist. Alle Leute in der Oberstadt wollen wissen, wie es mir geht, und sie freuen sich, dass ich dem Tod von der Schippe gesprungen bin. Das sagt Beckers Friedchen, und das denken alle, ich weiß es. In den ersten Tagen hat auch meine Mutter gedacht, dass ich sterben müsste, auch Mia und Eia, auch die Großeltern, Großmama Auguste ist von Engelskirchen gekommen, sogar der schöne Edmund stand an der Scheibe, da war ich noch in der Fieberglut, träumte vom Schnee und von meinem jungen Vater, der auf dem Schlitten saß, mich auf den Knien reiten ließ, aber da kamen alle Kinder aus meiner Klasse, sie hatten Blumen und sprachen ihr Beileid aus, alles wird traurig, ich auch, mir ist heiß in dem Schnee, und trotzdem sehe ich an der Scheibe den schönen Edmund, den Großvater, mein Vater sieht ihm ähnlich, auch er ist schön und ich bin es auch, denn ich habe meinen neuen Mantel an, zwar aus dem Stoff eines Soldatenrocks, aber mit einem Fehkragen, richtigem Fehenpelz vom Mantel meiner Großmutter, aber es kann nicht mein Geburtstag sein, ich habe im Sommer Geburtstag, warum macht meine Mutter ein Geburtstagsfest für mich, warum kommt meine ganze Klasse, warum hängen überall Lampions?

Wenn ich aus solchen Fieberträumen wach wurde, war manchmal mein Gesicht ganz nass. Komisch, dass man im Traum weinen kann.

11. KAPITEL
◆

Villa Simon und Schnittchen satt

Ich darf immer noch nicht in die Schule, weil ich zu schwach bin, und daheim ist Friedrich, der jetzt mein Stiefvater ist, ob mir das passt oder nicht. Heute hat er schon mit mir geschimpft, dass ich unser Frühstücksgeschirr nicht abgespült habe, während er bei Bockemühlen Emma war, wo er jeden Morgen nach dem Frühstück hingeht, damit er an sein erstes Glas Bier kommt. Seit Friedrich bei uns wohnt, ist mir das Zuhause wie vergiftet.

Daher gehe ich jetzt zu meiner Höhle am Park der Villa Simon. Dort war ich seit Monaten nicht mehr, und ich spürte Sehnsucht nach den Hunden, die nicht mehr bellten, wenn sie mich sahen, sondern neugierig an meiner Hand herumschnüffelten. Ich hatte ihnen das dicke Stück Blutwurst mitgenommen, das Metzger Ochel mir vorhin beim Einkaufen geschenkt hatte. Er durfte mir jetzt geben, was er wollte, seine Frau hatte nichts mehr dagegen. Man muss nur fast sterben, dann haben die Leute was für einen übrig.

Mein Versteck war so zugewachsen, dass ich im ersten Moment den Durchschlupf nicht fand. Sofort kamen die Hunde, alle drei, es war so, als freuten sie sich, jedenfalls wedelten sie mit dem Schwanz und sprangen am Zaun herum. Ich gab jedem sein Stück Blutwurst und hockte mich in meine Laubecke, schaute zur Villa und dachte, dass ich so viele Hoffnungen auf Ines Simon gesetzt hatte, richtig hungrig war ich nach einem Leben in der schönen alten Villa gewesen – und nun war ich immer noch in der Hauptstraße 21 daheim, und Friedrich war mein Stiefvater geworden. Ich irrte zu Hause herum wie im Spiegelkabinett auf dem Schützenfest. Ich sah mich, völlig hässlich und verzerrt. Und ich fand aus meinem Labyrinth nicht mehr heraus.

Ich hatte gar nicht bemerkt, dass Immickers Karla auf mein Versteck zukam. Sie war rasch gelaufen, ihr Busen hob und senkte sich unter dem Strickpullover, der enge Rock ließ Karlas kräftige Beine sehen. «Agnes, du sollst zu Frau Simon kommen, zeig mal, du bist ja voller Laub, so kannst du nicht reinkommen!» Immickers Karla begann, an mir herumzuklopfen, sonst kann ich das nicht ausstehen, besonders wenn Mia es tut, aber heute, heute durfte ich in die Villa, vielleicht würde ich ja doch adoptiert. Ich wollte losstürzen, aber Karla lachte, nahm mich bei der Hand: «Warte nur, warte, Agnes, ich komme ja gar nicht mit ...»

Karla war die Zwillingsschwester vom Immicker Karl. Er war Küster in der evangelischen Kirche, und es hieß, an ihm wäre ein Pastor verloren gegangen. Das glaubte Karl auch. «Hätten sie mich studieren lassen, ich wär ein Pastor geworden, aber einer, der sich gewaschen hat», das sagte er oft und grimmig. Vielleicht war ihm der höfliche, leise Pastor Luhmann zu lau. Karla dagegen, seine Schwester, hatte ganz allein für sich beschlossen, dass sie nach Gummersbach auf die Hauswirtschaftsschule gehen wollte. Die Eltern hatten kein Geld für die Schule und die teuren Fahrten nach Gummersbach und stimmten nicht zu. Karla arbeitete dann ein Jahr lang bei Ringsdorfs im Haushalt als Putzhilfe, sparte eisern jeden Pfennig, und dann schaffte sie das mit der Haushaltsschule. Nun war sie staatlich geprüfte Wirtschafterin und führte den Haushalt in der Villa von Simons. Seit kurzem konnte sie sogar den Mercedes fahren – Karla hatte in Gummersbach den Führerschein gemacht.

Ich war richtig stolz, an Karlas Hand in die Villa Simon zu gehen, denn Immickers waren unsere engsten Nachbarn, ihr

Haus lag direkt neben dem der Roßbachs, und ich dachte, dass ein wenig von Karlas Glanz auch auf mich fiel, schließlich nahm Immickers Karla nicht jeden bei der Hand.

Wir kamen in eine große Halle, in der ich zunächst nur den tiefroten Teppichboden aus Samt, die weißen Marmortreppen und das Geländer aus Messing wahrnahm. «Guck mal», sagte Karla, als wäre es ihr eigener, «ist der nicht schön?» Sie zeigte auf einen großen Leuchter, der über mir hing, ein Kristallleuchter war das mit dicken geschliffenen Perlen, mindestens tausend, meine Herren, was musste der gekostet haben! Mir schoss durch den Kopf, dass ich diese großartige Halle immer nur vom Laubversteck aus beobachtet und mir klargemacht hatte, dass ich sie nie von nahem sehen würde. Und nun war ich hier. All das Rot und Gold und Weiß, sogar das Weiß war ein bisschen golden, glaube ich. Das war wohl Luxus oder so – ich wusste aus dem Katechismus, dass der Mensch sein Herz nicht daran hängen sollte, aber ich hatte trotzdem das Gefühl, als ginge ich zu einem Fest. Ich sah an meinem ausgeblichenen blauen Hängerkleid runter, das ich sowieso nicht leiden konnte, und da hing doch tatsächlich der halbe Saum weg. Wahrscheinlich hatte ich ihn mir in der Laubhütte aufgerissen – gut, dass meine Mutter es nicht sah, aber Ines Simon –

Da kam sie die Treppe herunter und sie sah noch schöner aus als Hildegard Knef in der Zeitschrift *Film und Frau*, nur war Hildegard Knef blond und Ines Simon sehr schwarzhaarig. Blauschwarzhaarig. Meine Großmutter Marie sagte, Hildegard Knef habe ja wohl alle Scham vergessen, nackt in einem Film aufzutreten, vor all den Männern, die da am Drehort um sie herumstünden und den Millionen, die sie dann im Film sähen. Mein Bruder Eia, der sehr für Hildegard Knef schwärmte, belehrte Großmutter Marie, dass die Schauspielerin ein Malermodell spiele, deshalb müsse sie sich mal ausziehen, aber sie täte es ja nur eine Sekunde lang.

Von all diesem Attenberger Gedöns hatte Ines Simon bestimmt keine Ahnung. Sie erinnerte mich, als sie näher kam, auch nicht mehr an Hildegard Knef, nicht mehr an Bilder aus *Film und Frau*. Es war nicht nur ihre Haut, die ein leises Goldbraun hatte, nicht nur das ungewöhnlich üppige blauschwarze Haar, das sie anders aussehen ließ als alle Frauen, die ich kannte. Ich war mir nicht darüber klar, was sie von uns allen unterschied und wie heftig mich das traf. Ich hatte nicht einmal geahnt, was ich doch hätte wissen müssen – zwischen Attenberg und Ines Simon lag ein tiefer Graben, eine Schlucht, über die nur eine wacklige Brücke führte, vielleicht so wie die auf unserem Schutzengelbild, und dieser Abgrund lag auch zwischen mir und ihr. Was denn sonst.

Nur – warum durfte ich zu ihr hereinkommen? Warum ließ sie mich nicht in meiner Blätterlaube hocken wie die Jahre vorher? Ich wünschte mich dorthin zurück, sah mich nach Karla um, die offenbar in die Küche gegangen war, jedenfalls stand ich allein im roten Samt und wusste nicht, wohin mit mir. Ines Simon schien das zu spüren. Sie deutete auf einen der großen tiefen Samtsessel, die auch rot waren, mit schwarzen Rosen bedruckt. Ich ließ mich auf der vordersten Kante nieder, starrte in äußerster Verlegenheit auf meine braunen Halbschuhe, die vorne völlig abgewetzt und von Mia geerbt waren. Verstohlen lugte ich zu Ines Simons Füßen, die in schwarzen Wildlederpumps steckten, natürlich hatte Frau Simon Nylons mit Naht, von denen meine Mutter nur ein einziges Paar besaß, dessen Laufmaschen sie immer wieder stopfen ließ. Bei Ines Simon waren die Nylons nagelneu, das konnte ich deutlich erkennen, sie trug einen engen schwarzen Rock und eine weiße Bluse, die bestimmt aus Seide war, denn sie schimmerte leicht und sah anders aus als die Blusen, die ich kannte.

Was sollte ich nur sagen? Das mit der Adoption war ja nur noch zum Lachen, manchmal hoffte oder träumte ich insgeheim noch, dass ein gütiges, reiches Paar in einem großen Auto in Attenberg vorbeikäme, sie hätten sich verfahren, ich würde in ihr Auto einsteigen, ihnen den Weg zurück auf die Kölner Straße zeigen, sie würden mich so freundlich interessiert ansehen wie Bella Lauffenberg, und ich könnte dann leicht in Tränen ausbrechen und unter Schluchzen berichten, dass bei mir zu Hause Unzufriedenheit, Zorn, Tränen und Klagen auf mich warteten wegen meines Stiefvaters, der aus meiner Familie die Nazi-Partei machen wollte, die er verloren hatte, wenigstens eine kleine Partei wollte er daheim haben, in der er der Führer war, und wir mussten ihm folgen. In dem schönen alten Ohrensessel, den Mutter von ihren Eltern zur Hochzeit bekommen hatte, saß nur noch Friedrich. Wenn ich mich einmal hineinkuschelte, weil ich den Sessel sehr liebte, musste ich sofort aufstehen, wenn Friedrich das Zimmer betrat. Auch das Radioprogramm bestimmte er. Die Musikauswahl sowieso, er hörte nur Puccini oder Verdi oder so, aber auch das Wortprogramm wählte er aus. Kam ein kritischer Beitrag über den verlorenen Krieg und die Nationalsozialisten, drehte Friedrich sofort ab. Sogar unser Essen teilte er aus. Das meiste, besonders wenn es Fleisch gab, ging an ihn. Er verwahrte in Dosen und Tüten, die er in Schränken versteckte, was wir nicht haben durften. Einmal kam ich vom Spielen. Da lag er mit meiner Mutter auf der Couch, sie hatten Kekse und Pralinen in einer bunten Dose, die ich noch nie gesehen hatte. Meine Mutter gab mir sofort davon, Friedrich sprang auf, ging mit seiner Dose aus dem Zimmer und schrie mich an, dass ich nächstens anklopfen solle, wenn ich hereinkomme. Als er draußen war, gab mir meine Mutter noch den Keks, den sie in der Hand hatte, und sagte, dass ich keineswegs anklopfen müsse. Jetzt solle ich aber wieder zum Spielen gehen. Draußen warf ich den Keks weg, obwohl ich ihn gerne gegessen hätte, aber von dem Nazi-Friedrich wollte ich keinen Keks, und ich mochte auch keinen Tag länger unter seiner Fuchtel leben.

Das reiche, gütige Ehepaar fände es bestimmt entsetzlich,

dass ich mit einem alten Nazi leben musste, sie hatten Hitler gehasst und gegen ihn gekämpft, heimlich, und sie würden mich verstehen und gar nicht mehr in den Nazi-Haushalt zurückgehen lassen. Das wunderbare Ehepaar hatte den einzigen Fehler, dass es nur in meinen Träumen vorkam.

Ines Simon konnte für mich auch nicht die gütige Fee sein, das spürte ich. Auch wenn sie reich war und ein großes Haus hatte, in dem ich sie sicher nicht stören würde. Sie müsste sich gar nicht um mich kümmern. Immickers Karla gäbe mir sicher zu essen, meine Schulaufgaben machte ich sowieso völlig allein, Baden und Haarewaschen auch – aber was nützten diese Überlegungen, ich wusste, in diesem Haus hatte ich nichts zu suchen, es gehörte zu einer Welt, von der ich ahnte, dass es sie gab, die Welt reicher Leute, die ich in den Zeitungen sah, war auch Ines Simons Welt, ich gehörte nicht hinein und Immickers Karla auch nicht. Das sah ich, als sie mit einem silbernen Tablett kam, auf dem Kristallgläser standen und eine Kanne, in der dunkelroter Saft durchschimmerte. Diese kostbaren Dinge, der Samt, über den Karla lief, passten zu ihr ebenso wenig wie zu mir.

«Bitte, gießen Sie Agnes reichlich ein und lassen Sie die Karaffe stehen, Agnes wird durstig sein – vielleicht machen Sie ihr einige belegte Brote – möchtest du das, Agnes?»

Und wie ich durstig war, Hunger hatte ich auch, der Gedanke, dass Frau Simon zu Karla Sie sagte, dass also auch Karla hier eine Fremde war, so wie ich, der gab mir seltsamerweise Sicherheit. Karla und ich gehörten nicht hierher, aber Frau Simon hatte uns ins Haus geholt, also musste ich mir keine Sorgen machen. Deshalb sagte ich ehrlich: «Ja, Frau Simon, ich hätte sehr gerne ein Brot, Karla kann drauftun, was Sie gerade haben», und Frau Simon lachte und sagte, das mache ja die Sache einfach, und dann setzte sie sich mir gegenüber und sah mich offen an.

«Du warst sehr lange krank. Eine gefährliche Krankheit.

Aber du hast sie überlebt. Karla sagte, dass du tapfer warst und jeden Tag mit der Diakonisse geturnt hast.»

Ich trank von dem Saft. Der war von Himbeeren gemacht und kam frisch aus dem Eiskasten, er war so gut wie bei Bockemühlen Emma oder eigentlich noch besser, denn ich schmeckte die Himbeeren, als würde ich sie kauen.

Also wegen meiner Krankheit durfte ich kommen. Auch gut. Die hatte mir ansonsten nur große Nachteile hinterlassen. Den Übertritt in die Oberschule hatte ich verpasst, und im letzten Jahr, als ich zur Prüfung angemeldet war, bekam ich eine Blinddarmentzündung, musste operiert werden. Ich erinnere mich deutlich an den schrecklichen Durst danach, sie gaben mir nichts zu trinken, wirklich nichts, ich drohte, die Blumenvasen auszutrinken, aber sie sagten, dann würde ich sterben, und das wollte ich denn doch nicht.

Weil ich mich danach überhaupt nicht erholte, untersuchte mich der Doktor gründlich, und schließlich sagte er, dass die Mandeln auch herausmüssten. Die seien total vereitert.

«Mit dem Kind hat man auch nur Scherereien», sagte meine Mutter ungeduldig. Es stimmte ja, ständig musste sie mich in ein Krankenhaus bringen, Nachthemden bei meinen Cousinen und von Mia ausleihen, mich besuchen, obwohl sie bei Ringsdorf einen Haufen Arbeit hatte.

«Guten Appetit, Agnes», sagte Ines Simon, und ich schrak ein bisschen zusammen, so weit war ich in meinen Gedanken weg gewesen, darüber hatte ich gar nicht mitbekommen, dass Immickers Karla mir eine Platte mit Schnittchen hingestellt hatte. Weißbrot, auf dem Eier und Gurke, Scheiben von Zunge und Hackepeter lagen. Ich war verwirrt, spürte meinen Hunger, wusste aber nicht, welches der Brote ich mir nehmen sollte.

«Sie sind alle für dich, Frau Immicker und ich haben schon gegessen!» Ines Simon lächelte, sie hatte ebenmäßige weiße Zähne und sie war wirklich sehr schön. Großvater hatte Recht. Schöne weiße Zähne hatte ich auch, immerhin, ich putzte sie sorgfältig, wenn keine Zahnpasta da war, nahm ich Salz. Ich biss kräftig in eine Scheibe Brot mit Zungenwurst, Karla hatte das Brot mit Senf gewürzt, Senf und Butter und Zungenwurst und Brot – ich wusste gar nicht, wie herrlich das schmeckt, ich spürte meinen Hunger, einen richtigen Wolfshunger wie mein Bruder Eia hatte ich, je mehr ich aß, oder richtiger: schlang, desto hungriger wurde ich. Von innen heraus zitterte alles in mir vor Gier nach den prächtigen Happen, ich schämte mich vor Ines Simon, aber es war mir auch egal, sie würde mich ohnehin nicht adoptieren, da konnte ich mich auch danebenbenehmen, wie meine Mutter es genannt hätte.

«Müsst ihr immer noch hungern?», fragte Ines Simon, und ihre Stimme war kalt, sachlich fragend, vielleicht sogar schadenfroh? Ich kaute aus und erklärte ihr, dass wir jetzt genug Brot hatten und Kartoffeln, aber Butter, echte gute Butter gebe es nur selten, und Zungenwurst könnten wir uns auch nicht leisten. Brote wie diese hätte ich in meinem ganzen Leben noch nicht gegessen.

Ines Simon sagte nichts dazu, sie hatte den Kopf in die Hände gestützt, ihr langes Haar fiel nach vorn und verdeckte fast ihr Gesicht. Ich griff nach dem letzten Brot mit Hackepeter, stopfte die würzige Seligkeit in mich hinein und konnte nicht gleich antworten, als Ines Simon fragte, ob ich nicht bei Mrs. Hartmann Englischunterricht nehmen wolle. «Ich habe mit ihr gesprochen, sie kommt manchmal zu mir zum Tee, du weißt ja, dass sie wegen ihrer Krankheit nicht an einer Schule unterrichten darf, aber sie ist ausgebildete Pädagogin, sie würde dich außer in Englisch auch in Geschichte unterrichten.»

Ohne zu überlegen, platzte ich heraus: «Das erlaubt mein Stiefvater nie!»

Ines Simon setzte sich auf, sah mich ungläubig an. «Und deine Mutter? Sie ist doch für deine Schulbildung zuständig. Karla sagt, dass du viele Einser schreibst. Sie weiß es von Rolf.»

Und der wusste es von Eia. Eia war stolz auf mich, auch wenn er mir das nie zeigte. Früher, vor der Krankheit, war ich mit Eia und Mia im Turnverein. Jeder natürlich in einer anderen Gruppe. Aber bei den Vereinsmeisterschaften waren alle auf dem Platz. Eia machte viele erste Preise. Im Hundertmeterlauf, im Weitsprung, im Stabhochsprung. Mia hasste Bewegung in jeder Form, aber sie musste mitmachen, damit sie von der Straße wegkam. Ich war auch nicht schlecht im Weitsprung oder im Ballwurf, am besten aber war ich im Staffellauf. Wenn ich den Stab übernahm und die Läuferin der gegnerischen Mannschaft überholte, schrien alle Jungs aus Eias Klasse: «Schwatte, Schwatte, Schwatte!!» Das schrien sie deshalb, weil ich sehr dunkle, fast schwarze Haare habe, und das Schreien feuerte mich an, ich nahm alle Kraft zusammen und rannte noch schneller, bis ich mich ins Ziel hineinwerfen konnte. Ein paar verstaubte Lorbeerkränze habe ich noch.

Jetzt verbieten sie mir alles. Ich muss mein Herz schonen, sagen sie. Aber daheim die Zimmer putzen und die Fenster und die Treppe, das darf ich. Und Betten abziehen, was ich ebenso wenig mag wie Geschirrspülen, weil Friedrich immer was auszusetzen hat. Neulich hatte ich nach seiner Meinung das Spültuch nicht richtig ausgewrungen. Er sagte mir, ich solle die Augen zu- und den Mund aufmachen, er wolle mir mal zeigen, wie man ein Spültuch richtig auswringt.

«Ich hasse meinen Stiefvater», sagte ich. Es war mir aus meinen Gedanken herausgerutscht, und Ines Simon sah mich aufmerksam an.

«Ich hasse ihn auch.» Ines Simon sagte es leise, kalt. «Er gehört zu den Leuten, die nicht umdenken wollen. Die Hitlers Lügen weitertragen, immer wieder junge Leute damit vergiften. So lange, bis die Gequälten und Ermordeten tot sind und nicht mehr das Gegenteil bezeugen können.»

Sie sagte es wieder leise, sachlich, wie wenn man etwas feststellt, aber ihre Stimme war voller Hass. Sie fragte mich, wen

Friedrich denn so treffe, mit welchen Attenbergern er denn verkehre. Ich wusste jetzt, dass Ines Simon mich aushorchen wollte, dass sie mich deshalb hereingebeten hatte, es machte mir nichts aus. Sie hatte das Recht dazu. Ich dachte daran, dass mir meine Mutter ständig einschärfte, nie, niemals und nirgends etwas zu erzählen, was in unserer Familie vor sich ging.

Dieses Verbot wollte ich heute übertreten, ich wollte Ines Simon erzählen, dass mein Nazi-Stiefvater immer noch in der Nacht das Deutschlandlied sang, dass die Uhlmanns, Beckers Friedchen und manchmal auch der Doktor ihn spätabends besuchten und dass sie bis tief in die Nacht im Haus blieben. Ich erzählte, dass ich manchmal hinunterschlich und lauschte.

Ines Simon hörte mir konzentriert zu. Oder war sie völlig abwesend? Ich konnte ihren Gesichtsausdruck, der mir leer erschien und fast wie tot, nicht deuten. War sie unzufrieden mit dem, was ich ihr berichtet hatte? Ich wollte ihr so gern gefallen, und genauso gern wollte ich mit ihr über meinen Stiefvater reden, der immer noch nicht damit aufhörte, Nazi zu sein. Und die anderen auch nicht. Sogar der Doktor gehörte dazu. Das hatte ich vorher nicht gewusst. Uhlmanns Lene, Paul und Beckers Friedchen waren früher ja zu meinen Großeltern gegangen, aber Großvater hatte ihnen widersprochen, er versuchte, ihnen die Wahrheit über Hitler und die anderen Nazis zu sagen. Zu ihm gingen sie nun nicht mehr. Großvater war oft krank, aber ich spürte, das war nicht der Grund für ihr Fernbleiben. Sie hatten in meinem Stiefvater einen gefunden, der sich ebenso wie sie nach den Nazizeiten zurücksehnte, oder noch viel mehr.

Unsicher sagte ich zu Ines Simon, dass ich rasch wieder ins Bett gegangen sei. «Mir war kalt, ich hatte Angst, dass sie mich entdecken.»

Ines Simon verzog ihren Mund. «Lass nur, Agnes. Ich weiß genug. Sie haben nichts dazugelernt, ganz und gar nichts», sagte sie leise, aber so voller Verachtung, dass ich ihren Hass spüren konnte. Sie war so weit weg von mir, dass ich möglichst leise aus meinem Samtsessel herausrutschte und lautlos nach draußen verschwand.

Die helle Augustsonne stand hoch am Himmel, ich musste für einen Moment die Augen zumachen, dann sah ich das satte Grün unter meinen Schuhen, die langen Schatten der Bäume. Es roch so gut nach warmem Gras und Sommer. Ich streckte mich, ich war satt geworden auf eine so köstliche Weise, dass ich es nie vergessen würde. Die Hunde kamen aus der Tiefe des Parks herbei, sie ließen sich streicheln, erschnupperten an meinen Händen den Hackepeter, sie durften meine Finger abschlecken, ich tobte mit ihnen durch den Park, sie umsprangen mich freudig, und ich fühlte mich seltsam frei, als hätte ich in der Villa eine Last abgeworfen. Meine Angst vor Friedrich verringerte sich, endlich hatte ich darüber reden können, was mich bedrückte, was mir widerlich war und was ich vergeblich loszuwerden versuchte. Wenn ich an meine Mutter dachte, kamen mir allerdings Bedenken. Daher dachte ich lieber nicht an sie.

Bis zum Tor des Parks liefen die Hunde mit mir, ich ging den schmalen Weg durch die Gärten hinunter auf die Leienbacher Gasse, die in staubigem Weiß erstrahlte. Auf dem feinen Sand zog ich die Schuhe aus, spürte die heiße Erde unter den Füßen.

12. KAPITEL
◆

Schwimmbadszenen
Nappo ist gut, Frigeo-Zungenküsse sind besser
Geschichtsstunde

Ich lief in die Unterstadt hinunter, ich wollte zu Hans-Werner, ihm beim Friseurdienst helfen, seine Mutter hatte nichts dagegen, sie konnte jeden brauchen, der ihr half, den Salon von den Haaren zu befreien. «Haare meiner Seele, Haare des Herrn», sagte meine Großmutter Marie, obwohl es ein Kirchenlied war, das sie verunstaltete, aber meine fromme Großmutter entschuldigte sich damit, dass Pfarrer Hauff von der Kanzel herunter sage: «Großer Gott, wir loben dich, Herr, wir preisen Hoffmanns Stärke.» Großmama wusste genau, dass Häuffchen damit Christen gemeint hatte, denen es in Wahrheit nur um Irdisches ging.

Der dicke Fabrikant von Hans-Werners Mutter schimpfte ständig auf die Kirche. Er sprach immer davon, dass er zwar Gott respektiere, aber nicht sein Bodenpersonal. Hans-Werner sagte, das habe der irgendwo aufgeschnappt, so witzig sei der nicht von Hause aus. Mich mochte der Dicke auch nicht. Er sah immer scheel auf mich, wenn er in den Salon kam. Das konnte aber auch daran liegen, dass er jeden hasste, der Hans-Werner mochte, und er sagte barsch zu Rosi, ob sie denn keine Augen im Kopfe habe. «Die poussieren doch nur rum, die beiden. Die haben es doch faustdick hinter den Ohren. Aber du bist ja blind, wenn es um deinen Herrn Sohn geht.»

Da hatte er Recht. Wenn wir irgendwo allein waren, machte Hans-Werner mir mein Gefühl, er hatte gut gelernt bei unseren Spielen im dichten Beul und konnte es besser als mein Koala. Vor mir war Hans-Werner noch nie mit einem Mädchen gegangen, er hatte zuerst richtig Angst, er zitterte, als ich ihm zeigte, wie er es machen muss. Aber jetzt kann er gar nicht genug davon kriegen. Ich schon. Ich habe längst nicht immer Lust auf mein Gefühl. Aber ich liebe es, wenn Hans-Werner darum bettelt. Er macht alles, was ich will, wenn er es dann wieder tun darf. Am schönsten ist es, wenn ich ihn zum Weinen bringe. Dann bin ich wieder voll der Gnade.

Wir hatten alle Haare aufgekehrt, die Papilloten sortiert, die Waschbecken geputzt – Rosi Halldorf gab uns Geld fürs Schwimmbad. Meinen Badeanzug und ein Handtuch verwahrte Hans-Werner für mich, dann konnte mein Stiefvater mich nicht völlig kontrollieren. Er fand Schwimmbadbesuche unnötig, solange daheim viel Hausarbeit zu tun war. Und die gab es ständig, meine Mutter arbeitete noch bei Ringsdorf. Friedrich predigte ihr dauernd, dass eine Frau ins Haus gehöre, er könne seine Frau ernähren, und die drei Kinder notfalls auch noch. Letzteres stieß er aus zusammengepressten Zähnen hervor, wir sollten hören, was für eine Last wir ihm waren, doch auf diesem Ohr war meine Mutter taub. Mit dem Geld, das sie verdiente, und dem, was unser Vater monatlich schickte, kamen wir gut aus, Friedrich solle sein Geld auf die Seite legen, sagte meine Mutter zu ihm, er könne ja auch einmal krank werden, das koste viel Geld, man habe das bei der Thrombose gesehen, er sei ja nicht versichert.

Diese Thrombose, die mein Stiefvater hatte, machte mir manchmal Kopfzerbrechen. Damals, vor zwei Jahren ungefähr, hatte ich auf Hedys Vorhaltungen hin versucht, spökenzukieken. Immer wieder am Abend, wenn ich im Bett lag und alles ruhig war, konzentrierte ich mich darauf, Friedrich bleich im Bett zu sehen, den Doktor mit ratloser Miene dabei, dann sollte Friedrich sich aufbäumen, Blut oder sonst was erbrechen und tot in die Kissen fallen. Tot, unbedingt tot. Manchmal finde ich mich selber grausam. Vielleicht ist es unrecht, was ich tue. Aber mein Stiefvater und ich, wir sind geschieden bis zum

Jüngsten Gericht. Ich konzentrierte mich auf sein Sterben, immer wieder. Einmal kam meine Mutter herein und sah nach, was mit mir los sei, und vor Schreck war meine Konzentration beim Teufel. Sie muss mir ja immer alles verderben, meine Mutter. Wäre sie nicht gekommen, hätte ich meinen Stiefvater vielleicht totgekriegt.

So aber wurde es nur eine Thrombose. Mutter wickelte seine Beine in Tücher mit essigsaurer Tonerde. Der Doktor gab ihm Tabletten, mahnte ihn, die aber mit Wasser zu schlucken. Mein Stiefvater protestierte. «Sie wissen doch, Doktor, dass ich Wasser nicht herunterbringe.»

Das stimmte. Friedrich trank nur Bohnenkaffee, Cognac, Wein oder Bier. Und so nahm er seine Tabletten mit Bier ein. Für einen Tag hoffte ich, dass vielleicht diese Mixtur ihn umbringen würde, aber es passierte ihm nichts. Er wurde ziemlich rasch wieder gesund.

Immer bin ich in Gedanken. Aber dieser Wagen hier rappelt so gleichmäßig, da komme ich leicht ins Sinnieren. Auf unserem Weg zum Schwimmbad nahm uns Gott sei Dank Bäcker Valbert mit. Er hatte neuerdings diesen dreirädrigen Kastenwagen zum Brotausliefern und wollte zufällig auch ins Schwimmbad, Brötchen liefern. An diesem heißen Tag war schon alles verkauft, und er brachte Nachschub. So hatten wir fast eine halbe Stunde Zeit gespart, und als wir rauskletterten aus dem Karren, war ich wieder so froh wie in Simons Park, nur anders. Aus dem Schwimmbad hörten wir Lärmen und Lachen, das Spritzen und Planschen der Springer, die unverwechselbare Klangwolke, die nur über Schwimmbädern aufsteigt. Im Reinlaufen trafen uns schon Spritzer der Duschen, es roch nach Chlor, und Wuppi saß auf dem Dreimeterbrett, winkte uns und sprang hinein. «So ein Angeber!», sagte Hans-Werner verächtlich, der selber sehr gut schwimmen konnte und den Fahrtenschwimmer gemacht hatte. Er hatte nichts gegen Leute, die im Sitzen vom Dreier sprangen, nur Wuppi konnte er nicht leiden, weil der ein silberlackiertes Fahrrad hatte und mich oft von der Schule abholte. Hans-Werner konnte das nicht tun, er besuchte die Handelsschule in Gummersbach.

Ich wusste, dass Hans-Werner Angst hatte, ich würde mit Wuppi gehen, denn Wuppi war Mode bei den Attenberger Mädchen. Er war drahtig, braun, hatte sehr helles kurzes Haar und konnte gucken, dass man Lust auf Gefühle bekam. Mir wurde auch ziemlich warm im Bauch, wenn Wuppi meinen hässlichen Schultornister – ich hatte immer noch keine anständige Tasche – auf sein Fahrrad klemmte, mich ansah und ganz langsam mit seinem Finger über meinen Nasenrücken fuhr. Das konnte ihm selbst in Attenberg keiner verbieten, wo man alle Jugendlichen am liebsten in den Foltertriller gesteckt hätte. Aber die Attenberger wussten auch nicht, was ein dreizehnjähriges Mädchen, fast war ich ja schon vierzehn, fühlen kann, wenn einem der begehrteste Junge der Stadt mit dem Finger über die Nase fährt.

Ich jedenfalls fühlte sehr viel, aber das sollte Hans-Werner nicht wissen. Als mich Rutha fragte, ob ich jetzt eigentlich mit Hans-Werner ginge oder mit Wuppi, da kriegte Hans-Werner das mit und fragte es mich am Abend auch. Mir fiel nicht gleich eine Antwort ein, ich sah Hans-Werner an, dessen Augen sich mit Tränen füllten. Seine Stirn zog sich zusammen wie bei dem jungen Dackel, den sich die Guts angeschafft hatten, nachdem ihr großer Schäferhund tot war. Ich dachte, dass Hans-Werner wie das Dackelchen von Guts aussähe, auch deshalb, weil er dunkelbraune Augen hatte, die er todtraurig auf mich richten konnte. Das machte aber auch ein warmes Gefühl in mir, nur anders als bei Wuppi, nicht so scharf. Wuppi war frech, es hieß, er mache es schon richtig, obwohl er auch erst fünfzehn war, und neulich, als ich ihn zufällig im Schulkeller traf, griff er mir an die Brust. Das tat so verdammt weh, dass mir fast die Luft wegblieb. Ohne zu überlegen, sagte ich: «Verdammt, ich lass dich von Eia verdreschen!» Am nächsten Tag passte er mich bei Sickerlings ab und gab mir eine Tafel Schokolade. «Tut mir Leid», sagte er, «ich wollte dir nicht wehtun», und ich sagte «Idiot» zu ihm, und er ließ mich das letzte Stück vorne auf seinem Fahrrad sitzen, auf dem Lenker. Ich musste meinen Kopf zurücklegen an seine Schulter, weil er ja sonst nichts sah, ich gab ihm einen ganz kleinen Kuss ans Ohr, und ich war für diesen Moment ziemlich selig und hoffte nur, dass keiner es sehen und Hans-Werner erzählen würde.

Wir fanden noch einen Platz für unser Handtuch bei Christa und Rutha. Helga Ringsdorf war auch da, sie schwamm gerade. Hans-Werner stellte missmutig fest, dass auch Wuppis Handtuch dort lag. Aber ich war schon auf dem Weg in die Umkleidekabine. Ich war ja fast eine Frau, genau wie Rutha und Christa – wir hatten schon unsere Tage, und niemals hätte ich mich vor all den anderen auf der Wiese umgezogen. Mein Badeanzug war leider aus roter Wolle, Mia hatte ihn mir zum Geburtstag gestrickt, der erst in drei Wochen war, aber bei dem schönen Wetter hatte Mia das Geschenk schon herausgerückt. Im Oberbergischen muss man die Sonnentage rigoros ausnutzen, es gibt so wenige davon, aber ein Badeanzug aus Wolle kann einem zu schaffen machen. Meiner kratzte gewaltig, und war er mal nass, konnte man hundert Jahre warten, bis er wieder trocknete. Helga Ringsdorf war die Einzige, die einen Badeanzug aus elastischem Wirkstoff besaß, er wurde in der Fabrik hergestellt, aber wir konnten uns den nicht leisten, so teuer war er. Es tröstete mich, dass die meisten Mädchen Strickbadeanzüge anhatten und mit mir litten.

Christa bot mir ein Nappo an, sie wusste, dass ich die liebte, obwohl die rautenförmigen, mit Schokolade überzogenen Dinger hart waren wie Stein, aber hatte man sie mal weich, schmeckten sie herrlich. Ich gab ihr dafür Salmiakpastillen, die wir uns in verschiedenen Mustern an Hände und Arme klebten. Ich liebte auch Frigeo-Brausewürfel. Wenn man einen in den Mund steckte und kaute, hatte man den Mund so üppig voll Brause, dass man fast nicht damit fertig wurde. Die Brause aus den Tütchen, die man in einem Glas Wasser auflösen konnte, schmeckte ziemlich fad. Wir schütteten sie lieber den Jungen in den Mund und ließen uns dann, hinter Handtüchern verborgen, Frigeo-Zungenküsse geben.

Hans-Werner wollte mit Wuppi um die Wette kraulen, ich sollte mitkommen, aber ich wollte nicht zusehen, wie Wuppi verlor. Hans-Werner hatte deshalb keine Lust mehr, ging dann aber doch mit Wuppi, weil Schwimmen das Beste war, was er konnte.

Christas Badeanzug war blau, ansonsten dem meinen aber sehr ähnlich, was daran lag, dass so ziemlich alle Frauen der Oberstadt bei meiner Mutter Stricken gelernt hatten. Vielleicht war das übertrieben, aber der Gedanke gefiel mir, ich hatte sonst nichts, womit ich angeben konnte. Außer mit Eia. Der schwamm nämlich im Rhein, wenn wir bei unserer Tante Im zu Besuch waren. Sie hatte eine Etage ihres zerstörten Hauses aufbauen lassen und besaß wieder einen kleinen Juwelierladen. Einen neuen Mann hatte sie auch, er war Tennislehrer, und Tante Im sagte zu meiner Mutter, dass sie schon wieder an etwas Unsolidem hängen geblieben sei. Aber der Tennislehrer ging mit Eia, Mia und mir zum Rhein. Und obwohl unsere Mutter das verboten hatte, schwamm Eia mit dem Tennislehrer quer durch den Rhein, sogar in die Nähe der großen Frachter, und ich hatte Angst um meinen Bruder, dass er in die Schiffsschraube geraten könne oder so, doch sie kamen heil zurückgeschwommen. Trotzdem träumte ich in der Nacht vom Rhein und von Eia in der Schiffsschraube, und meine Tante Im sagte, ich wäre ein Mensch mit zu viel Phantasie. «Du bis wie ich», sagte Tante Im bekümmert, «aber ich sach dir nochmal, nimm dir kein Beispiel an mir, such dir nich die falschen Männer aus. Frach mich vorher.»

Ich dachte gerade daran, dass ich meine Tante Im sehr gerne

hatte. Sie war die einzige Erwachsene, die ich kannte, die zugab, dass sie Fehler machte. Tante Im sagte von sich, wenn etwas schief gegangen war: «Ich bin dümmer als Tünnes und Schäl zusammen.» Im war lustig. Man konnte ihr alles erzählen, sie glaubte es. Vielleicht tat sie auch nur so. Als einer unserer entfernten rheinischen Onkel starb, mit neunundachtzig Jahren, da sagten sie zu Im, der Onkel habe sich zu Tode geraucht. Im gab es schluchzend an uns weiter: «Hä hätt sich zu Tod jerooch!» Wir gaben zu bedenken, dass in diesem biblischen Alter das Rauchen wohl doch nicht die Todesursache gewesen sei. Im, jeden Zweifel besiegend: «Aber et künnt doch sinn!»

Tante Im war sehr menschlich, glaube ich, alle anderen Erwachsenen waren immer die Heiligen.

Plötzlich hörte ich, wie Christa zu mir sagte, dass ihre Brüste so weh täten. «Heute hat mich unser Ajax angesprungen, am liebsten hätte ich ihn verdroschen, so weh tat mir das. Glaubst du, dass ich Krebs habe oder so was?»

Fast war ich so erleichtert wie heute Mittag im Park der Simons. Auch Christa taten die Brüste weh! Was Schöneres hätte sie mir nicht mitteilen können. Auch ich fürchtete schon seit längerem, an Krebs erkrankt zu sein wie Roßbachs Nichte. Mir war ja in dieser Beziehung alles zuzutrauen. Deshalb wagte ich auch nicht, jemanden aus meiner Familie zu fragen. Sie hatten von meinen vielen Krankheiten die Nase voll.

Wuppi und Hans-Werner kamen vom Schwimmen zurück. «Hans-Werner hat gewonnen», sagte Wuppi neidlos und ließ sich völlig außer Atem auf die Wiese plumpsen. Hans-Werner gab zu, dass Wuppi nur einen knappen Meter hinter ihm gewesen sei, wirklich nur einen knappen Meter. Sein Sieg machte Hans-Werner großzügig, und er bekam vor lauter Glück nicht mit, dass Wuppi seine Hand dauernd auf meiner liegen ließ, obwohl ich sie ihm jedes Mal wegzog.

Milla war auch bei uns, wie immer. Sie klemmte nicht mehr die Beine zwischen die Schenkel, sondern ging aufs Klo wie alle Leute, außerdem würde sie bestimmt einmal eines der hübschesten Mädchen von Attenberg werden. Millas Haar war fast so hell wie das von Hedy, auch so kräftig, ich hatte gar nicht gemerkt, dass Milla lang aufgeschossen war und ihre Augen und Ohren überall hatte. Ungefragt und mitleidlos teilte mir Milla jetzt mit, dass sie lieber mit Wuppi gehen würde als mit Hans-Werner: «Wenn ich du wär, nähm ich den Wuppi und nicht den Hans-Werner. Der ist so ein – so – ein Komischer.»

Hans-Werner legte sich auf seinem Handtuch zurück. Ich konnte nicht erkennen, ob er böse war, jedenfalls sagte er zu Milla, dass sie abhauen solle, sie sei ja noch nicht sauber. «Du pinkelst uns sonst noch aufs Handtuch!»

Milla, an ihrem wundesten Punkt getroffen, keifte zurück: «Du blöde Panhasfratze, du kriegst die Agnes sowieso nicht!»

Panhasfratze war so ziemlich das gemeinste Schimpfwort, das wir zu bieten hatten. Panhas – das ist ein Pfannenbrei aus Schweineblut und Hafermehl mit Salz gewürzt. Sieht nicht schön aus, schmeckt aber köstlich für einen, der Panhas mag. Ich zum Beispiel.

Ich hörte nicht mehr zu bei Millas Streit mit Hans-Werner, ich hatte die Neue in unserer Klasse gesehen, Edith Hart. Sie saß auf einem hässlichen dunklen Handtuch und schaute zu uns herüber. Mit dem hündischen Blick, der mir galt und der mir Unbehagen bereitete. Schon bald nachdem Hedy weggezogen war nach Köln, war Edith in unsere Klasse gekommen. So ein Mädchen hatte ich noch nie gesehen. Groß war Edith, sehr groß und grobknochig, ihre starke Nase sprang über einem vollen Mund hervor. Ich hatte das Gefühl, dass Ediths Mund jeden Tag voller würde, dass die Lippen vor Fülle zitterten. Ediths Haar war von unbestimmbarer Farbe, strähnig, struppig, es umstand den Kopf so störrisch, als würde es nie gewaschen. Meist trug Edith einen Faltenrock, der nur einen Träger hatte, den Edith quer über die Brust trug und der ihr etwas Verwegenes, aber auch Armes gab. Nicht nur deshalb hatte Edith eine Sonderstellung an unserer Schule: Sie spielte Fußball wie Fritz Walter und brachte jeder Mannschaft den Sieg, was ihr den Respekt aller Jungen sicherte, ausnahmslos – aber sonst konnte Edith nichts. Ihre Schrift brachte Lehrer Kroll zum Weinen, aber das war nichts Besonderes, Kroll weinte immer, wenn er einem Schüler nichts beibringen konnte.

Ich wusste nicht, warum Edith mir vom ersten Tag an ihre Zuneigung so rückhaltlos schenkte, dass es mich fast erschreckte. Edith wachte über mich. Wer mich scheel ansah, hatte schon Ediths Hand in seinem Gesicht. Am Morgen blieb Edith so lange vor der Schultür, bis ich kam, dann nahm sie meinen Tornister und brachte mich zu meiner Bank. Früher, als er noch auf der Realschule war und auf dem gleichen Schulhof wie ich, beschützte mich Eia, doch seit er aufs Gymnasium auf den Bursten gewechselt hatte, war ich auf mich allein gestellt. Mia hätte mir nie geholfen, sie hielt eher zu denen, die meine Feinde waren. Immer noch musste ich mir von Mias Freundinnen anhören, dass ich faul sei und alle Arbeit daheim Mia überlasse. Ich fragte sie dann, ob sie Stroh im Gehirn hätten, dass sie Mia alles glaubten, und schon war der Streit entbrannt. Edith, auch wenn sie gerade mit den Jungs am Bolzen war, kriegte immer mit, wenn ich Ärger hatte, sie schoss nochmal kräftig in die einzig mögliche Richtung, dann kam sie angetrabt wie ein hungriger Wolfshund und stellte sich vor mich, sodass ich meine Ruhe hatte.

Zu Hause sagte man mir, ich solle mich von Edith fern halten, sie sei lange im Waisenhaus gewesen, mit der Mutter stimme was nicht. Worum es wirklich ging, erfuhr ich natürlich nicht, und es war klar, dass ich mich von Edith nicht fern hielt, aber in mir war eine seltsame Scheu, eine fast körperlich spürbare Abwehr, die ich bei anderen Mädchen nicht spürte. War es Ediths Blick, der um mich warb? Dabei konnte ich sonst nicht genug kriegen an Zuneigung. Als Bella Lauffenberg einzog, erlebte ich, dass jemand mich ansah, wirklich ansah und mich ernst nahm. Mir etwas zutraute. Auch der Hals-Nasen- und Ohrenarzt in Gummersbach, den alle «Pferdedoktor» nannten, den alle fürchteten, behandelte mich behutsam, erklärte mir, warum er mir jetzt wehtun musste, und dann tat es kaum weh, als er mir die Mandeln herausnahm. Ich spürte, dass er mich besser behandelte als andere Patienten. Ich war darüber erstaunt. Ich genoss es. Bella Lauffenberg und der Pferdedoktor hatten die kalte Luft um mich in Wärme verwandelt. Bisher waren es nur mein Großvater, mein Bruder Eia und vielleicht noch Hans-Werner, die wussten, wer ich war. Nämlich eine ganz andere. Mein Stiefvater und meine Mutter kannten mich nicht, von ihnen zu mir kam nie Wärme, oder nur selten, oder ich spürte es nicht.

Großvater. Die ganzen Jahre war er mein Versteck und meine Zuflucht gewesen, bei ihm war das Leben fröhlich, abwechslungsreich. Doch Großvater verstummte von Tag zu Tag mehr. Seine Kriegsverletzungen, hieß es. Jetzt wollte er sogar seine Medizin nicht mehr nehmen, die ihm der Doktor schon seit Jahren verordnete. Hockte ich bei Großvater an seinem Bett mit den hoch aufgetürmten weißen Kissen, in denen er mehr saß als lag, war es, als habe ihm ein unsichtbarer Finger den Mund verschlossen. Nicht einmal Stottern konnte er noch. Oder wollte er nicht mehr?

Als ich zuletzt bei ihm war, vorgestern, hatte ich ihm Quark mitgebracht, Quark mit Himbeeren. Das mochte er früher gern. «Du musst ihn füttern», sagte meine Großmutter sachlich, «seit gestern isst er auch nicht mehr.»

Wie kühl sie das sagte. War das meine liebevolle Großmama Marie, war das Ma-Marie, die mit Großvater ihr Leben verbracht hatte? Waren sie nicht ein Herz und eine Seele gewesen?

Ich sah meinen Großvater an. Sein immer noch dichtes Haar, in der Mitte gescheitelt und sehr kurz geschnitten. Großvater hatte einen kleinen, aber vollen Mund, wie ein zusammengerollter dicker Regenwurm sah Großvaters Mund aus, wenn er ihn so geschlossen hielt wie eben, fast wie im Trotz.

Heute, wo meine Mutter nicht mehr so fadendünn und zart war wie früher, als sie für mich Bohnenstangen ausreißen musste und Weihnachtsbäume absägen, heute, wo ihr Gesicht und der Körper ein wenig fleischiger wurden, dachte ich, dass meine Mutter aussah wie Großvater, nur waren ihre Lippen nicht wie zusammengerollte Regenwürmer, sondern wie zwei dünnere, die nach dem Regen nebeneinander liegen.

Meine Mutter liebte ihren Vater sehr, sie saß oft bei ihm, ich habe ihr Gesicht noch nie so ratlos und verzweifelt gesehen. Mutter arbeitete nicht mehr bei Ringsdorf, sie hatte Friedrich nachgegeben, sie war Hausfrau, sie saß bei Großvater, obwohl Friedrich andere Beschäftigungen für sie parat hatte. In die Berge sollte meine Mutter mit Friedrich, ins Berchtesgadener Land. «Die Berge sind stolz und königlich, sie kennen keinen Firlefanz. Dort spürt man die Natur, dort ist sie echt und klar. Da kommt der Mensch noch zu sich selber. Deutschsein heißt klar sein.»

So redete der Mann meiner Mutter. Wirklich.

Immer noch lallte der in der Nacht betrunken das Deutschlandlied, obwohl wir längst nur noch die dritte Strophe singen durften. Das hatte unser Bundespräsident Theodor Heuss entschieden. Nicht mehr «Deutschland, Deutschland über alles». Eia hat es Friedrich mehrmals gesagt. Auch er hatte das Gejaule in der Nacht mitbekommen. Aber Eia war ziemlich gehetzt von seinem Gefühl, glaube ich, er hatte eine Freundin in seiner Klasse, eine in Derschlag, eine in Wiedenest, eine in Engelskirchen in der Nachbarschaft von Oma Auguste. Eia musste zudem hart für die Schule ackern, er hatte lange alles schludern lassen, jetzt hing er in Mathe und in Latein – aber er wollte unbedingt in Köln Maschinenbau studieren, das war ihm wichtiger als Friedrichs Nazitum. Als ich ihm die Fotoalben zeigte, die ich gefunden hatte, Hitler in Wickelgamaschen und Trachtenjanker, Hitler im großen Horch, im Flugzeug – da winkte Eia ab. «Lass ihn doch, der tut doch keinem mehr was, der säuft sich zu Tode, und damit basta.» Ausnahmsweise finde ich, dass Eia nicht Recht hat. Mein Stiefvater ist giftig wie ein Fliegenpilz.

Mutter wollte nicht mit Friedrich nach Berchtesgaden, sie wollte nicht weg von Großvater. Sie hatte Angst um ihn, das konnte ich in ihrem Gesicht sehen, in ihrer Stimme hören. Ich fragte mich, ob es eine unglücklichere Frau geben konnte als meine Mutter am Bett meines Großvaters. Meist saßen wir stumm bei ihm, trotz meiner würgenden Angst, ihn zu verlieren, fühlte ich mich zum ersten Mal verwandt mit meiner Mutter. Ich wollte ihr helfen, zu Großvater vorzudringen, der aussah, als ob seine Seele nicht mehr existierte.

«Großvater, was ist mit dir passiert?» Ich wusste, dass meine Frage abprallte an dem Schweigen um ihn, aber ich wollte nicht einsehen, dass alles ein Ende haben sollte, all die Freude, die mein Großvater für mich bedeutet hatte.

Und plötzlich öffnete sich sein Mund, Großvater sagte: «Der Doktor, der Doktor hat mich» – dann, als habe er sich versprochen, schwieg mein Großvater wieder weiter in dieser unglaublichen Konsequenz.

Meine Mutter sprang auf, bedeutete mir, bei Großvater zu bleiben, dann ging sie hinaus, wahrscheinlich hinunter zu Großmutter, die in der Küche war, der Duft nach Pfannkuchen drang durch die geöffneten Türen, meine Großmutter backte sie für mich. Ich legte den Kopf auf die blassen, kräftigen, eher kleinen Hände meines Großvaters, atmete den Geruch der frischen Bettwäsche und wollte nur bei ihm sein.

Dann hörte ich laute Stimmen aus der Küche. Mutter und Großmutter Marie stritten. Es ging um den Doktor, um Großvater, um Friedrich und immer wieder um den Doktor, und dann fiel auch der Name Ines Simon. Meine Mutter wurde noch lauter: «Was tut sie noch hier, warum ist sie nicht längst wieder in ihrer Heimat, da stimmt doch etwas nicht, Papa hat es immer gesagt.»

Da hörte ich Großmamas Stimme, auch lauter als bisher: «Ja, Papa hat es dir immer gesagt. Und du? Hast dich wieder mit dem Röder abgegeben, hast dir den Nazi ins Haus geholt, es sollte mich wundern, wenn Ines Simon dich nicht auch auf dem Kieker hätte!»

Ines Simon. Ihre kalte Stimme: «Hungert ihr noch immer?» Ich verstand ja auch nicht, warum Ines Simon es so lange in Attenberg aushielt, was hielt sie noch hier, warum war sie nicht längst in ihrem herrlichen Portugal, wo ihre Familie berühmt war und in Lissabon ein großes Haus besaß. «Lissabon – Lissabon.» Immer wieder konnte ich mir diesen Namen vorsagen. Hans-Werner, der sich in allen großen Städten der Welt auskannte, natürlich nur mit dem Finger auf der Landkarte, Hans-Werner hatte einen Fotoband, der hieß *Die schönsten Städte dieser Welt,* und darin waren auch Bilder von Lissabon. Dagegen war Attenberg ein Dreck. Aber während ich das dachte, tat mir Attenberg Leid. Häuser, Straßen, Bäume und Steine tun niemandem etwas Böses. Die Stadt traf keine Schuld. Fast siebenhundert Jahre war sie alt, zahllose Feuersbrünste hatten sie verheert, unser Lehrer Hübner erzählte uns oft davon. Auch von den Seuchen, die Attenberg heimsuchten, die vielen Kriegsstürme, die es aushalten musste, die Drangsale und Gewalttaten, die Attenbergs Bürger in den vergangenen Jahrhunderten durchleiden mussten. Die Menschen werfen ja nicht das Los, sagte Lehrer Hübner, das tut alleine das Schicksal, und das interessiert sich nicht mehr für die Menschen, wie der Wind, wenn er tobt.

Da meldete sich Hedy, die damals noch neben mir saß, und sagte, das sei nicht wahr. Es sei nicht das Schicksal gewesen, das so viele Menschen gefoltert und getötet hätte, das Schicksal habe auch nicht den Krieg angefangen, das hätten alles die Nazis getan. Der Lehrer Hübner, den ich sonst gut leiden konnte, wurde hart im Gesicht und sagte, Hedy sei immer so neunmalklug und gehe ihm auf die Nerven, und er sei froh, wenn sie im nächsten Schuljahr die Lehrer in Köln verrückt mache. Hedy hielt natürlich nicht den Mund, sie erzählte uns, dass Hitler und Konsorten noch kurz vor Kriegsende mehr von Deutschland in Schutt und Asche gelegt hätten als die Alliierten zusammen. Das habe ihr Vater auf BBC gehört.

Lange Zeit wollte Lehrer Hübner uns nichts mehr über die Vergangenheit Attenbergs erzählen. Da er aber ein Buch darüber geschrieben hatte, mussten wir ihn nicht lange bitten, und er erzählte, dass Attenberg «anno 1548, den 4. Octobris, totaliter abgebrannt sei,

anno 1591 im Februar verunglücket,

anno 1717, den 20. septembris, zum dritten Mal in Asche gelegt,

anno 1742, den 21. Augusti wiedrumb gentzlich verbrandt,

anno 1746 – anno 1828 – anno 1846.

Anno 1618 führten die Hessen Geiseln fort aus der Stadt,

anno 1634 die Schweden,

anno 1640 ist der Däne Güldenlove samt hispanischen und niederländischen Horden im Land,

anno 1650–1658 der schwere Druck der Schwarzenberger Herrschaft,

anno 1665 frantzosische streyffereyen,

anno 1684 Brandenburger Besatzung,

anno 1713–1715 maßlose Erpressungen durch den spanischen Erbfolgekrieg, anno 1730 preußische Werber in der Stadt,

anno 1806–13 der Franzose als Feind, anno 1814 der Russe als ‹Freund›

Der Pestkarren rumpelte durch die Straßen, und die Sterbeglocken läuteten Tag für Tag. Und die zahllosen Opfer des Ersten Weltkrieges. Die noch größeren des Zweiten –»

Hier endete unser Lehrer, denn hier endete auch sein Buch. Und der Zweite Weltkrieg und die Nazis kamen nicht dran.

13. KAPITEL

Tu das Unnütze!
Großvater stirbt, und meine Mutter wird laut

Im Radio habe ich ein Gedicht gehört von einem Lyriker, der heißt Günter Eich, und er sagt, dass wir nicht schlafen sollen, während die oben regieren. Wir sollen misstrauisch sein, wenn sie sagen, sie brauchen Macht, damit sie alles für uns tun können. Wir sollen aufpassen, dass unsere Herzen nicht leer sind, wenn die Regierung gerade leere Herzen braucht. «Tut das Unnütze», sagt Günter Eich, singt Lieder, dass ihnen der Mund offen steht. Schmiert denen nicht noch das Getriebe der Welt mit Öl, werft lieber Sand rein! So ungefähr ging das Gedicht, das ich sicher nie vergessen werde.

«Tut das Unnütze.» Darüber grübele ich immer wieder nach. Mir sagt man immer, dass ich mich nützlich machen soll. Allen voran Friedrich. Fand er mich in meinem Zimmer über einem Buch, fragte er zornig, ob ich nichts Besseres zu tun hätte, als nutzloses Zeug in mich hineinzustopfen. Die Bücher, die er mir gegeben habe, *Trotzköpfchen, die Jeromin-Kinder* und *Das Wunschkind* seien ja nicht gut genug für das gnädige Fräulein. So nannte Friedrich Mia und mich, wenn er sich über uns ärgerte. Eia war der Herr Graf. Auf Eia war Friedrich eifersüchtig, denn er spürte natürlich, wie sehr meine Mutter und Eia eins waren. Für mich war es auch nicht immer leicht, wenn meine Mutter Eia mit diesem Blick aus Stolz und Hingerissensein betrachtete, den sie für mich nie hatte. Für Mia, soviel ich weiß, auch nicht. Und Friedrich schaute sie schon gar nicht in dieser Weise an. Nie. Ich überlege, ob meine Mutter ihren zweiten Mann jemals angesehen hat. Er sie schon, dauernd, wie ein Hund seinen Herrn, aber sie sah nie auf ihn, als sei sie hin und weg. Jedenfalls nicht, wenn ich dabei war.

Friedrich mäkelte den lieben langen Tag an uns herum. An Eia am wenigsten, weil der nie zu Hause war. Sich mit Freunden auf das Abitur vorbereitete. Mia auch nicht, sie machte eine Lehre im Schneideratelier Bachmann an der Kölner Straße. Nur ich musste immer pünktlich nach Hause kommen. Musste meiner Mutter im Haushalt helfen, Friedrich überwachte alles. Hausarbeit war für ihn Frauenarbeit. Friedrich dagegen malte. Wie sein großes Vorbild. Er malte die Berchtesgadener Landschaft, er malte den Königssee. Damit es nicht nutzlos war, malte er alles auf Postkarten. Die steckte er in Umschläge und schickte sie Leuten, die wir nie zu sehen bekamen. Gott sei Dank.

Ständig warf mir Friedrich vor, dass ich meine Mutter nicht genug im Haushalt unterstützte. Fühlte sich meine Mutter schlecht, was öfter vorkam, da sie ein schwaches Herz hatte, bekam immer ich die Schuld. Ich sei ein Nichtsnutz, ein Parasit, ein nutzloser Esser. Für Friedrich war jede Nonne eine Schwester Nichtsnutzia. Über diesen Ausdruck sollten wir auch noch lachen, da es aber keinem einfiel, lachte er selber sein krampfhaftes, blechernes Holzvergaserlachen, das mich noch mehr abstieß als seine Zornesausbrüche.

«Tut das Unnütze», habe ich von Günter Eich gelernt, und anstatt mir Strümpfe zu stricken, lese ich in der Zeitung, dass der Schah von Persien eine Frau geheiratet hat, die Soraya heißt. Soraya. Sie ist auch so schön wie dieser Name. Der Schah sieht aber auch hübsch aus, er erinnert mich an meinen Vater, nur hat der nicht so starke Augenbrauen. Soraya könnte eine Schwester von Ines Simon sein, so wunderbares Haar hat sie. Große grüne Augen, der Mund wie eine rote Frucht. Und sie kommt aus Deutschland. Oder ihre Mutter, glaube ich. Nicht nur aus Portugal stammen also Frauen wie Ines Simon, die man sich glatt als Kaiserin vorstellen könnte – auch Deutschland hält Hoheiten bereit. Und im Eiskunstlauf gibt es wieder Deutsche als Weltmeister. Sie heißen Ria Baran und Paul Falk. Na also. Wir liefern Kaiserinnen und Weltmeister, das ist viel wichtiger als Soldaten und Generale.

«Tut das Unnütze!» war das Schönste, das ich bisher gehört hatte, es gefiel mir noch besser als der Römerbrief. Ich wollte unnütz sein, o ja, das gefiel mir, es war wie ein Geschenk für mich. Günter Eich, den ich nicht kannte, schenkte mir Ausweg und Versteck.

Mein Onkel und die anderen in Ost-Berlin wollten auch nicht länger nur nützlich sein. Ihre Regierung verlangte nämlich, dass die Menschen in der DDR ungefähr doppelt so viel arbeiten sollten wie bisher. Wenn nicht, sollte ihnen ein Drittel vom Lohn abgezogen werden. Da wurden die Leute aber wütend. «Schluss mit den Qualen, wir wollen freie Wahlen!», riefen zweitausend Arbeiter vor dem Regierungsviertel in Berlin. Ich habe es bei Bockemühlen Emma im Fernsehen verfolgt. Am Abend wollte dann Otto Grotewohl, der Ministerpräsident der DDR, einlenken, aber da war es den Arbeitern zu dumm. Am 17. Juni demonstrierten fünfzigtausend Menschen in den Straßen von Ost-Berlin, mein Onkel war hoffentlich dabei, sie hissten auf dem Brandenburger Tor die schwarzrotgoldene Fahne, unsere Fahne! Da schossen die auch schon aus dem Regierungsgebäude – das sind doch Verbrecher, die auf die eigenen Leute schießen –, und dann fuhren sowjetische Panzer in die Menge. Diese Russen schon wieder. Immer noch Schießen und Panzerfahren. Gegen unbewaffnete Menschen. Darüber sind nicht mehr nur die Arbeiter wütend, zornig, verzweifelt, glaube ich, jetzt wehren sich alle in den großen Städten der DDR, in Dresden, Leipzig, Magdeburg, Halle, Merseburg, Jena, Erfurt.

Später erfahren wir, dass dieser Grotewohl und der Ulbricht lügen, lügen, lügen. Sie haben eine Zeitung, die heißt

Neues Deutschland, und da schreiben die wahrhaftig, dass Verbrecher aus Westberlin die Bevölkerung im Osten aufgehetzt haben, alles an Geschäften und sonstigen Einrichtungen in der DDR zu Klump zu schlagen. Die Westberliner seien raubend und plündernd durch die Straßen gezogen und hätten die Volkspolizei hinterhältig überfallen und so weiter. Solche Zeitungen sollte man höchstens in Vierecke zerreißen und aufs Klo hängen.

Wäre mein Großvater nicht so krank, würde ich ihm das Gedicht von Eich aufsagen. Wäre er wie früher, würde ein Blinzeln seiner Augen verbergen, dass er gerührt war. Großvater konnte von Musik oder Büchern oder Gedichten gerührt sein, manchmal stiegen Tränen in seine Augen, dann blinzelte er rasch und räusperte sich. Und er erklärte mir, warum ihn eine Mozartoper so glücklich machte oder ein Konzert von Bach. Oder ein Buch. «Ein Buch kann dir eine vorher völlig fremde Welt entfalten, du siehst plötzlich Straßen mit eleganten oder ärmlichen Geschäften, mit Autos, mit Straßenbahnen, mit arbeitenden oder flanierenden Menschen, du spazierst herum, Seite für Seite, du lebst, du spürst den starken Atem einer Stadt und bist darin wie zu Hause.»

Großvater war auch unnütz, er konnte nur im Bett liegen. Wollte er aufstehen, wurde ihm gleich schwindlig und er fiel hin, wenn nicht jemand zur Stelle war. Großmutter sagte, sie könne den schweren Mann nicht mehr halten. Und der Doktor wolle, dass Großvater in eine Klinik komme.

Darüber hat sich meine Mutter so aufgeregt, dass sie eine Gallenkolik bekam und in der nächsten Nacht wieder eine. Da lief Eia zu Bockemühlen Emma und rief den Krankenwagen, denn Mutter wollte nicht, dass der Doktor zu ihr kam. Krumm vor Schmerzen stand sie im Badezimmer und schrie, dass der Doktor ihr nicht mehr in die Nähe kommen solle.

Im Gummersbacher Krankenhaus wurde sie operiert. Wir durften erst nach vier Tagen zu ihr fahren, und ich war erschrocken, als ich sie sah. Bleich, mit schmerzverzogenem Gesicht lag sie da, und an ihrem Bett baumelten Flaschen mit Blut. Wir durften nur kurz ihre Hand drücken und mussten wieder gehen. Mutter versuchte, uns anzulächeln, es wurde kein Lächeln, beim besten Willen nicht. Das tat mir weh, Schmerz zog sich in meinem Hals zusammen zu einem Klumpen, der rasch Tränen fließen ließ. Ich wollte nicht weinen, auch wenn ich noch so viel Angst um die Mutter hatte. Eine große Narbe habe sie quer über den Bauch, erklärte uns ein freundlicher Arzt, daher leide sie Schmerzen und brauche unbedingt Ruhe.

Neben meiner Mutter, die Privatpatientin war und in deren Zimmer nur zwei Betten standen, lag eine Frau mit dick vergipsten Beinen. Sie sprach bayerisch, sie kam aus München. Bayerisch hatte ich noch nie gehört. Die Frau war liebenswürdig. Sie sagte, wir sollten uns keine Sorgen machen, sie könne auf unsere Mutter aufpassen und sofort nach der Schwester rufen, wenn sie was brauche. «I hob mir d' Haxn brocha, wissens, sonst fehlt mir nix.» Mir gefielen diese Frau, ihre Direktheit und ihre Sprechweise ungemein gut. Worte wie *Eana, Muatta, Haxn* und so – das klang nach Bergen und Seen und dem Münchner Hofbräuhaus. Von dem hatte mir Hans-Werner eine Karte geschickt, als er auf Klassenfahrt dort war. Jetzt sagte die Münchnerin mit einem aufmunternden Lächeln zu Mutter und uns: «Es werd scho wieder wern, sagt Frau Kern, bei Frau Korn is auch wieder worn.» Und ihrem Mann rief sie zum Abschied hinterher: «Geh, Vatti, bringst mir a Bier mit, a gscheits Bier, i ko net den ganzen Dog Tee drinka.»

Als wir wieder zu Hause waren, lag ein Zettel mit Großmama Maries Schrift auf dem Tisch. «Kommt, wenn ihr euch von Großvater verabschieden wollt. Er muss nach Tannenhof. Marie.»

Eia nahm das Fahrrad, Mia setzte sich auf den Gepäckträger, ich klemmte mich vorn auf den Lenker, und wir fuhren, so vorsichtig Eia konnte, in die Unterstadt, denn es war inzwischen sechs Uhr geworden, und wir hatten Angst, dass sie Großvater schon abgeholt hatten.

Gerade noch kamen wir zurecht. Ein Krankenwagen der Anstalt Tannenhof stand vor dem Haus der Großeltern, sie brachten gerade Großvater heraus, als wir ankamen. Nicht einmal umarmen durften wir ihn, dessen Gesicht angstvoll war und der eine Faust geballt hatte. «Der Doktor!», stieß Großvater hervor, «der Doktor!», und wir sahen, wie viel Qual und Mühe ihn das kostete. Mir war jetzt völlig egal, dass zwei Wärter in weißen Anzügen, die wie Ärzte aussahen, sich aber wie SS-Männer benahmen, die sie vielleicht vor kurzem noch gewesen waren, die Bahre mit Großvater packten und ins Auto schieben wollten, meine Geschwister und mich abwehrten, als wir fassungslos und hilflos unseren Großvater umarmen wollten. «Tu das Unnütze!», dachte ich, warf mich über meinen Großvater, küsste und streichelte ihn, Mia tat das auch, und Eia schubste die Weißgekleideten weg, die Mia und mich von Großvater wegzerren wollten.

«Lasst ihn los, Kinder», sagte Großmutter Marie mit müder Stimme, aber ich wollte nicht auf sie hören. Wieso erlaubte sie, dass diese Männer meinen Großvater mitnahmen wie einen Gefangenen? Er hatte doch niemandem etwas getan! Ich rief es laut, und um uns herum stand die halbe Unterstadt und sah zu, wie die Männer meinen Bruder verprügelten. Dann rissen sie Mia und mich weg von meinem Großvater, der unsere Hände festhielt, als wolle er sich an uns klammern, aber niemand half uns, ich flog mit dem Kopf gegen den Krankenwagen, meine Großmutter hatte Mia im Arm, die Männer schoben meinen Großvater in den Wagen, und dann schlugen sie die Türen zu, fluchten und fuhren mit Großvater davon. Ich lief hinterher und konnte durch das Heckfenster Großvater sehen, der den Kopf nach mir wandte und mich ansah. Ich dachte, ich würde an diesem Blick verbluten, und ich wollte das auch.

Meine Mutter war erst wenige Tage aus dem Krankenhaus zurück, da kam auch Großvater nach Hause. Im Sarg. Sie bahrten ihn im Wohnzimmer auf, die Stühle mit den gedrechselten Lehnen, an denen ich immer so gerne gedreht hatte, umstanden seinen Sarg, der auf der goldlila Tischdecke stand, die Großmutter nur an Festtagen aus der Kommode herausholte. Es war ein heißer Septembertag, als wir uns vor der Beerdigung von Großvater verabschiedeten. Ich stand am Fenster, das zum Garten hinausging, und hörte plötzlich, wie die Vögel in dem alten Birnbaum kreischten und durcheinander zwitscherten, als kämen sie sonst nie zu Wort. Und plötzlich fuhren sie alle auf aus dem Baum, ich drehte mich um und sah einen Vogelschwarm am Fenster vorbeiziehen, so groß und so nah, wie ich es noch nie erlebt hatte. Sie fuhren auf wie aus einem Traum vom Krieg. Mit einem Mal schrie Mutter, die sich über ihren Vater beugte, um ihn ein letztes Mal zu küssen, ob wir denn seinen Kopf nicht genau angesehen hätten: «Papa, woher sind diese Wunden? Seht doch, hier und hier und hier!»

Sie beugten sich über Großvater, Mutter, Eia, Mia und Großmama, auch Großmutter Auguste war da, Tante Im, Tante Klara und Bella Lauffenberg, daher traute auch ich mich, meinen kalten toten Großvater von nahem anzuschauen, allein hätte ich Angst gehabt, obwohl ich Großvater so sehr lieb hatte, auch jetzt, wo er tot war. Er hatte wirklich mehrere Wunden am Kopf, und Großmutter Marie meinte, dass er dort im Tannenhof sicher hingefallen sei, aber Mutter ließ sie nicht ausreden. «Wozu habt ihr ihn denn hingebracht, du und der Doktor, hinfallen hätte er hier auch können», rief sie verzweifelt. Dann schaute meine Mutter ihren Vater mit tiefer Trauer an, streichelte seinen misshandelten Kopf und sagte, wenn sie erst wieder richtig auf den Beinen wäre, dann führe sie nach Tannenhof. «Und dann will ich wissen, woher du diese Wunden hast, Papa.»

Mama weinte so sehr, dass es sie schüttelte, Tante Im und

Bella Lauffenberg brachten sie in die Küche, gaben ihr Tropfen und Friedrich wollte, dass meine Mutter sich hinlegte. Die Beerdigung sei viel zu viel für sie. Die Frauen hörten gar nicht auf ihn.

Jetzt kamen immer mehr Attenberger, um sich von Großvater zu verabschieden. Großmutter Auguste hatte Brötchen belegt mit Zungenwurst und allen anderen Wurstsorten, darauf lagen ovale Scheiben von eingelegter Gurke, ich aß das leidenschaftlich gern, aber heute wäre ich daran erstickt, glaube ich. Es war mir unbegreiflich, dass viele Trauergäste mit einem belegten Brötchen in der Hand kauend an meinem Großvater vorbeigingen, mit betrübtem Gesicht, das gehörte sich so, aber kauend?

Schließlich kam der Vorndamme Karl, meinen Großvater zu holen. Er gab meiner Großmutter und meiner Mutter stumm die Hand, dann kam er zu mir, blieb kurz vor mir stehen, nahm die Pfeife aus dem Mund und sagte: «Dien Chrossvadder war en baasen Käärl!» Stumm ging er durch die Wartenden, seine Schwester Lina hatte schon alles vorbereitet, und dann schlossen sie den Sarg, und ich wünschte mir, Großvater möge noch einen Tag länger im Wohnzimmer bleiben, nur noch einen Tag.

Später waren wir auf dem Ohl, standen am Grab und die Träger ließen Großvater in seinem Sarg hinunter. Alle um mich herum weinten, ich wollte nicht weinen, nichts wegspülen, ich wollte den Schmerz in mir behalten, fühlen, wie sehr ich meinen Großvater liebte, aber es drückte auch in meinem Hals, ich schluckte und spürte etwas Kühles. Die Hand meiner Mutter, sie trug schwarze Lederhandschuhe, legte sich an mein Gesicht und blieb dort liegen, bis die Träger sich wieder aufgerichtet und Häuffchen seine Gebete über Großvater gesprochen hatte. «Erde zu Erde, Asche zu Asche, Staub zu Staub», und so. Aber ich wollte das nicht hören. Mein Großvater war noch da, man konnte seine Hände streicheln und seinen Kopf mit den Wunden. Er war noch nicht Erde oder Asche und schon gar nicht Staub. Dann sagte Häuffchen, dass mein Großvater nicht der eifrigste Kirchgänger gewesen sei, dafür aber ein aufrechter Christ, der auch in der dunklen Zeit aufrecht gestanden sei und ihm, dem Pfarrer Hauff, in großer Bedrängnis Beistand geleistet habe.

Da ging so etwas wie eine Unruhe durch die Attenberger Trauergemeinde, alle sahen auf den Weg, der zum Grab führte, auch Pfarrer Hauff folgte dem Blick und verstummte für einen Moment. Ines Simon kam ziemlich rasch zum Grab, sie machten ihr Platz, hinter ihr gingen Karla Immicker und der Chauffeur. Sie trugen einen weißen Kranz aus Rosen, es sah aus, als seien die Rosen aus feinstem Marzipan, so erlesen und tadellos waren sie. Die drei stellten sich ans Grab, sprachen mit uns allen klar und laut das Vaterunser für meinen Großvater, und Pfarrer Hauff, der das Grab weihte und die Erde darauf warf, gab nach einem kleinen, aber sichtbaren Zögern Ines Simon die Schaufel, und sie warf Erde auf den Sarg, tat alles, was ich bei Tante Amelies Beerdigung vor vielen Jahren vermisst hatte. Dann ging sie mit ebenso raschen Schritten, wie sie gekommen war, und Karla und der Chauffeur folgten ihr.

Hans-Werner war zur Beerdigung gekommen, auch Wuppi und Piet van der Meulen, der unbedingt mit mir gehen wollte, aber dafür hatte ich jetzt keine Gedanken, ich spürte, oder wollte spüren, dass Großvater noch bei uns war. Meine Mutter zupfte mich, sie wollte gehen, Mutter mochte nicht, dass man ihr kondolierte, sie fühlte sich zu schwach, Großmutter sah auch aus wie Erde, Asche und Staub auf einmal, und die beiden Frauen gingen mit Friedrich weg vom Grab, ich blieb, da blieben auch Mia und Eia, wir drei standen am Grab und die Attenberger kamen und sprachen uns ihr Beileid aus. Beckers Friedchen, Schneeweißchen und Rosenrot, die Großvater zu Ehren Hüte mit schwarzen Schleiern trugen, die Guts kamen mit ihnen, Herr Gut schüttelte immer den Kopf, als er uns die Hand drückte, sagte er: «Euer Großvater könnte noch leben, er könnte noch lange leben», Frau Gut weinte und Schneeweißchen und Rosenrot weinten auch. Otto der Seltsame kam mit Amanda und allen Kindern, auch die großen Töchter, die sich im Streit häufig als «Hautjackenhedwig» und «Kamisolmathilde» beschimpften, hatten sich in Ringsdorfs Fabrik freigenommen, wo Hedwig im Akkord Hautjacken nähte und Mathilde Kamisöler, Unterhemden für Männer und Frauen. Amanda überschlug sicher heimlich, wer alles in Giesselmanns Konditorei zum Reuzech, zum Leichenschmaus, kommen durfte und was das kosten würde. Selbst Bockemühlen Emma hatte die Wirtschaft zugeschlossen und war mit Hildchen gekommen, die verstohlen in der Trauergemeinde ihren abtrünnigen Ehemann suchte. Branscheid war auch da, hatte auf seinen Wunsch beim Tragen des Sarges geholfen, sich aber dann in die hinteren Reihen zurückgezogen. Bockemühlen Emma drückte uns allen die Hand, ihre Stimme war brüchig, als sie uns sagte, dass unser Großvater einer der besten und echtesten Attenberger gewesen sei. «Dat war en baasen Mann, einer wie der kümmt nich wier.»

Ich hatte mich schon gewundert, dass so viele Attenberger zu Großvaters Beerdigung gekommen waren. Schließlich waren wir keine Einheimischen, die Großeltern hatten Attenberg nur als Wohnsitz gewählt, um in der Nähe ihrer einzigen Tochter zu sein. Und jetzt war Großvater tot, erst dreiundsechzig Jahre alt. Wenn Beckers Friedchen gestorben wäre, mit ihren siebenundachtzig, das hätte ich verstanden, Erde zu Erde, Asche zu Asche, Friedchen war abgewelkt wie das Laub im Herbst – aber nicht Großvater. Wann war er verwirrt geworden, wann hatte das begonnen, dass er nicht mehr sicher gehen konnte? Ich wollte die Wahrheit wissen, die gab es, die musste es geben. Und eines Nachts, als ich nicht schlafen konnte, als ich wieder und wieder überlegte, ob es wahr sein könnte, dass wir von den Toten auferstehen und ich meinen

Großvater wieder sehen würde – da fiel mir plötzlich ein, dass Großvater Angst vor dem Doktor gehabt hatte, dass er sich weigerte, seine Medizin zu nehmen, und ich fragte mich, ob der Doktor meinem Großvater Ewald Medizin zum Schweigen und zum Sterben gegeben hatte. Ich war verzweifelt über diese Gedanken, und am nächsten Tag sagte ich es meiner Mutter.

KAPITEL 14
◆
Wir bauen auf
Mrs. Hartmanns kalter Hund
Weltmeister und Volkswagen

Mrs. Ellen Hartmann, die Frau unseres Rektors, unterrichtete mich in Englisch. In den ersten Wochen war es ganz leicht, ich dachte, Englisch zu lernen sei ein Kinderspiel. Wasser hieß *water*, Pfannkuchen hieß *pancake*, *wool* war die Wolle, *father* der Vater, *mother* die Mutter, *street* die Straße, *uncle* der Onkel und so weiter. Da brauchte ich doch nur die alten Attenberger zu hören, die sprachen auch nicht viel anders. Doch bald musste ich Vokabeln auswendig lernen wie Eia und Mia, sie hörten mich auch bereitwillig ab. Halfen mir, die Texte zu übersetzen, die Mrs. Hartmann mir mit nach Hause gab. Beim ersten Mal, als ein epileptischer Anfall kam, waren wir gerade beim *can – can't*. Mrs. Hartmann sagte: «*Touch your head*», und ich hatte zu sagen: «*I'm touching my head.*» Als sie sagte: «*Touch the ceiling*», und ich gerade antworten wollte: «*No, I can't touch the ceiling*», da deutete Mrs. Hartmann mit dem Bleistift, den sie immer in der Hand hatte, auf mich, immerzu auf mich, ihr Blick wurde starr, und ich wusste, jetzt musste ich den Rektor rufen, dessen Arbeitszimmer nebenan war. Er fing dann seine Frau auf, gab ihr irgendetwas in den Mund, und ich ging hinaus, bis der Anfall vorbei war. Dann war Mrs. Hartmann müde, und ich las ihr ein nordamerikanisches Märchen vor aus einem Buch, das sie liebte. Sie hatte viele Märchen fremder Völker übersetzt und bei der Druckerei in Gummersbach drucken lassen. Ich las vom schlauen Opossum und vom dummerhaften Präriewolf, von dem Knaben, welcher die Sonne in einer Schlinge einfing, oder vom weißen Kanu – das war meine Lieblingsgeschichte: Ein junges Mädchen und ein junger Mann vom Michigansee liebten sich über alles, sie wollten nie mehr ohne einander sein und hatten alles für die Hochzeit vorbereitet. Da verunglückte das Mädchen, und der junge Mann saß Tag und Nacht unter dem Holzgerüst, auf dem die alten Frauen das tote Mädchen zur Verwesung gebettet hatten. Der junge Mann aß nicht und trank nicht, seine Kameraden konnten ihn nicht aufheitern, sie hatten es bald satt, ihm beim Jammern zuzusehen. Eines Tages kam der junge Mann an einen großen See, den größten, den er je gesehen hatte, ein alter Mann gab ihm ein weißes Kanu, der Junge musste alles zurücklassen, was er dabeihatte, sogar sein Pferd und seinen Hund. Nach einer langen Reise mit dem Kanu fand der Junge seine Liebste, auch sie saß in einem weißen Kanu, und noch viele andere, Junge und Alte, sehr viele Kinder. Der Junge war sehr glücklich mit seiner Braut, gern wäre er für immer geblieben, doch der Meister des Lebens, der ihm das Kanu gegeben hatte, rief ihn eines Tages zurück, sagte, der Junge habe seine Pflichten in dem Land, aus dem er komme, noch nicht erfüllt. Da wachte der junge Mann auf, und sein Leben war wieder so hart und traurig wie zuvor.

Das glaubte ich sofort, ich glaubte, dass man seine geliebten Toten im Traum sieht und mit ihnen glücklich ist, denn ich träumte oft von Amelie und von Großvater. Im Aufwachen war man noch für einen Moment in einer unbeschreiblich süßen Sehnsucht gefangen, und dann war man richtig wach und verdammt unglücklich.

Den Geschichtsunterricht bei Mrs. Hartmann genoss ich, da er viel mehr mit der Gegenwart zu tun hatte als der Unterricht in meiner Schule. Die Briten kamen bei Mrs. Hartmann allerdings immer sehr gut weg, sie pries die englische Flotte als Vorbild für die deutsche Seefahrt, sie wies mich darauf hin, dass die Engländer ihre deutschen Gefangenen immer gut behandelt hatten und dass in den von ihnen besetzten Zonen die Bevölkerung am wenigsten zu leiden gehabt hätte.

Ich ging gern zu Mrs. Hartmann, auch wenn sie oft mit mir schimpfte, weil ich beim Englischunterricht nicht aufmerksam war oder Fehler machte. Gern sagte sie: «Gegen Dummheit kämpfen Götter selbst vergebens, da ich nicht einmal ein Halbgott bin, kann ich gegen dich überhaupt nicht kämpfen!»

Dafür machte Mrs. Hartmann aber den besten kalten Hund, den es gab, und das hieß was, denn kalten Hund gab es jetzt auf jedem Geburtstagsfest, zu Ostern und Weihnachten und wenn Besuch kam, gab es kalten Hund. Natürlich konnte einem wieder niemand sagen, wieso dieser komische Kuchen kalter Hund hieß, aber es war auch egal, er schmeckte wunderbar, und nur die Leute konnten ihn machen, die einen Kühlschrank hatten. Wir zum Beispiel, wir hatten einen nagelneuen *Alaska*-Kühlschrank von der Firma Schildbach, die in Attenberg ihren Sitz hatte.

Der kalte Hund wurde nämlich nicht gebacken, sondern eisgekühlt. In eine Kastenform legte man schichtweise Bahlsenkekse und eine Creme, die aus Kokosfett, Eiern und Kakao hergestellt wurde. Diese komische Mischung wurde dann eisgekühlt, aufgeschnitten und sofort gegessen.

Ich habe natürlich nirgendwo gesagt, dass der kalte Hund von Mrs. Hartmann der beste war. Obwohl es die reine Wahrheit war.

Großmutter Marie bereitete ihren Umzug vor, sie kam zu uns, in die Hauptstraße 21. Bella Lauffenberg hatte es meiner Mutter vorgeschlagen, Mutter konnte gar nicht glauben, dass Großmutter Marie bei uns wohnen wollte, wo der ihr verhasste Friedrich sein Regiment führte. Doch Bella Lauffenberg meinte, dass Marie, allein gelassen, von ihren Ängsten wegen Großvater krank werden würde. Das konnte ich mir gut vorstellen, Großmama Marie hatte es geschehen lassen, dass die brutalen Männer Großvater wegbrachten, das sollte ihr ruhig schlaflose Nächte bereiten.

Mutter, Eia, Mia und ich gingen in die Unterstadt, Großmama Marie beim Einpacken zu helfen. Als wir kamen, saß Marie auf dem mächtigen Ehebett, um sie herum Türme von Wäsche und Bettzeug, teilweise mit roten und weißen Kreuzstichbändern gebündelt. Tischdecken, Geschirr und Gläser in Körben und Kisten hatten uns schon die Küche schwer passierbar gemacht, und Marie hielt ihren grauen Kopf in den Händen, sie sah aus, als sei sie ohne jede Hoffnung auf irgendetwas, und ich fragte mich, wieso ich mich von bösen Gedanken über meine Großmama Marie überrumpeln ließ. Was wusste ich schon. Wer war mein Großvater gewesen, wer war meine Großmama Marie?

Sie hatte mir früher einmal erzählt, Verwandte hätten ihr nach dem Tod seiner Mutter die Ehe mit Ewald Vonderweidt angetragen. Marie, die Krankenschwester gelernt hatte, wurde Hausfrau, Marie Vasbender wurde Marie Vonderweidt. Aber warum – das erzählte Großmama Marie nicht. Großvater kannte den Sternenhimmel, er zeigte mir den Sirius, den Orion, den Silberschatten der Milchstraße, den Großen Wagen, der mit seiner Deichsel nach unten zeigte, manchmal funkelten die Krone, die Cassiopeia, die Zwillinge – lauter herrliche Spielsachen für ein Kind unter dem Himmel. Und nun war mein Großvater tot, und ich hatte ihn nicht gekannt. Nicht richtig.

Er und Großmama hatten nicht nur zwei Kinder gehabt, nicht nur meine Mutter und Onkel Werner. Meine Mutter war ein Zwillingskind gewesen, ihr Bruder, der Hans, war dick und groß und gemütlich, meine Mutter dünn wie ein Faden. Es gibt ein Foto von den beiden. Sie sitzen nebeneinander auf einem Fell, etwa vierjährig, wie zwei kostbare Puppen, Hänsel und Gretel, meine Mutter trägt ein weißes Spitzenkleid und hohe Knopfstiefel, die langen Locken von einer pompösen Haarschleife zusammengehalten. Hänsel quillt fast aus seinem feinen Samtanzug, er sei ein kluger kleiner Junge gewesen, sagt Großmutter, er habe immer gesagt: «Ach ja, so ein Kinderleben!» Und keiner habe gewusst, wie er darauf gekommen war. Scharlach hatte Hänsel sein Kinderleben gekostet, innerhalb weniger Tage war er tot gewesen. Genau wie Elisabeth, die Erstgeborene, die ein halbes Jahr nach der Geburt gestorben war. «Der Herr hat es gegeben, der Herr hat es genommen», sagte Großmutter Marie, aber ich sah sie immer häufiger über den Fotos ihrer Kinder sitzen.

Großmutter Augusta nahm mich nach der Beisetzung von Großvater mit nach Engelskirchen. Als wir im Zug saßen, nahm sie meine Hand, streichelte sie und sagte: «Agnes – du siehst aus wie mein Michael, als er in deinem Alter war. Hans Ewald und Mia kommen mehr in die Vonderweid'sche Linie.»

Diese Reden kannte ich. Sämtliche Tanten stellten bei Eia, Mia und mir Ähnlichkeiten fest. Das ist Mode bei den Erwachsenen. So kam Mia angeblich ganz auf Großvater Ewald, Eia mehr in die Vasbender-Familie. Dass ich meinem Vater ähnlich sähe, traute sich keiner in Gegenwart meiner Mutter zu sagen. Nur Tante Im rutschte es einmal heraus: «Agnes hat die schönen Zähne von Michael.» Da schwieg meine Mutter so ausdauernd, dass es sogar Tante Im merkte und schuldbewusst zum Himmel sah.

Als ich am Abend in Großmutters Gästebett lag, dachte ich natürlich an Vater, denn in Augustes Wohnung hängen überall Bilder von ihm. Schließlich ist er ihr Einziger. Mein Vater im Spitzenkleidchen wie ein Mädchen. «Das hatte man damals so, das galt als vornehm, Agnes», erklärte mir Auguste. Mein Vater mit dem Schulranzen, mit seinem ersten Fahrrad, unterm Weihnachtsbaum, bei der Erstkommunion – ein hübscher Junge mit offenem, meist lachendem Gesicht – und nebendran immer Edmund.

«Wieso ist Großvater Edmund immer auf dem Bild – er lebte doch gar nicht bei euch?»

Augustes Blick wurde milde.

«Da hast du Recht, Kind, aber wenn es etwas zu feiern gab, kam er immer anmarschiert, er hing an Michael, und ich wollte meinem Sohn den Vater auch nicht wegnehmen. Michael sollte nicht darunter leiden, dass Edmund an mir nicht mehr hing.»

Ich bewunderte Großmutter Auguste. Hätte doch meine Mutter auch diese Haltung! Auguste und meine Mutter und noch mehr Großmama Marie waren sehr unterschiedlich. Auguste hatte nicht nur rot gefärbte Haare, sie ließ sich auch in einem Atelier Kleider schneidern, die sie in französischen Magazinen gesehen hatte. Das alles galt in Attenberg fast als unanständig. Einzig die Tatsache, dass Großvater Edmund ausdauernd fremdging und Auguste somit gegen eine große Konkurrenz kämpfen musste, entschuldigte sie in den Augen der Attenberger. Edmund hatte die Strafe für sein Lotterleben bekommen. Durch einen Schlaganfall gelähmt, lebte er in einem Pflegeheim, und Großmutter Auguste musste damit fertig werden, dass sie ihm oft solch ein schlimmes Schicksal gewünscht hatte. Sie besuchte ihren Edmund deshalb regelmäßig. «Und er freut sich wie ein Kind», sagte Auguste, «komisch, von seinen vielen Damen ist nie eine da!»

Plötzlich fühlte ich mich sehr müde, ich rollte mich im Bett fest zusammen, und lange wusste ich nicht, ob ich in einem tiefen Traum lag – jedenfalls hörte ich Stimmen, streitende Stimmen, Auguste stritt mit einem Mann – in derselben Sekunde wusste ich, sie stritt mit meinem Vater. Vater. Es war seine Stimme. Oder war es ein Traum? Ich wollte aufspringen, aber ich konnte nicht, war wie mit Bandagen im Bett festgehalten, ich wollte rufen, aber ich brachte keinen Ton heraus.

Vater wollte mich sehen, ich höre Augustes Stimme wie erstickt: «Nein, Michael, es geht nicht, das Kind hat ohnehin ein so schlechtes Verhältnis zu seinem Stiefvater, nur deinetwegen, sagt Margarethe, sie will nicht, dass Agnes dich trifft, ich darf dir das nicht erlauben, glaub mir.»

Ich hörte die Türe gehen, ich glaubte, meinen Vater zu sehen, wie er hinausstürzte, blind, wütend und verzweifelt, so, wie ich mich fühlte. Ich sprang endlich aus dem Bett, wollte meinem Vater hinterher, da nahm Auguste mich in die Arme, hielt mich fest. Sie weinte, dass es sie schüttelte. «Bleib hier, Agnes, bitte, sonst erlaubt deine Mutter nie mehr, dass du zu mir kommst. Ich bin doch so allein, Agnes.»

Schon am nächsten Tag fuhr sie mit mir an den Rhein, nach Königswinter, wo Großmutter Auguste und der schöne Edmund herkommen. Hans Edmund ist sein kompletter Name, nach ihm und nach Großvater Ewald heißt mein Bruder Eia Hans Ewald. Hans Ewald und Mia sind in Königswinter geboren, weil meine Eltern nach ihrer Hochzeit dort im Haus der Schwiegereltern gewohnt haben. Das ging aber nicht lange gut. «Wir haben fast täglich gestritten, der Edmund und ich, er hat mich dauernd betrogen, und dann wollte ich immer, dass Michael und Margarethe Edmund ausschimpfen und zu mir halten sollten. Kann man ja verstehen, dass sie dann ausgezogen sind. Die Cousinen deiner Mutter in Attenberg haben für Michael Arbeit gefunden und für die Familie das alte, leere Haus an der Hauptstraße.»

Ich wunderte mich, wie freimütig Augusta mir das erzählte. So tief ließ mich Großmama Marie nicht blicken. Vielleicht erzählte Auguste mir auch etwas über meine Eltern? «Großmama Auguste – weißt du, warum ...»

Ich spürte, dass Großmama auf diese Frage gewartet hatte. Sie war dagegen gewappnet. «Wenn sie es mir nicht verboten hätte, Agnes – aber sie hat es mir verboten.»

«Was?»

«Ach, du weißt doch. Deine Mutter. Sie hat mir verboten, mit dir über deinen Vater zu reden.»

«Aber warum?»

«Sie sagt, sie hätte jetzt eine neue Familie, sie wolle nicht, dass sie durch deinen Vater und die alten Geschichten gestört werde.»

Wieder fing Großmama Auguste an zu weinen. Das konnte ich verstehen. Mein Vater war ihr Sohn, und meine Mutter verbot ihm, seine Kinder zu sehen. Und Auguste verbot sie, die Fragen der Kinder zu beantworten. Ich verstand Auguste nicht. Sie war sonst forsch und ließ sich nichts verbieten. Wenigstens das musste sie mir erklären.

«Warum folgst du meiner Mutter? Du bist doch viel älter als sie!»

Auguste lächelte mitten im Weinen. Doch dann sagte sie wieder traurig, dass meine Mutter ihr gedroht habe, dass die Enkel sie nicht mehr besuchen dürften, wenn Auguste nicht zu ihr hielte.

«Verstehst du, ich darf euch dann nicht mehr sehen!»

Wir waren jetzt am Rhein angekommen, den ich auf meiner Fahrradreise nach Köln zum letzten Mal gesehen hatte. Damals war ich sieben. Sieben. Weiß man da etwas von sich? Nicht viel, oder? Heute, mit vierzehn, gehe ich an keinem Schaufenster vorbei, ohne hineinzusehen. Ein bisschen erschrecke ich immer, weil ich mich hässlich finde, aber ich bin dauernd verliebt. Immer in einen anderen Jungen. Die sind auch in mich verliebt, klar. Das darf keiner wissen, vor allem Hans-Werner nicht, der mein ältester Freund ist, also der, mit dem ich am längsten gehe.

Als ich sieben war und zum ersten Mal am Rhein, dachte ich Tag und Nacht an meinen Vater, besonders, als ich auf dem verdammten Gepäckträger so lange still sitzen musste. Da krieg ich jetzt noch fast Mitleid mit dem Kind, das auf dem Gepäckträger hinter seiner Mutter hockt, stundenlang, an blaue oberbergische Tannen denkt und an seinen Vater.

Heute tut mir das auch wieder weh, mein Vater war gestern im Nebenzimmer, und ich habe ihn trotzdem nicht gesehen.

Warum bin ich nicht einfach aufgesprungen und hab meinen Vater an mich gerissen? Ich begreife auch nicht, dass mein Vater nie versucht hat, meine Geschwister oder mich zu sehen. Warum folgen sie so sklavisch meiner Mutter, Auguste und er? Ich hab es satt. Ich bin jetzt vierzehn und versuche, die Großen aus meinen Gedanken und Träumen herauszuhalten, alles, was ich nicht begreife, von mir wegzuschieben. Ich versuche auch, aus der ewigen Trauer um meinen Vater herauszukommen. Vielleicht liebt er mich gar nicht. Oder nicht so sehr wie ich ihn. Würde er sonst meiner Mutter folgen? Hatte der vielleicht Angst vor meiner Mutter? Das hätte ich noch am ehesten verstanden. Denn so zart meine Mutter auch war – ich hatte immer ein bisschen Angst vor ihr.

Gut, dass ich den Kopf ziemlich voll hatte. Allein schon mit den Jungen. Hans-Werner redete vom Heiraten und vom Kinderkriegen, dem war das ernst, deshalb durfte ich nicht drüber lachen, aber heimlich hatte ich immer noch ein bisschen den Wuppi und Paule Brehm und neuerdings Piet van der Meulen. Ich machte mit Rutha und Christa Namenspiele. Jede setzte hinter ihren Vornamen den des Jungen, mit dem sie ging oder gehen wollte. Rutha hatte noch keinen Richtigen, sie war in den letzten beiden Jahren ziemlich dick geworden und konnte vor lauter Speck nicht mehr über den Zaun klettern, wenn wir nachts zum Schwimmen gingen. Deshalb schrieb sie *Rutha Halldorf* beim Namenspiel, denn sie liebte Hans-Werner. Schon lange. Sie war sehr dafür, dass ich mit Wuppi ging, mit Paule oder mit Piet, und zufrieden sah sie zu, wie ich *Agnes Derksen* schrieb (für Wuppi, der Dietrich Derksen hieß) oder *Agnes Brehm* oder *Agnes van der Meulen*. Christa schrieb *Christa Jäger* oder *Christa Arnold*, weil sie noch nicht wusste, welchen der beiden Horstis sie kriegen würde. Und sie schrieb noch *Christa Ruffo*, denn sie war Pfingsten mit ihren Eltern in Italien gewesen, wo es einen Paolo Ruffo gegeben hatte, den Sohn des Hoteliers. Um Ruffo beneidete ich Christa, ich musste auch schleunigst zusehen, dass ich nach Italien kam, aber wir fuhren ja nur nach Tirol. Bestimmt, weil das ein bisschen wie Berchtesgaden war.

Doch heute war ich noch mit meiner Auguste am wunderschönen deutschen Rhein, der ewig Deutschlands Zierde sein soll, und überraschend befiel mich ein Glücksgefühl, ein Vergnügen, wie ich es noch nicht erlebt hatte. War es der Betrieb an der Fähre, der Blick auf die kostspieligen Villen, die mir etwas zu versprechen schienen, was ich mir wünschte, dem ich aber keinen Namen geben konnte? Alles schien mir elegant, großzügig. Keine wüsten, zerstörten Brückenpfeiler mehr, kein beängstigendes Übersetzen im kleinen Boot. Großmutter Auguste und ich fuhren mit der Fähre nach Bad Godesberg, aus dem Fährhäuschen hörte ich *Wenn bei Capri die rote Sonne im Meer versinkt,* und ich dachte, das müsse schön sein, dieses Capri mit seinen Fischern, die in der Nacht ihre Netze auslegen und ihre *bella Marie* bitten, ihnen doch treu zu sein bis morgen früh. Eine Nacht lang müsste es die *bella Marie* doch schaffen, dachte ich, obwohl das nicht so einfach war mit der Treue.

Wir fuhren weiter nach Bonn, Auguste zeigte mir, wo sie uns regieren. «Hoffentlich gibt es nie wieder Krieg», seufzte sie. «Das Grundgesetz haben sie schon geändert, damit wir doch wieder Soldaten und Generäle kriegen.» Das hing mit dem Koreakrieg zusammen, in den hatten sich die Russen eingemischt, sie halfen den Nordkoreanern bei ihrem Kampf gegen den Süden, und da bekamen unsere Politiker Angst, dass die Russen Westdeutschland doch noch schlucken wollten. In der DDR hatten sie längst wieder eine Armee, die nannte sich zwar «Kasernierte Volkspolizei», aber so was ist ja eine Armee und sonst nichts.

Eia las im Moment den Roman *Im Westen nichts Neues* von einem Erich Maria Remarque, und er sagte zu mir, wenn es wieder Krieg gäbe, würde er sich lieber im Rhein ersäufen, als da hinzugehen.

Deutschland sollte auch in die EVG, das ist die Europäische Verteidigungsgemeinschaft, und die wäre gut für Deutschland, aber die Franzosen wollen uns nicht. Eia, der sich sehr gut in der Politik auskennt, sagte zu mir, eine Chance für Europa sei nutzlos verstrichen, Frankreich habe sich gegen die Einheit Europas gestellt. Sie seien neidisch auf Deutschland, sagte Eia, weil es bei uns jetzt überall bergauf geht. Wir wollen heraus aus dem Schutt. *Wir bauen auf, wir bauen auf, dass überall der Schornstein raucht, dass eine Hand man zehnmal braucht!* Das war ein Gedicht, und wir lernten es in der Schule.

Auch in Attenberg wurde gebaut. Unter vielem anderen eine neue Schule. Sie lag auf dem Hackenberg wie die Akropolis. Attenbergs Akropolis. So stand es im *Oberbergischen Anzeiger*. Und ich sollte bei der Einweihung das Gedicht aufsagen von dem Aufbauen. Meine Mutter hatte mir extra ein neues Kleid gekauft. Streng dunkelblau mit einem weißen Rüschenkragen, damit ich auch ordentlich aussehe. Ich hab dann mit dem Gedicht angefangen, alle sahen mich erwartungsvoll an, die Lehrer, meine Mutter, Großmama Marie, Rutha, Christa, Hans-Werner und meine tausend Tanten, und als ich dann bei dem Schornstein bin, der überall raucht, da fällt mir nichts mehr ein. Ich weiß nicht, wie es weitergeht mit der verdammten Aufbauerei. Glücklicherweise wurde in den hintersten Reihen gerade ein Kind ohnmächtig, da konnte ich abhauen, weil alle dahin glotzten, ich rannte heim, in mein Zimmer, legte den Kopf auf das weißblau geblümte Kissen, das ich immer noch habe, auf das ich immer noch meinen Kopf ablege, wenn mir was unerträglich ist. Enttäuschung. Scham. Trauer. Ein schwarzer Morgen ohne Sonne. Mein Gott!

Wir bauen auf. Wir bauen auf. Ein verdammt blödes Gedicht. Aber sie bauen tatsächlich überall wie verrückt. So baut das Volkswagenwerk in Wolfsburg in diesem Jahr 500 000 Autos, Friedrich hatte eines bestellt, daher wusste ich das. An Kinderlähmung wird jetzt vielleicht auch kein Kind mehr erkranken. In Amerika hat ein Arzt einen Impfstoff dagegen entwickelt. Damit werden schon die kleinen Kinder in den Oberarm geimpft, damit sie nicht angesteckt werden können. Bald wird es dann diese schreckliche Krankheit nicht mehr geben. Wär ich doch später geboren!

Einem geschenkten Gaul schaut man nicht ins Maul, sagte meine Großmutter. Aber sie hatte nicht immer Recht mit ihren geliehenen Sprüchen. Man kann dem Gaul ruhig ins Maul schauen, man muss nicht immer zusehen, wie der Herr es gibt und nimmt. Meine Großmutter Marie war für mich nicht mehr die Allwissende. Ich hatte sie natürlich immer noch lieb, auch meine Mutter, aber nur mehr so, wie sie es verdienten. Großmama Marie hatte mir Großvater Ewald weggenommen, Mutter meinen Vater. Das hatte ich für mich festgestellt. Daher war meine Zuneigung zu beiden Frauen mäßig, nicht stürmisch und rechenschaftslos, wie ich sie gerne verschenkt hätte. Weil sie alles falsch machen, lasse ich mir nichts mehr sagen, von niemandem, am allerwenigsten von Friedrich. Will er über mich bestimmen, widerspreche ich sofort, will er mir erklären, was richtig und was falsch ist, langweilt es mich, es ekelt mich an. Wie bin ich froh, dass ich nun den ganzen Tag aus dem Haus bin. Am Abend komme ich meist so spät, dass sie nichts mehr von mir verlangen können. Und wenn, dann tue ich nicht, was sie wollen. Es ist, als sei ich über eine Schwelle in ein neues Leben eingetreten.

Ich bin jetzt den ganzen Tag bei der Firma Ringsdorf. Mit einem richtigen Lehrvertrag. Industriekauffrau. Das werde ich natürlich erst nach drei Jahren sein, und zuerst kommt ein Praktikum und dann die Textilfachschule in Reutlingen und dann …

Meine Herren! War ich froh! Von morgens acht bis abends um sechs Uhr durfte ich in einem Koloss aus Eisenbeton sein, der sich unter den oberbergischen Fachwerkhäusern ausnahm wie ein Riese unter Zwergen. Die Fabrikation der Firma

Ringsdorf hatte vor hundertfünfzig Jahren in einem kleinen Fachwerkhaus im Börlshof begonnen, immer mehr Fachwerkhäuser waren dazugekommen, in den letzten beiden Kriegen waren dann viele verbrannt, und heute besaß die Firma Ringsdorf das bedeutendste und größte Gebäude in Attenberg, sogar im weiten Umkreis. Ich ging jetzt dort aus und ein, wo meine Tante Amelie und zuletzt meine Mutter gearbeitet hatten.

«Poussagen dulden wir hier nicht», sagte der Prokurist, er sah über seine goldgeränderte Brille von mir zu dem zweiten Lehrling, dem Sohn eines Textilgroßhändlers aus Olpe, der lang aufgeschossen war und außer pechschwarzem Haar nichts an sich hatte, was einen zum Poussieren hätte verlocken können. Er schien in mir auch keine Gefahr zu sehen, und so schworen wir beide hoch und heilig, nur an unser Textilpraktikum zu denken und an sonst nichts. Dann holte uns der technische Leiter ab, ein selbstbewusster Mann, den ich vom Sehen kannte. In den ersten Sekunden, in denen ich völlig verwirrt durch Schluchten von komplizierten Maschinen lief, große Räder sah, kleine Räder, winzige Räder, die große lampenschirmförmige Garnrollen abspulten, um dann zusammenzulaufen in Rundstrickmaschinen, aus denen sich Strickschläuche in den unterschiedlichsten Farben herausdrehten, in diesen ersten Sekunden vor einer hoch kompliziert aussehenden Wevenitmaschine wusste ich, dass ich in diesem Maschinenwald mit den Bäumen aus Garnrollen zu Hause sein wollte. Die jungen Mädchen und Männer an den Flachstrickmaschinen kannte ich aus der Oberstadt, sie waren einander nicht wirklich ähnlich, aber in bestimmter Weise doch – sie hatten den gleichen Tagesablauf und schienen damit zufrieden, und diese Zufriedenheit war es, die sie einander ähnlich machte. Manche lächeln sogar, lachen, singen von der *Fischerin vom Bodensee* oder *Eine weiße Hochzeitskutsche*, aber eher die Mädchen. Die Männer an den Maschinen sehen ernst aus, gesammelt. Tun sie gern, was sie da tun? Sind sie gern Arbeiter, die an Flachstrickmaschinen kurbeln und an mächtigen Raumaschinen die scheinbar unendlichen Stoffbahnen zu meterhohen Bergen falten? Ich wollte das alles wissen, aber es war mehr als das, viel mehr. Es war mein Wunsch, hier zu sein, und nur hier. Natürlich kann ich nicht behaupten, dass ich in dieser Fabrik schon heimisch war, aber fremd fühlte ich mich auch nicht.

Am Sonntag war Waldfest in Attenberg. Da versammelte sich jedes Jahr die ganze Stadt. In einem Waldstück, auf einer Lichtung, waren Bänke und Tische aufgestellt, auf einem hölzernen Podium spielte die Attenberger Musikkapelle *Das alte Försterhaus, Tiritomba, Heimat, deine Sterne* und so was. Wir hätten lieber Schlager gehabt, wie Caterina Valente sie sang: *Steig in das Traumboot der Liebe* oder *Ganz Paris träumt von der Liebe*, aber egal, Hauptsache, es wurde getanzt. Oberstadt und Unterstadt saßen beieinander, Uhlmanns hatten Martha mitgebracht, man konnte sie nicht stundenlang allein lassen. In einem frischen Blümchenkleid – Schnelllöper hielt ihre kranke Schwägerin immer adrett – saß Martha da, stumm wie immer. Schnelllöper rannte, uns alle mit Getränken zu versorgen und mit Tabletts voller Rostwürstchen, die man mit einer ordentlichen Portion Düsseldorfer Senf in einem Brötchen aß. Schneeweißchen und Rosenrot hatten neue Kleider in ihren Lieblingsfarben, natürlich von den Guts, die jetzt auch Konfektion führten. Guts selber mochten nicht zum Waldfest, seit der Nazizeit war ihnen die Menge ein Gräuel. Metzger Ochel stand am Rost und briet Würste und Fleisch für die, deren Geld reichte, dazu gab es Bier und Wein und Limonade, als wäre ein hoher Festtag, und Großmama Auguste sagte: «Bestellt euch bitte, was ihr möchtet, heute lade ich ein!» Großmama Auguste kam immer öfter zu uns, Friedrich ärgerte sich darüber, doch das störte sie Gott sei Dank nicht. Heute fieberte sie wie alle anderen dem Zeitpunkt entgegen, wo das Ergebnis des Endspiels um die Fußballweltmeisterschaft bekannt gegeben würde. Man saß in Attenberg unter grünem Laubdach und die Gedanken waren in Bern. Die deutsche Nationalmannschaft spielte dort gegen Ungarn, und ganz Attenberg wartete sehnlichst auf den Abend, wenn das Ergebnis bekannt gegeben würde. «Von wegen Attenberg», sagte Eia, «ganz Deutschland sitzt jetzt am Radio! Wenn wir gewinnen, können wir uns in der Welt wieder sehen lassen!»

Nicht nur Eia sagte das, auch Ebsi und Nobsi, meine Kollegen bei Ringsdorf, konnten den Abend kaum erwarten. Sie waren im dritten Lehrjahr, hatten offenbar noch nie etwas davon gehört, dass bei der Firma Ringsdorf Poussieren verboten war. Ebsi wollte mit mir ins Kino, Nobsi zum Eisessen, und wenn sie ins Labor kamen, wo ich Badeanzugstoffe auf ihre Dehnungsfähigkeit und Farbechtheit zu prüfen hatte, boxten sie immer, um mir zu zeigen, wer von ihnen der Stärkere sei. Sie meinten das nicht ernst, sie waren unbesorgt, intelligent und faul. Immer wieder riefen sie eine von ihnen nicht geschätzte Frau an, sagten mit verstellten Stimmen: «Ihr Hund ist tot», bis die Frau völlig nervös nach Hause fuhr, um nachzusehen. Tadelte sie jemand, lachten sie nur, besonders Ebsi, der war stark und selbstbewusst, das genaue Gegenteil von mir. Frau Halbe, die Laborantin, sagte, ich solle nicht alle jungen Männer bei Ringsdorf verrückt machen. Wieso ich? Boxte ich etwa? Rannte ich denen hinterher oder die mir? Leider traute ich mich nicht, das laut zu fragen. Aber bald lernte ich, dass Frau Halbe auch zumindest einen jungen Mann bei Ringsdorf verrückt machte, einen aus der Hollerithabteilung, der die Lochkarten-Tabelliermaschinen bediente. Er trug immer einen frisch gestärkten weißen Kittel, wie Frau Halbe und ich auch, er stand gleich neben der Glastür, zum Rausgehen bereit, aber ich sah die Blicke doch und die waren verdammt heiß, und Frau Halbes Gesicht wirkte für eine Sekunde wie aufgerissen. Wild. Gierig.

Wenn in der Mittagspause Herr Halbe aus der Strickerei heraufkam, im grauen Kittel, sah die blonde Frau Halbe wieder aus wie die Frau auf der Reklame für Kaloderma-Seife: unübertroffen in Reinheit und Güte, das Ideal der deutschen Frau, das Friedrich uns immer vor Augen hielt. Ohne Schminke, züchtig und mit Dauerwelle – aber ich wusste, Frau Kaloderma Halbe hatte zwei Gesichter. Mindestens.

Trotzdem hatte ich eine unbestimmte Angst vor ihr. Wie vor allen bei Ringsdorf, die Vorgesetzte waren, auf die ich mich einstellen musste. Ich versuchte, sie zufrieden zu stellen. Ich konzentrierte mich auf die Versuche, die ich mit komplizierten Messgeräten durchzuführen hatte, bemühte mich, sie sorgfältig zu erledigen, ich schrieb alles millimetergenau auf, stoppte ständig die Zeit, überwachte die Färbeversuche. Ich fand das auch wichtig, wollte das lernen, wollte die Messungen und Prüfungen selbständig bewältigen. «Du bist verrückt», sagte Ebsi, «lass doch die faule Halbe auch noch was machen. Die fordert dich sonst immer wieder an, und du kommst nicht in die Modellabteilung. Da willst du doch hin.»

Das stimmte. Die beiden Direktricen, für die früher meine Tante Amelie gearbeitet hatte, ließen mich manchmal holen. Dann probierten sie an mir Pullover, Kleider oder Badeanzüge. Am Anfang genierte ich mich sehr, nicht, weil ich mich ausziehen musste vor den fremden Frauen, sondern weil sie meine Figur lobten. «Perfekte Größe 36», sagten sie, und das machte mich verlegen. Was sollte an mir schon perfekt sein. Ich hatte meinen Körper noch nie im Spiegel angesehen, ich genierte mich, und Großmama Marie hatte mir immer gesagt, es sei hoffärtig, sich im Spiegel zu betrachten. Aber ich freute mich jedes Mal, wenn ich zur Anprobe durfte, auch wenn das Frau Kaloderma nicht passte. Einmal schenkte mir eine Direktrice einen quer gestreiften Pulli, der sackartig geschnitten war und den Chefs nicht gefiel. Ich war stolz und glücklich, einen solchen Pulli besaß nur ich und ich trug ihn so ausdauernd, dass Frau Kaloderma fragte, ob ich sonst nichts anzuziehen hätte. Da lag sie gar nicht daneben. Friedrich bestand darauf, dass meine Schwester und ich knapp gehalten wurden, wir sollten strenge Reformkleider tragen, das war sein Geschmack. Klar, dass ich lieber nackt herumgelaufen wäre.

So hatte ich auch zum Waldfest meinen Streifenpulli wieder an, er war immerhin frisch gewaschen und mit Uhu Line gestärkt. Extra für Frau Halbe. Sie gehörte zu den Ersten aus der Firma, die ich sah, sie saß mit ihrem Mann an einem Tisch nah bei der Musik. Die beiden Direktricen waren mit Ebsis Eltern gekommen, ich grüßte zuerst, wie meine Mutter es mir immer wieder einschärfte, der junge Mann aus der Hollerithabteilung saß am unteren Tisch der Halbes wie ein hungriger Wolf, anscheinend war die ganze Firma Ringsdorf versammelt, wo ein Drittel der Leute von Attenberg arbeitete, die anderen verteilten sich auf die Fabriken Heikamp und Westphal, vormals Gebrüder Simon.

Hans-Werner war mit seiner Mutter und dem dicken Fabrikanten da. Der Dicke tanzte nicht, deshalb musste Hans-Werner mit seiner Mutter tanzen, Rosi tanzte leidenschaftlich gern, wie es hieß, auch Hans-Werner konnte alle Tänze, sogar Boogie-Woogie. Ich besuchte die Tanzschule, Großmutter Auguste hatte das für mich durchgesetzt. «Willst du, dass meine Enkeltöchter alte Jungfern werden?», fragte sie meine Mutter, die, im Auftrag von Friedrich, Mia nur den Turnverein erlauben wollte und mir gar nichts, denn ich hatte ja ein schwaches Herz.

Das konnte schon sein. Manchmal schien es, als bliebe mein Herz stehen, ich dachte, jetzt würde ich sterben, dann raste es plötzlich los. Das war seit dieser verdammten Kinderlähmung so, und ich hatte es leider meiner Mutter gesagt. Jetzt sagte sie dauernd: «Denk an dein Herz, Agnes, ich will nicht, dass du so krank wirst wie ich.»

Ich hatte keine Lust, mit meinen blöden Krankheiten zu

leben. Ich wollte auch den Tod nicht ständig auf der Pelle haben.

Beim Boogie-Woogie war ich nicht krank. Hans-Werner hatte von seinen Verwandten in St. Louis, Missouri, das war in den Vereinigten Staaten von Amerika, Schallplatten bekommen, auf denen Bill Haley sang und Elvis Presley. Solche Töne, solche Rhythmen hatte ich noch nie gehört, es war, als gehe eine neue Sonne auf, ich wusste nicht, warum, aber dass es wichtig war, wichtig für mich, das spürte ich, es trennte mich ab von so vielem, was mich in der Vergangenheit belastet hatte, von all den Befehlen und Strafen Friedrichs, der nichts so verachtete wie Negermusik, ich tanzte und wusste, ich würde mir von den Alten nichts mehr gefallen lassen.

Ich tanzte mit Ebsi. Sah seine vollen Lippen, die dunklen Augen und in mir wurde rasch mein Gefühl wach, sehr rasch. Ebsi war zwanzig, Ebsi hatte schon ein Kind gemacht mit einem Mädchen, das unbedingt mit ihm schlafen wollte. Sagte er. Ebsi sollte das Mädchen heiraten, er wollte aber nicht. «Mein Leben hat doch noch gar nicht angefangen», sagte er, und das hatten seine Eltern auch so gesehen. Die beiden Familien gerieten gehörig in Streit, nur das Mädchen war Ebsi nicht böse. Sie ließ ihn heimlich auch das Kind sehen, einen Jungen.

Das war alles interessant und beängstigend zugleich für mich. Ebsi wusste nicht nur, wie es ging, er hatte es gemacht. Er war anders als meine anderen Freunde, er war ein Mann. Ich wollte mit Ebsi nicht nur Boogie tanzen, sondern auch eng, und Ebsi wollte das auch. Ich legte verstohlen meinen Kopf an seinen Hals, spürte das kräftige Haar, roch den Rauch seiner Muratti-Zigaretten, und mein Gefühl wurde immer stärker, und ich drängte mich immer enger an Ebsi und hoffte, dass niemand es mitbekam. Ebsi sah mich ernst an und sagte: «O Mann, Agnes!» Ich sah Ebsis verändertes Gesicht, und ich war bewegt und stolz, dass ich daran schuld war. Ich wusste, er wollte mit mir dasselbe tun wie mit dem Mädchen, von dem er das Kind hatte. Das wollte ich auch und wollte es auch wieder nicht. Jedenfalls kein Kind! Ein Kind war eine Katastrophe! Eine Schande! Einer meiner Cousinen war es passiert, meine Tante schnürte sie bis zum Gehtnichtmehr. Als das Baby geboren wurde, hatte es ein ganz schiefes Gesicht.

«O Mann, Ebsi!» Ich erzählte ihm das mit dem Poussierverbot vom Prokuristen, da lachte er verächtlich und meinte, der solle lieber auf seine Frau aufpassen, da habe er alle Hände voll zu tun. «Wahrscheinlich will er dich haben, pass auf dich auf, und wenn er was will, sagst du es mir sofort.» Ebsi war so selbstbewusst wie sein Vater, der technische Leiter der Firma, deshalb konnte er sich mehr herausnehmen, und er hatte nur noch ein halbes Jahr bis zur Prüfung, dann würde er in Köln Betriebswirtschaft studieren.

Als Ebsi und ich vom Podium kletterten, kam Hans-Werner. Ich sah, dass er zitterte, mehr innen, ich kannte ihn gut. «Agnes ist mein Mädchen», sagte er zu Ebsi, und Ebsi schlug ihm auf die Schulter. «Das weiß doch jeder, aber noch ist nicht aller Tage Abend.» Dann sah Ebsi mich mit seinen dunklen Augen an, sein voller kleiner Mund lächelte: «Wir sehen uns ja spätestens morgen, ich komme zu dir ins Labor!»

«Was bildet der sich ein! Du bist schuld, Agnes, du hast ganz eng mit ihm getanzt, ich hab es gesehen.»

Wir gingen an unseren Tisch, ich ließ Hans-Werner reden, mir war es gleichgültig, wenn auch nicht so ganz. Im Moment wäre ich gut ohne Hans-Werner ausgekommen. Das sagte ich ihm aber nicht, ich wollte ihm nicht wehtun, doch Ebsi war mir noch so nah, sein Geruch, die Kraft seines gedrungenen Körpers, das alles hatte mich verwirrt und erhitzt. Am Tisch sah ich, dass Friedrich wieder zu viel getrunken hatte. Er wollte mit meiner Mutter tanzen, doch sie drehte den Kopf weg, da forderte er Trude von Neumanns Lebensmitteln auf, doch die dankte auch bestens, ebenso Frau Valbert. Wer will denn mit einem betrunkenen Nazi tanzen. Mir war schon lange aufgefallen, dass viele unserer Nachbarn oftmals bis in die Nacht mit Friedrich herumsaßen, am Tag jedoch schienen sie sich zu distanzieren.

Plötzlich schwieg die Musik, über Lautsprecher kam die Durchsage, dass Deutschland Ungarn 3:2 geschlagen hatte. Deutschland war Weltmeister! Ein Schrei, ein Erlösungsschrei versammelte alle Attenberger wie zu einem Gottesdienst. Als wären sie frei geworden von den Fäden, die sie an schlimme Zeiten banden, als Mörder unter ihnen waren, Folterer, Verbrecher. Ein Sieg wie dieser, ein Sieg der besten Fußballer Deutschlands über die besten Fußballer der Welt, sollte die Fäden zum alten, schlechten Leben zerreißen, das neue Leben konnte anfangen. «Einigkeit und Recht und Freiheit», sangen sie, ich sang mit und schielte auf Friedrich. Der musste bestimmt Acht geben, dass er seinen rechten Arm nicht hochhob, so wie sie das im alten Leben alle getan hatten, oder fast alle. Friedrichs Arm blieb unten. Alle umarmten einander, ich sah, wie der Höhö plötzlich Martha Uhlmann einen dicken Kuss gab, sie umarmte, durch die Luft schwenkte. «Martha, fi sinn Weltmeester!»

Martha setzte sich still wieder auf die Bank, der Höhö war selber verblüfft über seinen Gefühlsausbruch. Verlegen sagte er zu Uhlmanns Paul, dass seine Schwester ein hübsches Mädchen sei. «Dat Martha is en staats Wicht!» Schnellöper sah ihren Mann an, der sein Bier zum Mund hob, dann wieder absetzte und zu Höhö sagte: «Aber en Wicht is et nu nich mehr.»

«Götzendienst», sagte am Sonntag darauf Pfarrer Hauff in der Predigt, die Deutschen beteten nicht mehr Gott an, sondern den Fußball. In der Firma Ringsdorf, in den Geschäften, überall war von Kaiserslautern die Rede, einem Kaff in der Pfalz, aus dem zusammen mit Fritz Walter fünf Fußballweltmeister stammten! Sepp Herberger, der Chef, ein Staatskäärl, Fritz Walter, der junge Gott, «stellt euch das mal vor, der hat eine Italienerin geheiratet, die schminkt sich und lackiert ihre Nägel ritzerot, mein Gott, so eine italienische Hexe, konnte der nicht ein natürliches deutsches Mädchen finden!» So dachten viele, doch er war Fritz Walter, er vertrat uns Deutsche in der Welt, er und Sepp Herberger waren wie Volkswagen und Bonn am Rhein – sie waren nicht nur das Beste, was Deutschland zu bieten hatte, sie waren Deutschland. Vaterland.

15. KAPITEL

◆

Mit Chauffeur nach Gummersbach
Martha will ihr Kind zurück

Montags kam ich in der Mittagspause den neuen Weg herauf, in der Eisdiele an der Leie hatte ich mir Vanilleeis in der Waffel gekauft, ich konnte es mir leisten, ich bekam jeden Monat mein Lehrlingsgehalt auf ein Konto bei der Bank überwiesen, und Friedrich, der es einziehen wollte, mir lediglich ein Taschengeld zugestand, verlor eins zu null gegen meine Mutter. Sie bestand nur darauf, dass ich jeden Monat ein Teil für meine Aussteuer kaufte. Mit einem Besteck von WMF wollte ich anfangen, worauf Großmama Marie jammerte, die mir ihr Silberbesteck vermachen wollte, Mia sollte das von Auguste kriegen. Also kaufte ich nach und nach Salz- und Pfefferstreuer, eine Pfeffermühle, einen Honigtopf und eine Butterdose von WMF. Sie gefielen mir, es hieß, sie seien aus Cromargan und ich müsste sie nie putzen wie das Silber der Großmütter Marie und Auguste, und als ich später erfuhr, dass ein Bauhaus-Lehrer namens Wagenfeld sie entworfen hatte, fand ich sie noch schöner.

Ich spürte, dass ich etwas galt, wenn ich einkaufte, man versuchte zwar anfangs, mir Sachen aufzuschwatzen, doch ich wusste selber, ob mir etwas gefiel oder nicht. Jeden Sieg über einen Verkäufer buchte ich auf der Habenseite. Ich konnte Soll und Haben unterscheiden, ich war Industriekauffrau, lernte Buchhaltung. Das war kompliziert, aber es ging unterm Saldo immer auf, und das faszinierte mich. Außerdem war Helga Ringsdorf in meiner Klasse. Niemals war ich so verblüfft gewesen wie am ersten Berufsschultag.

Ich stand an der Bushaltestelle der OVAG, an der Kölner Straße. Es war ein kalter Apriltag mit Regenfäden und Pfützen. Ausgerechnet heute bekam ich meine Tage, und Mia hatte die Camelia verbraucht. Da musste ich Stoffbinden nehmen, die ich nicht ausstehen konnte, weil man sie feststecken musste, und dann rutschten die Dinger – lassen wir das. Ich war schon nervös genug. Noch nie war ich auf dem Hepel in Gummersbach gewesen, schon gar nicht in der Berufsschule. Ich hatte ziemlich viel Angst vor so viel Neuem, wenn auch Ebsi mich getröstet hatte: «Lass es auf dich zukommen, Agnes, auch da wird nur mit Wasser gekocht. Und wenn nötig, helfe ich dir.»

Kurz bevor die OVAG kam, hielt vor mir ein Mercedes 220, Helga Ringsdorf öffnete die Autotür und sagte, ich solle einsteigen. «Los, komm! Ich fahre auch nach Gummersbach!»

Dann setzte sie sich so zufrieden hin, wie ich es von ihr kannte. «Na – nun bist du platt!»

«Was machst du in Gummersbach?»

«Ich gehe in die Berufsschule.»

«Wieso – du bist doch im Gymnasium?»

«Ach nee, das war mir langsam zu blöd – ich wär sitzen geblieben, mit Pauken und Trompeten ...»

Dann würde Helga auch in die Firma kommen? Ich freute mich schon: «Kommst du dann auch ...?»

Helga unterbrach mich sofort, lachte respektlos: «Ach du liebe Zeit! Zu meinem Opa, meinem Onkel und meinem Papa? Nee, nie. Die wollen mich da auch gar nicht haben, die fürchten, dass ich sie blamiere, sie haben mich zu meinem Onkel nach Gummersbach gesteckt, du weißt ja, Ringsdorf und Schnabel.»

Nach dieser langen Erklärung wurde Helga wieder praktisch: «Denk jetzt nur nicht, dass uns der Chauffeur jeden Tag bringt. Heute ist eine Ausnahme, weil es der erste Tag ist und so ein Sauwetter. Jetzt sag aber mal, freust du dich wenigstens?»

«Klar, und wie!», sagte ich, und das meinte ich auch so.

Es war für mich wirklich ein besonderes Glück, mit Helga gemeinsam die Berufsschule zu besuchen. Sie fuhr jeden Dienstag mit mir in der OVAG, nur bei Glatteis, bei dem schon einmal ein Bus verunglückt war, oder bei sengender Hitze wurden wir vom Chauffeur gebracht. Doch Glatteis oder Hitze ist selten im Oberbergischen, wir fuhren gern mit dem Bus, den auch manchmal der Hund von Metzger Ochel benutzte, Schwartemagen, ein scheckiger Terrier, der in Derschlag eine Freundin hatte, die er regelmäßig besuchte. Nach einiger Zeit nahm er die OVAG wieder zurück nach Attenberg, die Fahrer kannten ihn alle, Metzger Ochel steckte ihnen oft Wurst und Schinken zu, denn er war stolz auf die Intelligenz seines Schwartemagen.

Mein Leben als Industriekauffrau gefiel mir immer besser. Es hieß, wir würden besser ausgebildet als die Einzelhandelskaufleute oder die vom Großhandel. Manche aus unserer Klasse schienen sich was darauf einzubilden. Mir war das gleichgültig, ich war erstaunt, dass es so angenehm war, älter zu werden, ich achtete sehr auf die kleinen Dinge, die damit verbunden waren. Besonders der Berufsschultag gefiel mir. Helga und ich gingen nach dem Unterricht in ein Café zum Essen. Auf die Idee wäre ich allein nie gekommen, aber ich fühlte mich großartig, neben Helga Strammen Max zu essen oder Bouillon mit Ei. Ich, noch vor kurzem ein Mickerchen, das nur in einer Adoption die Möglichkeit zu einem angemessenen Leben sah, saß selbstverständlich neben Helga Ringsdorf in der Schulbank. Der Unterricht machte mir Spaß, und ich spürte, dass ich allein weiterkam, dass sich Türen öffneten. Schon nach dem ersten Schuljahr machte mich unser Klassenlehrer darauf aufmerksam, dass ich am Abendgymnasium weitermachen könne, solle, müsse. Ich bekam Lust darauf, lernte samstags und sonntags, wie sich unser Staatswesen aufbaut, wie man in großen Firmen mit dem Geld umgeht. Bald schrieb ich ziemlich gute Noten.

Helga las unter der Bank *Film und Frau*. Sie verließ sich darauf, dass ich das mit den Debitoren und Kreditoren kapierte und ihr später sagen würde, wodurch sich Bundestag und Bundesrat unterschieden. Helga sagte, der ganze Quatsch mit dem Beruf interessiere sie nicht. Sie wolle einen Mann und Kinder und wisse überhaupt nicht, warum sie sich anstrengen solle. Sie werde genug erben, und sie nehme sowieso nur einen reichen Mann. Ein armer, der vielleicht nur ihr Geld wolle, käme nicht infrage. So blöd sei sie nicht.

Das stimmte. Helga war faul, aber nicht dumm. Sie wusste, dass andere vor ihr für sie mitgearbeitet hatten, und das fand sie angemessen. Aber sie bildete sich nichts darauf ein. Nie hatte ich das Gefühl, dass sie auf mich herabsah – eher im Gegenteil. Sie sprach respektvoll von meiner Mutter, die in der schwierigen Zeit die geklauten Sachen zurückgebracht hatte. Sie bewunderte Eia, beneidete mich um ihn, denn einen Bruder hatte sie nicht. Nur eine viel ältere Schwester, die studierte und in Helgas Augen ein Streber war.

Manchmal war es für mich ein seltsamer Gedanke, dass ich durch die Fabrik ging, die einmal Helga gehören würde. Doch erwärmte mich der Gedanke auch, denn Helga war meine Freundin, ich gehörte zu einem Teil ihres Lebens.

Mein täglicher Weg in der Mittagspause vom Fabrikgebäude über die Kölner Straße, der Gang durch die Leie wie durch eine Schlucht gefiel mir, ich dachte, dass es zu einem guten Leben beiträgt, mit einem Eis in der Hand den Neuen Weg hinaufzugehen, langsam bergauf, die weiße Ringsdorf-Villa im Blick, dort wohnte der Seniorchef, ich sah ihn selten, er war nicht nur Helgas Opa, er war für alle *Der Opa*, obwohl er in drei Ländern studiert hatte und eigentlich Anspruch auf eine würdige Anrede gehabt hätte. Der Opa war mutig. Als die Amerikaner nach Attenberg kamen, wollten sie mit ihren MPs auch in die Fabrik eindringen, ins Büro. Der Seniorchef stellte sich den Amerikanern entgegen und sagte, sie kämen in sein

Büro nicht rein. Sonst müssten sie ihn erschießen. Das haben sie nicht getan.

Einmal, als ich im Labor einen elastischen Stoff zwischen zwei schwere Gewichte klemmte, stand plötzlich der Seniorchef, den ich wegen der Amerikaner nicht Opa nenne, hinter mir. «Was machen Sie da?», fragte er. Ich, ohne nachzudenken, sagte: «Das sehen Sie doch», und für einen Moment dachte ich, der gibt mir jetzt eine Ohrfeige. Dann hätte ich ihn auch Opa genannt, aber er ohrfeigte mich nicht, er sagte, er wolle wissen, warum ich mache, was ich da mache. Ich erklärte es ihm und er ging wieder.

Der andere Lehrling, Manni aus Olpe, der im Büro eingesetzt ist, hatte vor lauter Diensteifer dem Senior alle Bleistifte gespitzt. Doch der alte Herr war herumgerannt und hatte den Spitzer gesucht, er glaubte an einen Streich, er wollte keine spitzen Bleistifte. Die schrieben sich zu schnell weg, das war Bleiverschwendung. Der Senior hob auch jeden Faden auf, jeden Stofffetzen, er hielt ihn den Arbeitern unter die Nase, sagte: «So, Sie können en missen, eck kann ihn bruken!» In alten Akten der Firma, so hieß es, stünde die Anweisung, dass Pferde und Wagen nur zum Transport von Waren, nicht aber zu Luxusfahrten benutzt werden durften. Der Vater des jetzigen Seniors allerdings war der Musik zugetan. Die Arbeiter durften jederzeit Musik hören und auch selber singen. Das war bis heute so. Ich hörte oft aus der Spinnerei oder den Stricksälen das Singen der Arbeiterinnen.

Aus diesen Gedanken schrak ich auf, als mir in der Kurve des Neuen Wegs ein Kinderwagen entgegenkam. Ich wollte es nicht glauben, dass die Frau, die mit dem Kinderwagen rannte, sodass es rumpelte, dass diese Frau Martha war, Martha Uhlmann. Sofort wurde mir klar, dass etwas nicht stimmte. Ich stemmte mich gegen den Kinderwagen, hielt Martha fest, schrie, wohin sie denn mit dem Kinderwagen wolle. Der gehörte Valberts, samt dem Kind darinnen, und ich sah auch schon die Bäckersfrau heranlaufen, doch Martha zerrte an mir, wollte weiterrennen mit dem Wagen. «Dat is min Kind, sie haben et mir abgenommen, nu hab ich et mir wiedergeholt!»

War Martha jetzt richtig verrückt geworden? Komisch war sie ja immer, wie sie all die Jahre so stumm dasaß auf der Bank vor Uhlmanns Haus. Niemanden hatte das gestört, niemand schien danach zu fragen, ich auch nicht. Martha saß vor dem Haus, immer proper, immer still, das war eben so. Doch heute?

Die Bäckersfrau war bei uns angelangt, entschlossen wollte sie Martha den Kinderwagen aus der Hand reißen, doch Martha gab nicht nach, sie warf sich über den Wagen, klammerte sich fest, schrie immer, dass es ihr Kind sei, ihr Kind, und nun gebe sie es nicht mehr her. «Nie mehr. Nie mehr!» Martha heulte, es klang wie von einem Tier, und jetzt war auch Schnelllöper bei uns, auch sie riss und zerrte an Martha, ich versuchte, Marthas verkrampfte Hände vom Korbgeflecht des Kinderwagens zu lösen, Schnelllöper war noch grauer als sonst, sie sagte immer: «Martha, o Chott, o Chott, Martha», sie sagte es so schnell, dass es wie «ochottochott» klang. Gott hörte auch nicht darauf, denn Martha wurde immer wilder, lauter, ungebärdiger, ihr Gesicht war verzerrt, sie ging jetzt auf jeden von uns los, mich riss sie an den Haaren – als Schnelllöper mich befreit hatte, griff Martha sie an, umkrallte ihren Hals, sodass Schnelllöper die Augen vorquollen, Frau Valbert und ich mussten Martha mit Gewalt von Schnelllöper wegzerren, die sich am Zaun festhielt und nach Luft schnappte. Diesen Moment nutzte Martha wieder, um sich über den Kinderwagen zu werfen.

Aus der nahen Metzgerei war Ochels Emma gekommen, Hammesfahrs Kuckuck kam gerannt, viele Leute aus Neumanns Lebensmitteln, auch Trude und der Treuden Alex, der schon wieder duhn war. Mir fiel auf, dass niemand redete, alle starrten stumm und ratlos auf Martha, halfen uns auch nicht, als wir wieder versuchten, Martha vom Kinderwagen wegzukriegen, in dem jetzt Valberts Jüngster brüllte.

Jemand sagte: «Da kommt der Opa.» Erschöpft und mit klopfendem Herzen sah ich dem Senior entgegen, dem alten Herrn Ringsdorf, der in seinem weißen Anzug aus der Villa kam, auf deren Höhe, nur durch die Straße getrennt, wir mit Martha verknäuelt waren. Der Senior kam ruhig über die Straße, sah auf Martha, sah auf Schnelllöper und sagte, er werde sofort telefonieren. «Die Martha braucht einen Arzt.» Dann ging er zurück, diesmal lief er und ich hoffte, dass er nicht den Doktor holen würde. Nicht den Doktor, der brachte Leute, die mit dem Bein zuckten und nicht mehr redeten, nach Tannenhof, und dann kamen sie schnell zurück, im Sarg. Und meine Mutter, die Genaues über den Tod ihres Vater erfahren wollte, wurde gar nicht vorgelassen zum Chefarzt der Klinik. Sie wurde beschimpft, man drohte ihr mit einer Anzeige, sagte ihr, sie gehöre selber in Verwahrung.

Der Doktor würde Martha auch nach Tannenhof schicken. Hoffentlich rief der Senior den neuen Arzt aus Sessinghausen an.

Martha, die vielleicht durch die ruhige Stimme des alten Herrn Ringsdorf für eine Sekunde abgelenkt war, die gehört hatte, dass Ringsdorf einen Arzt holen wollte, Martha ließ den Kinderwagen los, rannte in Richtung Friedenseiche, zum Schmittenloch. Schnelllöper und ich liefen hinterher, holten Martha, die dick war und im Laufen ungeübt, an der Friedenseiche ein. «Komm, Wicht», bettelte Schnelllöper, «komm heem, du machs ja alle Peerde scheu!»

Martha konnte nicht mehr, sie war erledigt. Das jahrelange Sitzen hatte sie nicht zum Kämpfen ausgerüstet. Wir führten sie zu der Bank an der Friedenseiche, von der man einen weiten Blick hat auf die Unterstadt. Doch Martha schien nichts wahrzunehmen, als sie wieder Puste hatte, begann sie erneut zu toben. «Eck will min Kind, eck will min Kind!» Hilflos, aber sehr zärtlich strich Schnelllöper ihrer Schwägerin die Haare aus dem Gesicht, das hochrot war, Schweißperlen standen auf Marthas Stirn, ihre Bluse klebte vor Nässe am Körper.

Jemand hatte Uhlmanns Paul benachrichtigt. Er kam auf seinen kurzen Beinen angewalzt, sein Bauch wackelte unter dem dünnen Unterhemd, das er immer bei seinen Arbeiten auf dem Dach trug. Paul Uhlmann galt als fleißig und korrekt, die Dächer, die er reparierte oder neu deckte, waren mustergültig, und die Hilfsbereitschaft der Uhlmanns war bekannt. «Die geben dir das letzte Hemd», hieß es in der Nachbarschaft, und es stimmte, wir hatten oft bei Uhlmanns Mehl ausgeliehen oder Eier oder sonst was.

Doch jetzt sah Uhlmanns Paul bedrohlich aus, fand ich. Wie er auf Martha zuwalzte, der Kopf seltsam grünlich unter dem Braun der Haut – kriegte ich Angst. Er brüllte seine Schwester an, die immer noch nach ihrem Kind jammerte, dass sie das Maul halten solle. «Schwigg de Mule, du dumm Düppen», schrie er immer wieder, und seine Frau schrie er an, dass sie zu nichts nutze sei. «Nich mal up dat kranke Wicht kannste uppassen!» Er riss Martha hoch von der Bank und zog sie mit sich, gewaltsam die Hauptstraße hinauf zu Uhlmanns Haus, während Martha immer wieder brüllte, dass sie ihr Kind wolle, und Uhlmann zurückschrie, sie solle endlich ihr Maul halten.

Offenbar hatte Paul Uhlmann gar nicht gemerkt, dass seine Frau auf der Bank zusammengesunken war. Ich dachte schon, sie sei tot, so verfallen sah Lene aus, wie welkes Laub, aber Ochels Emma holte schnell ein Glas Wasser, und ich richtete Lene auf, hielt sie im Arm, bis Emma ihr das Wasser eingeflößt hatte. Lene stierte vor sich hin, aber sie schien sich wieder zu erholen. Da platzte Emma Ochel heraus: «Stimmt dat denn, Lene, dat mit eurer Martha –»

Lene sah hoch, sie sagte trocken und wütend: «Tu doch nicht so, Emma, ihr habt et doch alle gewusst.»

«Na ja», erwiderte Emma zögernd, «aber dat Genaueste, dat weiß keiner, is ja auch schon siebzehn Jahre her.»

Lene stand jetzt auf, sie schien müde und trostlos, sah Emma sachlich an. «Eben. Wenn de et siebzehn Jahr nich jewusst hast, musste et auch jetz nich wissen!»

Entschlossen warf Lene ihren inneren Motor wieder an und rannte zurück zur Hauptstraße. Ich sah auf die Uhr, es war schon nach zwei, ich musste zurück zur Arbeit. Es trieb mich, Emma Ochel zu fragen, was sie wusste. Doch Emma eilte ihrer Metzgerei zu, rief über die Schulter, dass ich meine Großmama Marie fragen solle. «Ohne deinen Opa und üern Pastor wär dat Martha wohl dot.»

Inzwischen war es fast halb drei, und ich musste schleunigst zurück in die Firma. Während ich im Eiltempo den Neuen Weg hinunterlief zur Leie, dachte ich daran, dass Pfarrer Hauff bei der Beerdigung gesagt hatte, unser Großvater habe ihm in großer Bedrängnis beigestanden. Natürlich hatten sie mir damals auf meine Fragen nichts gesagt, Mutter nicht, Großmama Marie nicht, und den Pfarrer mochte ich nicht fragen. Jetzt, durch Marthas Aufstand, versuchte ich wieder, die Fäden dieser ineinander verwobenen Leben aufzudröseln, doch ich schaffte es nicht. Ich war froh, als mich die kühle Dämmerung der Ringsdorf'schen Fabrik wieder aufnahm.

Marthas Geschrei hallte aber nach in mir. Und plötzlich, ich überprüfte gerade einen Stapel Herren-Lumber, wusste ich, dass ich nach Büroschluss zu Pfarrer Hauff gehen würde. Warum war ich da nicht längst draufgekommen! Mir hatte niemand gesagt, wie ich Fragen stellen, mich wehren könnte. Zum Beispiel gegen Friedrich. Gegen die Ärzte in Tannenhof, die meinen Großvater umbrachten. Keiner zeigte mir, wie man macht, was man für richtig hält. Ich hatte still beobachtet, dass viele Leute anders redeten, als sie dachten. Pfarrer Hauff durfte das nicht, ein Pfarrer darf nicht lügen. Er sollte mir sagen, was mit Martha passiert war.

Ich hatte mich telefonisch angemeldet. Die Telefonzentrale der Firma, zunächst Hexenwerk für mich, entwirrte die hauptamtliche Telefonistin schnell. Nach wenigen Tagen konnte ich die Knöpfe und Hebel richtig bedienen, Gespräche annehmen und überallhin durchstellen. Zwei Tage konnte ich die Telefonistin sogar vertreten, und ich hatte mir angewöhnt, überall vorher anzurufen, wenn ich jemanden aufsuchen wollte.

Merigold, die Schwester des Pfarrers, gleichzeitig seine Haushälterin, schien nicht erstaunt über meinen Anruf. «Natürlich», sagte sie, «komm nur.»

Ich beeilte mich, die Kölner Straße hinaufzukommen, lief den kleinen Hügel zur Kirche hinauf, die zwei breiten Treppen, die zum Kirchplatz hinaufführten, nahm ich zwei Stufen auf einmal. Das Pfarrhaus lag rechter Hand neben der Kirche, unter dem Vordach konnte ich Luft schöpfen, ich war aus der Puste wie Großmama Marie, doch Häuffchens Schwester, klein und rundlich wie er, ließ mich rasch ein. Im erleuchteten Flur roch es gar nicht heilig nach gekochtem Blumenkohl. Ich hatte Hunger.

Pfarrer Hauff empfing mich in seiner Studierstube, er trug einen dunklen Anzug und Hausschuhe, ich glaube, er freute sich, mich zu sehen. Die Geschichte mit Martha kannte er, klar, und ich solle mich setzen. Ich berichtete von meinem Gespräch mit Ochels Emma, und Pfarrer Hauff sagte, Martha habe die Steine vom Grab Christi weggerollt. Es werde sich vielleicht einiges ändern in Attenberg, auch, was ihn betreffe. «Die Attenberger wollen mich nicht mehr. Ihr werdet einen neuen Pfarrer bekommen, Agnes. Ich werde eine andere Pfarrei übernehmen, eine in meiner Heimat.»

Warum, dachte ich, warum nur, aber ich sprach es nicht aus. Ich wusste ja, dass ich an eine unheilvolle Geschichte rührte, ich hatte seit Marthas Ausbruch auch Angst davor, sie zu hören. Doch dann dachte ich, dass ich ein Recht darauf hatte, wenigstens die Wahrheit über meinen Großvater zu erfahren. Und ich fragte, was Ochels Emma angedeutet habe.

Pfarrer Hauff hatte sich seine Pfeife angezündet. Er zog ein paar Mal kurz und kräftig, dann sagte er, dass in den Jahren vor dem Krieg mein Großvater der einzige Mann in Attenberg gewesen sei, dem er wirklich vertraut habe. Besonders Uhlmanns hätten sich dem Führer mehr untergeordnet, als man für möglich halte. «Die Martha, weißt du, die war vor ungefähr zwanzig Jahren ein hübsches Mädchen, en staatsWicht, wie die Attenberger sagen. Aber sie war schwach im Kopf. Im Alltag tüchtig und praktisch, doch beim Denken haperte es. Das fiel natürlich in der Schule auf, und auch dem Doktor. Bald wusste es der Gauleiter Schumann. Der sprach von unwertem Leben. Auf dem Schützenfest ist es dann passiert. Ein junger Mann aus Eckenhagen, der selber ein schlichtes Gewächs war, Martha auch gar nicht kannte, tanzte den ganzen Abend mit ihr, Uhlmanns ließen Martha gewähren, warum auch nicht, sie hatten ja ein Auge auf sie – doch später müssen die beiden sich heimlich getroffen haben. Martha wurde schwanger. Sie freute sich auf das Kind, der junge Mann auch, er wollte Martha heiraten.»

Pfarrer Hauff klopfte seine Pfeife aus. Er hatte offenbar einen Frosch im Hals, jedenfalls musste er husten, dann sah er mich an und sagte, Einzelheiten wolle er mir ersparen, aber Martha sei mit dem Einverständnis der Uhlmanns, die angeblich Angst vor dem Gauleiter gehabt hatten, in eine Klinik gekommen. Dort habe man sie untersucht und beschlossen, dass sie kein Kind bekommen dürfe. Martha sollte in der Klinik verwahrt werden, der junge Mann war ebenfalls abgeholt worden.

Nach nochmaligem Räuspern sagte Pfarrer Hauff, er habe sich meinen Großvater als Zeugen mitgenommen und sei in die Klinik gefahren. «Dein Großvater wollte noch Unterschriften sammeln in Attenberg, erklären, dass Martha friedlich, arbeitsam und fröhlich sei und sicher eine gute Mutter. Er,

Ewald Vonderweidt, würde mit seiner Frau die Patenschaft für das Kind übernehmen. Doch außer Schneeweißchen und Rosenrot und dem Vorndamme Karl sowie Herrn Walter, den ihr Höhö nennt, wollte niemand unterschreiben. Alle anderen sagten, sie hätten Angst. In diesen Zeiten sei jeder sich selbst der Nächste.» Der Pfarrer machte eine Pause und fuhr dann fort. «Tja, Agnes, wir haben nicht verhindern können, dass sie Martha das Kind genommen haben. Aber wir konnten durchsetzen, dass Martha wieder nach Attenberg zurückkam. Oder das, was sie von ihr übrig gelassen hatten.»

Ich dachte, dass ich nicht genug Verstand hätte, um das zu begreifen. Aber ich spürte dennoch, dass Martha in Gefahr war. Der Gauleiter hatte sich erschossen, aber der Doktor war noch da, auch er wusste natürlich längst von dem Lärm um Martha, ich stieß hervor: «Der Doktor schafft Martha bestimmt wieder irgendwohin, wo man sie zum Schweigen bringt. Wie meinen Großvater.»

Pfarrer Hauff erhob sich, auch ich stand auf und hörte wie von ferne, dass er sagte, ich hätte leider Recht. «Martha soll nach Tannenhof. Lene Uhlmann hat mich angerufen. Aber ich werde das verhindern. So oder so.»

Mich bewegte die ganze Zeit, warum Martha siebzehn Jahre geschwiegen hatte und plötzlich Valberts Kind als ihr eigenes ansah. Pfarrer Hauff sagte, dass er auch nur spekulieren könne. Der Höhö habe ja Martha herumgeschwenkt und ihr einen Kuss gegeben. «Vielleicht hat das Martha an ihre einzige Liebe erinnert. Und dann ist alles, was damals passierte, mit Wucht zu ihr zurückgekommen.»

Als ich heimkam, fragte niemand, wo ich denn so lange gewesen sei. Obwohl es inzwischen halb neun war. Meine Mutter und Friedrich packten für eine Reise. Sie wollten nach Italien, nach Rimini. Ich fragte, ohne mir etwas dabei zu denken, ob das nicht etwas plötzlich gehe. Sofort fuhr Friedrich mich an, dass ich meinen vorlauten Mund halten solle. Mutter sagte: «Sie wird sich ja noch wundern dürfen.» Da wunderte ich mich wirklich.

Niemand sprach über Martha.

Am nächsten Tag, einem Samstag, fuhr ich mit Hans-Werner und seinen Eltern nach Köln. Der dicke Stiefvater wollte in den Kaiserhof, dort trat Hanussen II auf, ein Hellseher, der sagen konnte, ob vermisste Soldaten noch lebten. Der Dicke wollte nach seinem Sohn Peter fragen, der auch als in Russland vermisst galt. Ich dachte, dass ich ihn fragen könnte, ob Martha Uhlmann in den Tannenhof eingeliefert werde, behielt meine Gedanken aber für mich. Zumal weder Rosi noch Hans-Werner Martha erwähnten.

16. KAPITEL

Atombombe – null Schutz vor ihr
Hanussen II gibt Rätsel auf
Wer anderen eine Grube gräbt

Edith Hart, deren Familie bombengeschädigt war, wohnte in einem Behelfsheim. Sie hing wie ein treuer Hund an mir, obwohl ich mich daran immer noch nicht gewöhnt hatte. Auf dem Waldfest hatte sie gebettelt, ich solle mit ihr tanzen, da niemand sie auffordern würde. Ich tat das, ich zwang mich dazu. Ich durfte mich aber nicht dazu zwingen, Edith lieb anzusehen. Sie würde mich dann überhaupt nicht mehr loslassen.

Edith hatte auch einen Lehrvertrag. Stolz zeigte sie ihn mir. Sie würde der erste weibliche Steinmetz im Oberbergischen sein. Steinmetz Huhn, der seine Werkstatt unweit der Barackenlager hatte, suchte vergeblich einen Lehrling. Edith erfuhr davon und er nahm sie, nachdem sie mühelos einen ziemlich dicken Gesteinsbrocken aufgehoben hatte. Edith wollte mich schon lange zu sich nach Hause einladen, aber ihre Mutter erlaubte es nicht, und ich hatte auch keine Lust, dorthin zu gehen.

Einmal, an ihrem Geburtstag, durfte sie mich dann doch einladen. Es war ein Julisonntag, in der Baracke, die neben vielen anderen in Niedersessmar an der Chaussee stand, war es stickig. Es gab Stachelbeerkuchen mit Sahne aus Eischnee, es schmeckte gut, doch Ediths Mutter wollte mir das nicht glauben. Sie entschuldigte sich dauernd, dass sie kein Geld für Sahne hätte. Ich erklärte ihr, dass es bei uns daheim auch keine Sahne gäbe. «Aber bei Festen doch», sagte sie, und ich gab das zu. «Ihr habt nicht alles verloren, so wie ich», sagte sie und predigte Edith, sie solle sich an mir ein Beispiel nehmen. Sich anständig anziehen, Haare waschen, nicht mehr Fußball spielen und so weiter. Edith blätterte ungerührt in dem Buch, das ich ihr geschenkt hatte. Ediths Mutter sagte plötzlich: «Lang halte ich das nicht mehr aus. Die Wohnung verloren, der Mann gefallen, ich hab keinen, der mir hilft, und dann noch die! Nicht Fisch, nicht Fleisch!» Sie wies auf Edith und sah ziemlich verzweifelt aus. Dann zog sie sich ins Schlafzimmer zurück, und Edith sagte sachlich: «Jetzt säuft sie wieder.» Nach einer Weile hörten wir von nebenan aus dem Radio Lale Andersen: «Blaue Nacht, o blaue Nacht am Hafen», und ich überlegte, was Ediths Mutter wohl gemeint hatte mit dem *weder Fisch noch Fleisch*. Doch dann vergaß ich es wieder.

Der Krieg ist schon fast zehn Jahre aus, aber er ist nicht vorbei. Überall Streit, die Politiker drohen einander, sie reden vom Kalten Krieg, vom Eisernen Vorhang. Adenauer sagt oft: «Meine Damen und Herren, die Lage war noch nie so ernst!»

Das steht in der OVZ, aber ich habe lieber, wenn ich es im Fernsehen verfolgen kann. Wir daheim haben keines, Friedrich will es nicht. Er sagt, Fernsehen sei der Verfall der Kultur, es zerstöre die deutschen Familien. Friedrich war schon zum zweiten Mal mit Mutter in Bayreuth, bei den Richard-Wagner-Festspielen. Er sagte, Wagner, das sei deutscher Geist, doch meine Mutter fand das stundenlange Sitzen auf den harten Stühlen anstrengend. Aber die Musik sei herrlich und sie habe viel Eleganz gesehen.

Bei Hans-Werners Eltern darf ich immer fernsehen. Ich bin ja nur am Abend dort und manchmal am Wochenende – da sehen sie immer fern. Weil Hans-Werners Mutter mit meiner befreundet ist, kann Friedrich nichts dagegen tun, dass ich dort bin. Dadurch habe ich jetzt ein fast Friedrich-freies Leben. So nenne ich das. Friedrich-frei. Es gefällt mir. Ich habe das Gefühl, dass der Tag mir gehört, mir. Obwohl ich jeden Morgen in die Firma Ringsdorf muss. Ich könnte auch sagen, darf – so gern gehe ich immer noch hin. Nach dem Labor bin ich jetzt in den riesengroßen Lagerhallen als Praktikantin. Man muss sich das vorstellen – Hallen wie Dome, darinnen Regale voller Stricksachen! Es gibt Leitern an den Regalen, sie fahren auf Rollen, und die Meister holen mühelos die Waren herunter. Ich lerne die gesamte Kollektion kennen, angefangen von den uralten Hautjacken und Kamisölern, die vor über hundert Jahren verkauft wurden. Jetzt weiß ich, was eine Frauenhose offen zum Binden ist, ein Ungetüm, das sogar Großmama Marie zu groß wäre, obwohl Marie in letzter Zeit ziemlich zugenommen hat. «Ich bin pustig geworden», sagt Marie, «ich komme kaum noch die Treppe rauf.»

Wenn Friedrich und Mutter verreisen, und das tun sie jetzt oft, dann gehe ich nicht so häufig zu Hans-Werner. Eia und Mia sprechen sich mit mir ab, damit immer einer daheim ist bei Großmama Marie. Unser General ist weich geworden seit Großvaters Tod, mürbe und dankbar für jede Minute, die wir mit ihr verbringen. Friedrich wollte sie in den Turnverein schicken, zur Gymnastik in die Seniorenriege, da wurde Großmama Marie für einen Moment wieder zum General, sagte, dass sie noch die Nase voll habe von der Keulengymnastik der NS-Frauenschaft. Da schwieg Friedrich, und ich war stolz auf Großmama Marie.

Für sie wäre ein Fernsehgerät etwas Wunderbares gewesen, glaube ich, aber Großmama hing jetzt sehr am Radio, so wie früher Großvater. Hörspiele liebte sie, Musiksendungen und Politik. Von Großmama Marie erfuhr ich, dass die Amerikaner, die Engländer und die Russen Atombomben und Wasserstoffbomben getestet hatten. Die seien so vernichtend, dass weder Washington noch Moskau an einem Atomkrieg Interesse haben könnten. «Gleichgewicht des Schreckens» nannte das der Sprecher. Atombomben sind noch millionenfach gefährlicher als die Bomben des letzten Krieges, hörte ich.

Allgemein hieß es, falls ein Atomkrieg käme, sollten wir,

wenn wir zu Hause wären, unter einen Tisch kriechen oder unters Bett, träfe er uns auf dem Schulweg, mindestens die Schultasche über den Kopf halten und hinein in den nächsten Straßengraben.

Bella Lauffenberg erklärte es mir richtig. «Niemand kann vorhersagen, wie ein Atomkrieg ausgeht und wie wir uns verhalten sollen. Keiner weiß, ob die Hälfte der Menschheit tot ist oder zwei Drittel oder alle. Eines scheint sicher: Nach der günstigsten Prognose würden Überlebende durch Hunger wahnsinnig oder durch Seuchen geschwächt. Es gäbe nicht einmal die primitivsten Transportmittel mehr, die Menschen würden auf die Stufe unwissender Wilder herabsinken. Das kann kein Politiker, in dem noch ein Rest Vernunft schlummert, wollen. Er kann sich ja auch selber nicht retten.»

Bella Lauffenberg strich mir übers Haar. «Deshalb brauchst du, das glaube ich wenigstens, keine Angst vor einem Atomkrieg zu haben.»

Wir saßen um den Tisch herum, Krischan, Konrad, Bella und ich. Krischan, der in der Sexta war, hörte aufmerksam zu, Konrad, der dunkeläugige Kavalier, malte für mich ein Bild, und Kuno, mein Schützling, der süchtig nach allem Süßen war und mit seinen knapp fünf Jahren schon zum Zahnarzt musste, warf Atom und Karies und Bakterien in einen Topf. Er erhob sich und verkündete: «Der Atompilz ist voller Karies und Bakterien, er muss zum Zahnarzt.»

Meistens war Kuno Feuerwehrmann. Die Attenberger Feuerwehr war in der Stadt sehr angesehen. Es gab einen Feuerwehrhauptmann, das war Uhlmanns Paul, ein Feuerwehrhaus und zwei Löschzüge. Die Feuerwehrmänner hatten Uniformen und Helme, die sich die Attenberger etwas kosten ließen. Bei den Übungen waren Kuno und Billy, der gegenüber dem Feuerwehrhaus wohnte, stets zugegen. Und beim Feuerwehrfest, das alljährlich mit großem Gepränge begangen wurde, marschierten Kuno und Billy mit. Und sie nickten selbstbewusst, wenn ein alter Attenberger sie fragte: «Nu, Männchen, uck bi dr Feuerwehr?»

Kuno kam oftmals an, tat völlig abgearbeitet und sagte, er sei in der Nacht in Wiedenest zum Einsatz gewesen. «Da war ein Haus am Brennen, und der Hydrant hatte kein Wasser. Da mussten wir erst einen Hydranten suchen! Das war aber gefäääährlich!»

Billy wollte da nicht nachstehen. Immer, wenn Kuno von seinen strapaziösen nächtlichen Einsätzen berichtete, tat Billy, als sei er dabei gewesen. Seine Leidenschaft war das oberbergische Platt, das von vielen Attenbergern noch gesprochen wurde. Billy schnappte es auf und bestätigte Kunos Berichte, schmückte sie gern noch ein bisschen aus: «Keen Droppen Water wor in demm Hydranten, keen eenzijen Droppen. Un dat Füer brannte un brannte!»

Ich liebte das oberbergische Platt ebenso sehr wie Billy. Eigentlich gab es gar kein oberbergisches Platt, sondern die in Attenberg sprachen anders als die in Eckenhagen, in Gummersbach oder auf der Belmicke. Leider sprach in meiner Familie niemand den Dialekt, sodass ich ihn nur von den Nachbarn kannte. Ich hörte Roßbachs Amanda gerne zu, der Bockemühlen Emma oder dem Ochel Wilhelm, aber am liebsten hörte ich es aus Billys Mund.

Billy und Renate würden dem großen Bill nicht in die Vereinigten Staaten von Amerika folgen. Es gab einen Deutschlandvertrag, die Besatzungszeit war vorbei, wir waren ein souveräner Staat, und die amerikanischen Truppen kehrten zurück in ihre Heimat. Der große Bill musste damit herausrücken, dass es in Washington, D. C., bereits eine Ehefrau gab, und neben anderem Nachwuchs auch einen Billy. Enttäuschung und Trauer im Hause Korb. Billy, der schon mal zum Stolz aller Korbs gesungen hatte: «Heut sehn wir uns zum allerletzten Mal, fi chon no Amerika, fi chon no Amerika!», der bekam jetzt dafür einen harten Klaps auf den Mund.

Bella Lauffenberg, die wieder in den Schuldienst zurückwollte, bot Renate an, dass sie den Lauffenberg'schen Haushalt versorgen und sich um die Kinder kümmern solle. Billy dürfe mitkommen. Renate, aus ihrem Traum von märchenhaften Supermärkten, Cadillacs, Hochhäusern und Swimmingpools schmerzhaft hochgeschreckt, nahm Billy bei der Hand und tappte gottergeben in die Hauptstraße 21. Es war ein Sonntagmorgen ohne Sonne, und ich konnte mir gut vorstellen, dass es für Renate ein schwarzer Tag der Verzweiflung war.

Therese war die Einzige der Familie Korb, die Renate und Billy begleitete. Bella Lauffenberg hatte hinter dem Haus auf der Bleiche einen großen Frühstückstisch gedeckt, Mia und ich halfen ihr dabei, meine Mutter hatte Waffeln gebacken, Herr Lauffenberg hielt eine kleine Rede, sagte, dass Renate seiner Frau und ihm aus großer Verlegenheit helfe, seine Frau wolle endlich wieder ihren Beruf ausüben, sie möchten jedoch ihre drei Söhne nicht in fremde Hände geben, und da wäre es ein Glück für die Familie, dass Renate und Billy nun Hausgenossen würden. Und er wisse, die Familie Ruge freue sich gleichermaßen.

Da Friedrich fern blieb – er konnte den «Negerbastard» nicht leiden –, wurde es das schönste Frühstück, an das ich mich erinnern konnte. Wir waren es nicht gewohnt, im Freien zu essen, schon gar nicht zu frühstücken, und meine Mutter meinte, das nächste Frühstück werde sie ausrichten. «Eine gute Idee, wir machen das zur Tradition», sagte Herr Lauffenberg, und Renate, die offenbar begriff, dass es bei den Lauffenbergs eine Oase für ihre gequälte Seele geben könne, wurde lebhafter. Billy und Kuno spielten schon wieder Feuerwehr, unser Holzschuppen brannte. Konrad malte zu Renates Begrüßung eines seiner tief empfundenen Bilder, und Krischan hatte Latein nachzuholen.

Später hörten wir im Radio die Rede Adenauers aus seinem Amtssitz Palais Schaumburg, in der er vom Ende der Besatzungszeit sprach und von der tiefen Genugtuung Deutschlands, wieder ein freier und unabhängiger Staat zu sein, den bisherigen Besatzungsmächten als echter Partner verbunden.

Adenauer sprach auch von meinem Onkel, also von den Deutschen in der DDR, die gezwungen sind, getrennt von uns in Unfreiheit und Rechtlosigkeit zu leben. «Wir rufen ihnen zu», sagte Adenauer, «ihr gehört zu uns, wir gehören zu euch!» Wir stellten auch zu Weihnachten immer Kerzen in unsere Fenster für Onkel Werner, Tante Anneliese und meine drei Cousinen, aber ich fragte mich, ob die das in ihrer Ost-Berliner Friedrichstraße sehen konnten. Denn die Oberen in der DDR, dieser Pieck und dieser Ulbricht und dieser Grotewohl, die redeten nur schlecht über uns und ließen die Bevölkerung das mit den Kerzen nicht wissen.

Wir schickten aber regelmäßig Pakete mit Kaffee, Schokolade, Nylonstrümpfen und so nach drüben. Und als mir meine Cousine Rita schrieb, dass sie ihr einziges anständiges Sommerkleid falsch gewaschen hatte, da erzählte ich das in der Modellabteilung, und die Direktrice besorgte mir einen so schön bedruckten Jersey, dass meine Mutter, Mia und ich den am liebsten selber behalten hätten. Aber wir schickten ihn trotzdem rüber. Onkel Werner, der schwer kriegsbeschädigt war und nicht mehr arbeiten konnte, schrieb an einem Roman. Allerdings fand er nie einen Verleger, da sein Buch politisch nicht das enthielt, was die Oberen drüben lesen wollten. Mein Onkel konnte auch nicht zur Beerdigung seiner Eltern kommen, da er schon damals nicht mehr gehen konnte und auf die Pflege seiner Frau angewiesen war. Er schrieb jedes Mal, wie liebevoll Tante Anneliese ihn umsorge, und meine Mutter sagte, ihre Schwägerin sei Onkel Werner immer dankbar gewesen, dass er sie trotz des unehelichen Sohnes geheiratet habe.

Onkel Werner starb bald nach seinen Eltern. Ich habe ihn nie kennen gelernt. Nur auf Fotos, und ich fand, dass er meinem Großvater sehr ähnlich sah. Großmama Marie ist oft mit großen Koffern nach Ost-Berlin gereist, und wenn sie zurückkam, sagte sie immer aufatmend: «Wir wissen gar nicht, wie gut wir es haben.»

Wenn ich bei Hans-Werner fernsah, machte seine Mutter immer Kleinigkeiten zurecht, wie sie das nannte. Aber bei ihr gab es nicht nur auf Salzstangen gespießte Käsestückchen, sie tischte kleine Filets auf, gefüllte Tomaten, russische Eier, Forellenfilets mit Meerrettich und so weiter. Dinge, die bei uns daheim äußerst selten auf den Tisch kamen. Ich half Rosi, die teuren Delikatessen mit Thomys Mayonnaise zu verzieren, ich umhüllte Dosenspargel mit Schinken, schnitt Oliven auf. Der dicke Fabrikant aß ungeheuer viel, er schlang unsere bunten Kreationen in sich hinein, und dann, übersatt, war er schlechter Laune.

Anfangs mochte ich gar nicht mitgehen zu den Halldorfs, die jetzt Burger hießen, aber Hans-Werner bettelte, seine Mutter sei so unglücklich mit ihrem neuen Mann, er könne sie nicht immer mit ihm allein lassen, ich solle mitkommen, vor Fremden benehme er sich immer noch etwas besser.

Ich beschloss für mich, dass ich lieber den launischen Dicken ertragen wollte als Friedrich, und war dann überrascht, dass der Dicke mit jedem Besuch freundlicher wurde. Meine Künste als Kaltmamsell lobte er so übertrieben, dass ich argwöhnte, er wolle Rosi damit treffen, aber sie sagte, ihr sei alles recht, wenn er nur bei Laune bliebe. Rosi begann, mich auszustaffieren. In dem von ihr verpachteten Friseurladen bekam ich einen Bubikopfschnitt, sie kaufte mir Kleider, und als der Dicke sagte, er wolle nach Köln fahren in den Kaiserhof, da gastiere Hanussen II, und wir sollten mitkommen, da musste ich Rosis Persianerpelzjacke anziehen, damit ich auch in den grünen Mercedes mit den Weißwandreifen passte. Die Leute sahen sich nach dem eleganten Wagen um. Manche schauten auch mich neugierig an. Das gefiel mir, aber ich wusste jede Sekunde, dass nur der Mercedes die Aufmerksamkeit auf mich lenkte.

Mittags fuhren wir los. Wenn man mit Hans-Werner und seinen Eltern im Auto fuhr, saß meist ein großes Schweigen mit im Wagen. Oder sie stritten, dass die Fensterscheiben bebten. Mich störte das am Anfang empfindlich, doch bald gewöhnte ich mich daran, setzte mich in den kühlen Lederpolstern zurecht und versank in meinen Gedanken. In mir steckte immer noch das gleiche Mädchen wie früher, immer noch war ich viel allein, auch wenn andere um mich waren. Doch ich war jetzt sechzehn, ich arbeitete, hatte eigenes Geld, wenn auch nicht viel, aber es gehörte mir, ich hatte es verdient, und das fand ich gut. Trotzdem hatte ich viele Fragen, immer noch wollte ich herausbekommen, was gestern war und was morgen vielleicht passieren würde.

Bald begann es zu regnen, ganze Regenvorhänge kamen herunter, und am Heiligenhauser Berg sah man nicht mehr die Hand vor den Augen. Daraufhin fuhr der Dicke langsamer und ich fand das vernünftig, doch Hans-Werners Mutter versuchte, ihren Mann zu mehr Tempo anzutreiben: «Robert, jetzt kannst du überholen.»

«Ich überhole, wann ich will.»

«Aber jetzt!, mein Gott!, alles ist frei, wann willst du dann überholen!»

«Fährst du oder fahre ich?»

«Du fährst, aber wie – wir kommen ja nie nach Köln ...»

«Noch ein Wort, und du kannst aussteigen!»

«Ich lass mir von dir nicht den Mund verbieten!»

Der Dicke fuhr an den Kantstein, gerade dorthin, wo eine Gruppe von Frauen unter Schirmen plaudernd beieinander standen. Er hielt an, griff vor Rosi hinweg an die Fahrertür, stieß sie auf und gab seiner Frau einen aufmunternden Schubs. Rosi stieg aus, die Frauen schauten verwundert, als der Dicke rief: «Glauben Sie ihr kein Wort, sie lügt!»

Hans-Werner schüttelte mit zusammengepressten Lippen den Kopf. «Das ist immer ein Theater mit denen», sagte er zu mir, dann rief er zu seinem Stiefvater nach vorn: «Wenn du meine Mutter nicht wieder reinholst, steig ich auch aus!»

«Bitte, bitte, damit tust du mir nur einen Gefallen», sagte der Dicke höhnisch, und Hans-Werner stieg aus, rief mir zu, dass ich auch aussteigen solle. Spontan antwortete ich, dass ich gar nicht daran dächte. «Meine Schuhe haben ganz dünne Sohlen, ich kann nicht hinaus in die Sintflut!»

Hans-Werner knallte die Wagentür zu. «Na also», sagte der Dicke, «wenigstens ein vernünftiger Mensch in meiner Umgebung», und dann fuhr er wahrhaftig weiter, ließ Rosi und Hans-Werner stehen. Ich glaubte es nicht, nicht wirklich, aber der Dicke drehte fröhlich das Autoradio auf, fragte mich, ob es mir nicht zu laut sei, dann griff er ans Armaturenbrett und holte eine Packung Pralinen heraus. «Die müssen wir schnell essen, ehe sie weich werden», sagte er verschwörerisch.

War es Verrat an Rosi und Hans-Werner, wenn ich hier in diesen weichen Lederpolstern saß und Pralinen futterte? Hätte ich nicht auch aussteigen sollen? Und mir das beste Paar Schuhe versauen? – so stritten sich die beiden Seelen, die angeblich jeder Mensch in seiner Brust hat. Eine meiner Seelen senkte sich tief in die Pralinenschachtel, nie war mir eine solche Pracht angeboten worden, dicke Herzen in rotgoldenem Papier, Brocken mit Kakaostaub umhüllt, glänzende kleine Stollen, Kirschen aus Schokolade. «Ich hab keine Hand frei», sagte der Dicke, «steck mir einfach eine Praline in den Mund, du kannst sie mir aussuchen.»

Es ist seine Schuld, dachte ich, es ist verwerflich, dass er sich hier von mir füttern lässt, bloß weil ich keine anständigen Winterschuhe habe. Doch ich steckte ihm Pralinen in den Mund, soviel er wollte, und er wollte viel, und einmal biss er mich dabei in den Finger, und dann entschuldigte er sich und sagte, dass ich so süß sei wie die Pralinen und dass ich bloß nicht an Hans-Werner hängen bleiben solle, er sei ein Muttersöhnchen und habe keinen Mumm in den Knochen. «Da bin ich anders erzogen worden, hart sein musste ich und zäh, da hieß es arbeiten von früh bis spät, und das habe ich auch getan, weiß Gott. Jetzt kann ich es langsam angehen lassen, jetzt habe ich Leute, die für mich malochen, aber ich bezahle gut, da kann mir keiner was nachsagen.»

Ich ließ ihn reden. Ich sah vor mir die Speckwulst über seinem schneeweißen Hemdkragen, sein Haar hatte die Farbe von Eichenholz und war mit Gel fest an den Nacken geklebt. Mir schmeckten die Pralinen nicht mehr, so viel Schokoladenzeug hatte ich noch nie auf einmal gegessen. Der Dicke war jetzt dabei, mir aufzuzählen, in welchen Städten er überall Filialen eröffnet habe für Autozubehör, Reifen und so, dass er immer mehr Geld verdienen werde, alle Bundesbürger wollten Autos, er werde in zehn Jahren mehrfacher Millionär sein. Er bereue es heftig, Rosi geheiratet zu haben, sie sei eben doch nur eine Friseuse, sie werde es immer bleiben, auch wenn sie jetzt Nerze und Brillanten umhängen habe. Dann fing er wieder von Hans-Werner an, dass ich zu gut für ihn sei. «Du lässt ihn doch um dich kreisen, wie es dir passt. Und das geschieht ihm recht. Hans-Werner hat keinen Mumm in den Knochen. Ich schicke ihn bald nach Amerika, nach St. Louis, zu seinem Onkel. Vielleicht kann der noch was retten!»

«Weiß Hans-Werner das schon?», fragte ich, eigentlich nur, um auch einmal etwas zu sagen.

«Nein, nicht einmal seine Mutter weiß es. Der Gedanke ist mir eben erst gekommen. Die beiden werden einfach nicht gefragt, ich informiere sie, wenn ich alles organisiert habe. Wäre ja gelacht.»

Wir waren vor dem Kaiserhof angekommen. Der Portier eilte herbei, half dem Dicken aus dem Auto und bekam von ihm die Wagenschlüssel, dann wollte er mir helfen, aber ich war schon vor ihm draußen. Ein roter Teppich lag vor dem

Eingang zum Kaiserhof, meine Sorge um die Schuhe konnte ich getrost vergessen. Der Portier führte uns in einen dunklen Raum mit Bühne, ich sah undeutlich Tische, auf denen moderne Lampen mit roten Schirmen standen, so waren die Tische Lichtinseln, zwischen denen es vollkommen dunkel war. Irgendwoher kam Musik.

Und dann erschien Hanussen II auf der Bühne. Der echte war tot. Ich hatte über ihn gelesen, dass er Menschen ihre Zukunft vorausgesagt habe und das Opfer dieser Fähigkeiten geworden sei. Hanussen II war sein Schüler, er konnte erkennen, ob Menschen noch lebten, die vermisst waren oder verschwunden. Behauptete er.

Ich glaubte das nicht. Nur Gott konnte wissen, ob der Sohn aus der ersten Ehe des Dicken, der als in Russland vermisst galt, noch lebte. Doch der Dicke glaubte, Hanussen II könne ihm Gewissheit geben. Obwohl der Dicke ein kalter, gerissener Geschäftsmann war, das sagte man ihm jedenfalls nach, obwohl er sonst an nichts glaubte als an das, was er sah, war er hierher gefahren, wollte er sich in die Hände dieses Hanussen begeben.

Der trug einen Frack und hatte eine schwarze Binde über den Augen. Ein ebenfalls schwarz gekleideter Mann führte ihn nach vorn an die Rampe. Die Menschen im Saal applaudierten minutenlang. Schon stieg die erste Hilfesuchende zu ihm auf die Bühne. Hanussen II nahm ihre Hand, hielt sie fest in Höhe seiner Brust, dann bat er die Frau, ihm ihr Problem zu schildern. Sie sagte, sie komme aus Hamburg und ihre sechzehnjährige Tochter sei auf dem Rummel plötzlich weg gewesen. Einfach weg. Die gesamte Familie habe sofort den Rummel abgesucht. Später die Polizei. Nichts. Das Mädchen sei nicht wieder aufgetaucht. Das sei jetzt fast ein Jahr her, und Hanussen sei ihre letzte Hoffnung.

Hanussen II starrte in die Dunkelheit in Richtung der Frau. Er hob den Kopf und starrte in die Dunkelheit über ihm.

Dann wandte er sich der Frau zu und sagte, er könne ihre Tochter im Moment nicht sehen, aber er glaube, dass sie sich bald zeigen werde. Er habe sie gerufen, und in einer Stunde etwa werde er wieder versuchen, sich mit ihrer Tochter in Verbindung zu setzen.

Die Frau ging zu ihrem Platz, da sah ich, wie der Portier mit Hanussen II sprach und dann den Dicken nach vorne holte. Der berichtete, sein einziger Sohn Peter, ein hoffnungsvoller Jurastudent vor dem zweiten Staatsexamen, sei eingezogen worden und immer noch als Leutnant in Russland vermisst. Er könne einfach nicht glauben, dass sein Sohn tot sei.

Fast tat mir der Dicke Leid, wie er da vorne stand, die Hände vor dem mächtigen Leib gefaltet, und Hanussen ansah, als könne der ihm seinen Sohn wiederbringen. Ich wusste, wie gemein der Dicke zu Hans-Werner war, dass er ihm vorwarf, alles, was Hans-Werner lebe und atme, komme von ihm, er müsse einen Idioten von Stiefsohn durchfüttern, während sein Sohn, ein kluger Kopf, seine ganze Hoffnung, verschollen sei. Als könne Hans-Werner etwas dafür.

Jetzt sagte Hanussen, der wieder in die Dunkelheit starrte, Robert Burger könne sicher sein, dass sein Sohn Peter lebe. Er sehe ihn, eine russische Bauernfamilie habe ihn aufgenommen und gepflegt, er sei noch nicht völlig gesund, komme aber mit Sicherheit in den nächsten beiden Jahren nach Hause.

Der Dicke kam an den Tisch zurück. Er war bleich. Mir war klar, dass er dem Hanussen II kein Wort glaubte, dass er soeben das bisschen Hoffnung, das er manchmal gehegt hatte, für fünfzig Mark Honorar verloren hatte. Ich spürte, wie unendlich lang Sekunden sein können, wenn einem keine Silbe des Trostes einfällt.

Plötzlich standen Rosi und Hans-Werner vor uns. Sie sahen den Dicken an und spürten seine Verzweiflung. Wortlos standen wir auf, Rosi drückte dem Ober einen Geldschein in die Hand, und wir fuhren heim. Von Köln bis Attenberg war es, als ob in dem Auto die Zeit stillstünde. Du glaubst es nicht. Niemand sprach, auch Hans-Werner sprach nicht mit mir, er war mir böse, dass ich nicht mit ihm ausgestiegen war.

Wir fuhren durch die menschenleeren Straßen, als hätten wir kein Ziel. Aber es gefiel mir. Ich sah durch das Fenster des Wagens den Mond, eine leuchtende Sichel, daneben einen dicken Stern, so ein schönes Paar, dachte ich und mir fiel meine entsetzliche Blamage in der Tanzschule ein.

«Unser Teenager», sagte zärtlich und stolz Eia, als ich Potthoffs Tanzschule besuchte und Mia und Eia zum Schlussball einlud. In einem abgelegten Kleid von Mia – schwarzer Tüllrock über goldbedrucktem Taft, ich hätte viel lieber ein weißes gehabt oder ein roséfarbenes –, tanzte ich mit einem Jungen aus Derschlag, Kalli, der ziemlich dick war, aber Walzer tanzen konnte, dass ich fast nicht mehr den Boden berührte. Kalli tanzte gern mit mir, wir waren eins auf der Tanzfläche, wirklich, aber auch nur auf der Tanzfläche. Kallis Freundin, die auch am Tanzkurs teilnahm, ein Mädchen mit Wuschelkopf und breitem rotem Mund, konnte mich nicht leiden. Sie ärgerte sich, dass Kalli lieber mit mir tanzte als mit ihr. Das konnte ich verstehen. Sie stellte die Ballzeitung zusammen, schrieb über jeden einzelnen Tanzstundenteilnehmer eine Beurteilung. Bei mir schrieb sie, dass ich jeden Jungen nähme, egal, ob dick oder dünn, ob mit geraden oder krummen Haxen. Mit dem Dicken meinte sie natürlich Kalli, mit dem Krummhaxigen Wuppi, der tatsächlich krumme Beine hatte, wahrscheinlich vom vielen Fußballspielen.

«Was du nicht willst, das man dir tu, das füg auch keinem anderen zu», sagte Großmama Marie. Immer fielen mir ihre Sprüche ein. Doch sie machten keinen guten Menschen aus mir. Warum konnte ich nicht über die Ballzeitung lachen? So ganz falsch war nicht, was da gesagt wurde. Wenn sich ein Junge für mich interessierte, war ich zunächst immer verblüfft, dachte, es müsste ein ziemlicher Idiot sein, wer mit mir gehen will. Das dachte ich auch, als Piet van der Meulen anfing, mich zum Sommerfest der Realschule einzuladen, in die Eisdiele und so. Auf Eis bin ich richtig versessen. «Du bist ein Friedhof für Vanilleeis», sagt Eia. Und Piet van der Meulen wollte, dass ich mir ein riesiges Eis bestelle. Doch ich nahm nur zwei Kugeln Vanille, und nicht einmal die konnte Piet bezahlen. Er hatte seine Geldbörse vergessen und genierte sich so, dass sein Kopf rot anlief bis in die Ohren. Er tat mir richtig Leid, er gefiel mir, es gefiel mir noch mehr, dass ich unsere Rechnung bezahlen konnte. Ich war nicht mehr arm wie Haferspanien.

Piet van der Meulen stammte von holländischen Ziegelbrennern ab, die vor hundert Jahren mit der Frühjahrssonne aus Flandern gekommen waren, der Urahne von Piet war Baas genannt worden, seine Frau die Van-der-Meulens-Tante, und zu dem Kindergewimmel der Holländer hatten sich bald die Attenberger Blagen gesellt, durften mithalten beim Essen, und die Van-der-Meulens-Tante briet den Jungen anstandslos die Krammetsvögel und Krähen, die ihnen ins Netz gegangen waren. Im Herbst zog dann die ganze Familie zurück nach Flandern, um im Frühling zurückzukommen und so weiter – aber irgendwann waren ein Jan Pitt, ein Alphons und eine Geertruid im Oberbergischen geblieben, und die Familie van der Meulen war ansässig geworden. Angesehen und beliebt in Attenberg. Die Geschichten um den arbeitsamen, freundlichen Baas und die kinderliebe Van-der-Meulens-Tante waren lebendig in Attenberg, ihre Güte und Fröhlichkeit strahlten immer noch zurück. Wem es gelingt, die Herzen der sturen Attenberger zu gewinnen, der behält sie. Mein Großvater lebte auch in den Gesprächen fort.

Mit Piet war ich nicht im Beul gewesen. Die Zeiten waren vorbei. Da gingen jetzt die Kleinen hin, und ich machte es im Moment nur mit dem Koala. Ich hatte einfach zu viele Jungen am Bändel, wie das bei uns heißt, denn es gab auch noch Paule Brehm. Eigentlich war er ein struppiger, störrischer Wildesel aus Wildberg, einem Ort, wo Fuchs und Hase sich gute Nacht sagten, alle Wildberger waren Wildesel, und Paule Brehm, so sagten die anderen Jungen, war der größte. Stimmt. Paule war groß und nicht schön, auch ziemlich alt, er hatte seine Lehre bei Ringsdorf beendet und führte die Kundenkartei, was früher meine Mutter gemacht hatte. Er war nicht beliebt im Büro, er ließ sich nichts sagen, war auch zu mir ziemlich komisch, aber er begegnete mir dauernd in den Gängen, dauernd, und ich freute mich darüber, ich dachte viel über ihn nach. Eigentlich mehr als über Hans-Werner, Ebsi oder Piet. Aber wer kann schon über die alten Jungen nachdenken, wenn das Gehirn besetzt ist von einem neuen. Das war das Schönste, fand ich, wenn es anfing. Da kommt einer und man sieht nur noch den und man überlegt nicht mehr, hört auf niemanden, nicht mal auf sich selber, der Verstand hat keine Macht mehr über einen. Nur dort will man sein, wo der andere ist, und kommt er in die Nähe, glüht es tief unten aus dem Bauch herauf, steigt bis in die Schläfen, es pocht und tut fast weh und man hat Angst, schwachsinnig zu lächeln.

Das Blöde war, dass Paule Brehm auch zum Schlussball gekommen war. Irgendjemand hatte ihn mitgebracht. Deshalb war ich auch so rachsüchtig wegen der Ballzeitung, glaube ich. Und wer weiß, ob die Jungen aus meinem Tanzkurs nicht die Freundin von Kalli zur Tanzkönigin wählten. Immerhin ging ja der beste Tänzer mit ihr.

Ich versammelte deshalb in der Pause alle Mädchen, die später den Tanzkönig zu wählen hatten, und schwor sie darauf ein, den unbegabtesten Tänzer, einen Landwirtssohn aus Leienbach, der riesengroß war und dürr, eine Brille trug und Anzüge mit scharfer Bügelfalte, zum Tanzkönig zu wählen. Die Jungen würden sicher die Freche aus Derschlag nehmen, deshalb wollten wir ihr einen Streich spielen und ihr den Musterschüler aus Leienbach zum Königstanz liefern. Alle Mädchen, die sich über die Ballzeitung geärgert hatten, und das waren viele, stimmten zu, und als es zur geheimen Wahl ging, lachten wir uns verschwörerisch an. Frau Potthoff, die Tanzlehrerin, kam ganz aufgeregt an unseren Tisch. «Ist das Ihr Ernst, meine Damen, wollen Sie wirklich Herrn Vonderlinde wählen?»

«Und ob», lachten wir, «das wollen wir wirklich», und sie nahm mich beiseite, sagte, dann müsse ich mit ihm den Königstanz machen, denn die Herren hätten mich gerade zur Tanzkönigin gewählt. Die Zettel mit dem Namen der Gewählten mussten bei den Tanzlehrern in Dosen gesteckt werden, die oben einen Schlitz hatten. Die Tanzlehrer zählten die Zettel aus und gaben dann die Tanzkönige feierlich bekannt.

Mir fielen wieder alle Sprüche meiner Großmutter ein. «Das kommt vom bösen Mussnichttun.» – «Wer andern eine Grube gräbt», und so weiter. Ich suchte das berühmte Mauseloch. Mir war schlecht, meine Mitwählerinnen sahen mich ratlos an. Ich starrte auf das blanke Parkett von Schramms Hotel, über das mich gleich der lange Vonderlinde schleifen würde. Die blöde Kuh aus Derschlag schlenderte vorbei. «Na, Tanzkönigin, freust du dich auf den Königstanz?»

Ich hatte es verdient. Frau Potthoff führte mir feierlich und gefasst den langen Tanzkönig zu, Herr Potthoff nahm mich bei der Hand, in der Mitte des Saales trafen wir uns, mein Tanzkönig sah mich durch seine flaschenbodendicke Brille hilflos an, diesen Blick hab ich nie vergessen. Wieso war ich derart voreingenommen gewesen – richtig blind? Er konnte doch nichts dafür, dass er als Musterschüler galt, er hatte Abi mit Eins Komma sowieso gemacht und war schon zum zweiten Mal im Tanzkurs, weil er das Tanzen liebte. Warum er es dann nicht kapierte, wusste ich nicht, aber ich beschloss, diesen Königstanz mit ihm hinzukriegen, jetzt kam es auf mich an, ich würde gegen die Kuh aus Derschlag antreten, tapfer bis zum Ende.

Die Musik setzte ein, mich hob es von den Füßen, Wiener

Walzer hatte für mich berauschende Wellen an Innigkeit und Kraft. «Doonau so blau, so blau, so blau», vielleicht hieß das auch ganz anders, egal, ich tanzte, ich wirbelte, als hätte ich den Dicken aus Derschlag im Arm, und bald riss ich den Langen mit, er konnte gar nicht anders, als Walzer zu tanzen, vollbrachte mit kleinsten Schritten die schwungvollste Drehung, wir tanzten nicht den Königstanz, wir schwebten im Kaiserwalzer durch Schramms Ballsaal, und als wir fertig waren, kam Frau Potthoff, die von ihrem Mann zärtlich Potthöffchen genannt wurde, auf mich zu: «Fräulein Ruge, Gott sei Dank! Das ist ja noch einmal gut gegangen!»

17. KAPITEL

Ein General muss sterben
Gelbsucht macht müde und Vater ist nicht,
wie er sein soll

Meine Großmama, unser General, lag im Sterben. Der Arzt sagte, sie habe Lungenkrebs, man könne ihr nicht mehr helfen. Sie müsse schon lange Beschwerden gehabt haben. Lungenkrebs. Wir hatten gedacht, der Magen sei nicht in Ordnung, weil Großmama so oft erbrechen musste. Manchmal war sie auch verwirrt. Stand in der Nacht auf, ihren Wecker in der Hand, und fuhr uns sanft durchs Gesicht. «Aufstehen, Kinder, ihr müsst zur Schule.» Dann wollte sie den Pfarrer, aber nicht Häuffchen, sondern den aus Derschlag. Großmama wollte beichten. Hatte sie so schwere Sünden, dass sie uns vor Häuffchen nicht blamieren wollte?

Aber dass der Tod manchmal viele Leute auf einmal holt, das stimmt schon. Im Moment ist es in Attenberg so. Und dass sehr alte Menschen sich ans Leben klammern, das stimmt auch. Beckers Friedchen hatten sie vorige Woche in die Erde getan, ihre Verwandten haben meiner Mutter erzählt, dass Lina immer gebettelt hat, der Doktor solle ihr etwas Kräftiges geben, sie wolle noch nicht sterben. Richtig angeklammert hat sich Beckers Friedchen an die Verwandten. «Lasst mich nicht gehen!» Friedchen hat auch gern die neuen Schlager gesungen. «Das machen nur die Beine von Dolores, dass die Señores nicht schlafen gehn.» Friedchen sang inbrünstig, wie in der Kirche. Wenn sie in der heutigen Zeit jung wäre, hat Friedchen immer gesagt, dann würde sie es allen zeigen. Das schönste Mädchen von Attenberg sei sie gewesen. Jeden hätte sie haben können. Aber sie habe immer auf ihre Eltern gehört, dadurch sei sie nie vors Loch gekommen. Das sagt man im Oberbergischen, wenn man nie aus seinem Heimatort herausgekommen ist. Daher hatte Friedchen immer so große Lust, nach Italien zu reisen. Sie sparte jeden Pfennig und sang vom Hafen von Adano, vom blauen Meer. Dahin wollte Friedchen unbedingt noch fahren, sie hatte das Geld auch so ziemlich beisammengehabt. Vergebens.

Auch Lina Vorndamme ist nicht leicht gestorben. Es ließ ihr keine Ruhe, dass sie ihren Bruder allein lassen musste. Lina war überzeugt, dass Karl, ihr Ein und Alles, ohne sie verloren wäre. «Karl, wat willste denn ohne mich maken», hatte sie immer verzweifelt gerufen. Uhlmanns Lene, die neben dem Vorndamme'schen Hof wohnt, hat es gehört.

Trotzdem musste sie sterben, die tapfere Hüppetüpp, die Schwester von Karl, die genauso zu Attenberg gehörte wie ihr Bruder. Fast die ganze Stadt ging mit zur Beerdigung. Mit gewohnt unbewegter Miene kutschierte der Karl den Sarg mit seiner Schwester zum Ohl. Meine alte kindliche Zuneigung trieb mir die Tränen in die Augen. Könnte ich ihm doch sagen, wie viel Wärme und Trost er mir gegeben hatte! Könnte ich ihm doch versprechen, dass er Lina wieder sehen würde. Wer sollte mir schon etwas glauben, woran ich selber zweifelte, seit mein Großvater gestorben war. Alles, wirklich alles gäbe ich her, wenn ich nur noch einmal Großvater sehen, seine gütigen kleinen Hände halten dürfte. Karl würde es sicher bald genauso gehen.

Lina, fünf Jahre älter als er, war sein Leben lang um ihn gewesen. Wie würde er das Alleinsein, die Einsamkeit der Tage und Abende aushalten?

Am nächsten Tag konnten wir in der OVZ lesen, dass Karl Vorndamme sein Beerdigungsinstitut samt Fuhrgeschäft schließe.

Doch das alles ging unter, als eine neue Todesnachricht wie ein Brand durch Attenberg lief: Der Doktor hatte sich erschossen. In den Mund, sagten sie. Man fand ein Testament. Der Doktor hatte schon vor Jahren eine Grabstelle neben dem Grab meiner Tante Amelie gekauft. Dort wollte er bestattet sein. Niemand in Attenberg hatte das erfahren. Pfarrer Luhmann beerdigte den Doktor, obwohl ein Selbstmörder darauf keinen Anspruch hatte. Zuerst machten meine Mutter und meine Tanten Theater wegen des Grabes, ich verstand das sehr gut, wer weiß, ob Tante Amelie ihn neben sich haben wollte, sie hatte sich doch nicht umsonst umgebracht seinetwegen. Ich wusste bis heute nicht, warum meine Amelie das getan hatte, und den Selbstmord des Doktors konnte ich mir auch nicht erklären. Nur, dass er mit Martha und mit meinem Großvater zu tun hatte, das ahnte ich.

Meine Mutter hatte ihn etwa ein halbes Jahr nach dem Tod meines Großvaters aufgesucht. Obwohl Friedrich dagegen war. Doch meine Mutter schrie ihn an, es war spätabends, ich hatte mir in der Küche kalte Buttermilch geholt und hörte aus dem Wohnzimmer die Auseinandersetzung.

«Du bist wohl völlig verrückt, du wirst den Doktor in Ruhe lassen!»

«Werde ich nicht, ich glaube, dass Agnes Recht hat – der Doktor hat meinen Vater langsam vergiftet.»

«Seit wann hörst du auf Agnes? Diese dumme Rotzgöre! Die schnappt eines Tages noch über.»

«Aber auf den Kopf gefallen ist sie nicht!»

«Wir sind ihr doch nicht gut genug – sie muss zur Simon rennen oder zu den Burgers, fährt im dicken Mercedes – ist ja nie mehr zu Hause, das gnädige Fräulein!»

«Mia auch nicht, und Hans Ewald noch weniger – da sagst du nichts. Aber auf Agnes hackst du immer herum.»

«Versprich mir, dass du nicht zum Doktor gehst!»

Der Doktor war für meine Mutter nicht zu sprechen gewesen. Da ist sie zu ihrem Anwalt gegangen, den sie von ihrer Scheidung her gut kennt, und dem hat sie alles erzählt. Die

Geschichte mit Martha kannte der Anwalt ohnehin. Da hat er dem Doktor geschrieben, dass die Familien Vonderweidt und Ruge ihn anzeigen werden wegen des Verdachts auf Arzneimittelvergiftung zum Schaden meines Großvaters. Und dass er Akteneinsicht erwirken werde in den Fall Martha Uhlmann, um auch hier die Mitwirkung des Doktors offen zu legen.

Der Anwalt, der auch Ines Simon vertrat, fragte meine Mutter, ob er Ines Simon von seinen Recherchen informieren dürfe, und meine Mutter stimmte zu.

Als die Nachricht kam vom Selbstmord des Doktors, fing Friedrich mich im Flur ab. Er fasste mich grob an, stieß mich durch den Flur und brüllte: «Dass ich so etwas erleben muss! Du hast den Doktor umgebracht, du allein! Der Mann hat alles für euch getan, alles, besonders für dich, und du rennst zum Pastor, zettelst eine Intrige an gegen ihn. Du widerliches Balg!»

Bella Lauffenberg kam aus der Steinernen Küche. Sie riss meinen Stiefvater von mir weg, legte den Arm um mich und sagte ruhig, aber laut:

«Jetzt ist aber Schluss, Herr Röder. Endgültig. Sie haben es nur Agnes zu verdanken, dass Sie in meinem Haus wohnen können. Nur Agnes und ihren Geschwistern! Glauben Sie, dass ich das nicht mitkriege, Ihr Pendeln zwischen Hitlerverehrung und Scheinheiligkeit. Ihre nächtlichen Treffen mit den alten Nazis. Damit ist jetzt auch Schluss! Sonst kündige ich Ihnen den Mietvertrag und vermiete an die Kinder. Hans Ewald ist ja schon zwanzig.»

Friedrich entgegnete nichts. Er sah Bella Lauffenberg und mir nach, bis wir im Hintergrund des Flurs verschwanden, das habe ich aus den Augenwinkeln mitbekommen.

Bella Lauffenberg gab mir eine Tasse Tee, bot mir Gebäck von Valberts an und sagte, ich solle mich setzen. Sie sei heute Nachmittag oben bei Großmama gewesen, und sie glaube, dass unsere Marie keine Lust mehr am Leben habe. Großmutter Auguste sei vor einer Stunde angekommen und sitze bei ihr. So unterschiedlich die beiden Damen auch seien, innerlich und vor allem äußerlich – sie würden einander offenbar herzlich gern mögen.

Unterschiedlich waren sie, meine beiden Großmütter. Aber Bella Lauffenberg hatte Recht, sie schätzten einander. Großmutter Auguste fand es in Ordnung, dass Marie in der Gartenlaube die Bohnen schnippelte, dass sie am liebsten Ganghofer-Romane las und die Bibel, dass sie dunkle Kleider mit weißen Blümchen und Spitzenjabot trug und Kalendersprüche im Munde führte – und Marie bewunderte an Auguste, dass die wie in alten Zeiten ihre Haare rot färbte und Jerseykleider aus Italien trug. Und dass sie in der ganzen Republik herumreiste und Theaterinszenierungen besuchte und hin und wieder auch die Oper. Auguste schwärmte für Gustaf Gründgens, widersprach heftig, wenn jemand sich daran erinnerte, dass er als Liebling der Nazis galt. Sie erzählte mir von dem Stück *Draußen vor der Tür,* das ein junger Dramatiker, Wolfgang Borchert, geschrieben hatte und das in Hamburg aufgeführt wurde. In München hatte Auguste *Warten auf Godot* gesehen. Fritz Kortner hatte es in den Kammerspielen inszeniert, und Großmama war sehr stolz, Heinz Rühmann leibhaftig erlebt zu haben. «Wenn du erst mal Industriekauffrau bist, dann machst du ein Jahr Pause, und wir beiden reisen durch Deutschland, von Theater zu Theater», schwärmte mir Großmama Auguste vor. Zu viel des Guten für jemanden wie mich – ich glaubte nicht, dass ich so viel Glück haben könnte. Außerdem hatte ich das Abendgymnasium in Gummersbach im Auge. Paule Brehm wollte da hin. Seitdem dachte ich immer mal wieder daran und überlegte, ob ich in Gummersbach eine Anstellung als Bürokauffrau finden und dadurch das Geld fürs Abendgymnasium verdienen könne. Ich bräuchte dann ein Zimmer in Gummersbach und und und. In mir gab es viele Stimmen, die mich in diese Richtung drängten, aber sie wurden übertönt vom Getöse des Alltags, in dem das nicht vorgesehen war.

Am nächsten Tag sagte uns der neue Arzt, dass es mit Großmama zu Ende gehe. Das war für uns alle ein Schock, obwohl wir schon lange mit ihrem Tod rechnen mussten. Daher war es uns auch völlig gleichgültig, wo der Nazi-Doktor begraben wurde. Zu seiner Beerdigung gingen wir nicht. Niemand von der Familie.

Wir riefen den Derschlager Pfarrer. Bis er kam, saß ich bei meiner Großmama. Sie sagte gerade mühsam zu mir, dass ich nicht mit meiner Mutter und mit meinen Geschwistern oder mit Hans-Werner streiten solle. Hans-Werner betrachtete sie als zur Familie gehörig. «Man lebt nur einmal in der Welt, und der Streit nimmt so viel vom Leben weg.» Großmama Marie, die müde in den Kissen lag, sah mich plötzlich sehr wach an, richtete sich ein wenig auf. «Du, mein Mausi, ich würde dich so gern beschützen», sagte sie, und dann legte sie den Kopf wieder zurück und war so still, dass ich glaubte, mein Herz klopfen zu hören. Mir tat es weh, dass ich meine Großmama Marie wegen des Großvaters oft abgelehnt hatte, mich gegen sie verhärtet hatte. Seit ich arbeitete, seit ich mich viel mit Jungen abgab, hatte ich Marie zu etwas weniger Wichtigem gemacht. Doch jetzt, als ich ihre magere, kühle Hand hielt, fragte ich mich, warum ich mich auch nur um einen Millimeter von ihr getrennt hatte.

Von der Gasse hörte ich das Schreien der spielenden Kinder. Die Vögel in unserem Fliederbusch waren genauso laut. Sie lebten, alles um mich lebte, und meine Großmama Marie starb! Wie ich es irgendwo gelesen hatte, nahm ich einen Spiegel zur Hand, hielt ihn Marie vor den Mund und sah dann nach, ob er beschlagen war. Gott sei Dank, Marie atmete noch. Sie sah mich an, und rasch legte ich den Spiegel weg, hoffte inständig, dass Marie mein blödsinniges Experiment nicht mitbekommen hatte.

«Ausgestritten, ausgerungen ist der lange, schwere Streit», sagte Großmama Marie ruhig, und ich sah zum ersten Mal, dass ihr früher so hübsches Apfelgesicht eingefallen war. Die Haut fahl, hart über die Jochbeine gespannt. Wie klein und zart mein General jetzt aussah!

Der Derschlager Pfarrer kam, sein gütiges Greisengesicht beruhigte mich sofort. Er würde liebevoll mit meiner Marie umgehen. Ich schlich mich davon, unterrichtete Mutter und die anderen, und dann ging ich in mein Zimmer, das neben dem meiner Großmutter lag, und hörte, dass sie sich lebhaft mit dem Geistlichen unterhielt. Woher hatte sie diese Kraft?

Ich spürte plötzlich, dass ich sehr müde war. Und dass ich während des ganzen Tages noch nichts gegessen hatte. Mir war übel. Bald so sehr, dass Bella Lauffenberg noch in der Nacht den neuen Arzt holte. Er sah mir in die Augen, zog mein Unterlid herunter, tastete über meinen Bauch und meinte, dass ich sofort ins Krankenhaus müsse. Höchstwahrscheinlich hätte ich eine Gelbsucht. Der Krankenwagen kam. Großmama Auguste fuhr mit mir in die Klinik, Mutter wollte Großmama Marie nicht allein lassen. Ich gab meiner Marie noch einen Kuss auf ihre Stirn, sie schlief, sie atmete schnell, und ich wusste, dass ich sie nicht wieder sehen würde.

Ich glaube, die Gelbsucht war gefährlich. Oft war ich bewusstlos, oder ich duselte vor mich hin, hörte die Gespräche der Ärzte und Schwestern, sie zählten meine Krankheiten auf, fragten sich, ob sie mich durchkriegen würden. Mir war es gleichgültig. Ich versuchte manchmal, alles aufzulisten, was hinter mir lag, rief mir den Vater an die Seite, den Großvater, Großmama Marie, Tante Amelie. An die Gegenwart oder an die Zukunft mochte ich nicht denken, sie war mir unheimlich, sie schien auf mich zu lauern. Was sollte schon werden?

Meine Mutter und Großmama Auguste besuchten mich fast jeden Tag, als ich begann, mich wieder besser zu fühlen. Auch Bella Lauffenberg kam oft. Und als ich wieder aufstehen und ein paar Schritte laufen konnte, rief mein Vater in der Klinik an.

Ich dachte, der Boden bewege sich unter meinen Füßen. Dann dachte ich nichts mehr. Hörte nur seine Stimme. Er sagte, dass ich sein Liebstes sei, dass ich am Leben bleiben solle. «Wenn du wieder gesund bist, rufe ich dich in der Firma Ringsdorf an. Ja? Soll ich das, Agnes?»

Mir war alles so verdammt gleichgültig. Vielleicht kam das von der Müdigkeit. Ich fand es schrecklich, wie die Zeit verflogen war, die Zeit ohne meinen Vater. Zwar glaubte ich manchmal immer noch, seinen Atem auf meinem Gesicht zu spüren, und ich konnte nicht begreifen, dass ich von einem kleinen Kind herangewachsen war, ohne mit meinem Vater zu leben. Eigentlich konnte ich gar nicht darüber klagen, dazu ist es zu schrecklich. Verstehen würde es auch niemand, alle würden sagen, dass eben Krieg war. Mag ja sein, aber half es mir?

18. KAPITEL

Ines Simon hat nichts vergessen
Freiheit – so groß wie der Kölner Dom

Hurra! Ich werde mit Helga Ringsdorf in die Ferien fahren! Zwar habe ich im Moment noch wacklige Beine, gehe mühsam, eingehängt zwischen meiner Mutter und Bella Lauffenberg, in die Fellmicke. Mehr ist noch nicht drin. Doch bald will ich mit Kuno und Billy wieder in die Kamerbicke gehen.

Eines Abends kam Helga mit dem Touropa-Katalog. Sie wollte nicht mit ihrer Familie in Urlaub fahren, sondern mit mir. Eigentlich konnte ich das gar nicht glauben, aber ich war inzwischen von Helga Überraschungen gewöhnt.

Ich suchte im Katalog das Allgäu, weil da die Preise zurückhaltend waren, doch Helga schlug die Seiten mit Italien auf. Alassio gefalle ihr von allem am besten, sagte sie, «Riviera dei fiori, Blumenküste.»

«Alassio – aber doch nicht für mich! So viel Geld habe ich nicht!» Helga war eine Fabrikantentochter, sie konnte natürlich reisen, wohin sie wollte – aber ich?

«Du fährst mit», sagte Augusta sachlich. Sie saß bei uns im Wohnzimmer und blätterte die Kataloge durch. «Das Geld bekommst du von mir.»

Friedrich maulte, ich könne doch nicht dieselben Ansprüche stellen wie Helga Ringsdorf, ich sei ohnehin grenzenlos verwöhnt, doch da Großmama Auguste alles bezahlte, hörte meine Mutter nicht auf ihn. Ich wusste, insgeheim war sie stolz, dass ich mit der Tochter aus einer der besten Attenberger Familien verreiste. Mutter ermahnte mich eindringlich, mich vor den italienischen Männern zu hüten. Sie seien für ihre Zudringlichkeit bekannt, und Helga und ich seien schließlich schutzlose Sechzehnjährige. «Helga ist siebzehn», sagte ich.

Eia, der schon zweimal mit dem Fahrrad nach Italien gereist war und ein paar Brocken Italienisch konnte, schrieb mir auf, was ihm am wichtigsten schien: *Buon giorno, buona sera, Un piatto di spaghetti, per favore, Mi lasci in pace!, sono sposata. Ho tre bambini!*

Ich brachte Helga bis zur Haustüre, und wir setzten uns noch für einen Moment auf die Mauer am Losemundbrunnen. Ich fragte Helga, was sie davon halte, dass Hans-Werner unbedingt mitfahren wolle nach Alassio. Helga sah mich für einen Moment überrascht an, benagte dann wie gewohnt ihre Unterlippe und entschied, dass Hans-Werner dann auch für sie einen Jungen mitbringen müsse. «Aber bloß keinen Attenberger. Er soll einen aus der Handelsschule mitbringen. Am besten den Jochen aus der Rengse, der beim Schützenfest dabei war. Und sag den beiden gleich, dass sie uns nicht am Rockzipfel hängen dürfen!»

Ich sah in der Sekunde, dass die Halbes mit ihren Fahrrädern die Hauptstraße heraufkamen. Sie schoben die Räder, weil noch andere Leute dabei waren. Kaloderma-Halbe sah scheel zu mir herüber, rief laut: «Du machst jetzt aber schon lange blau! Wer spazieren gehen kann, kann auch arbeiten!» Alle starrten mich an, und ich war wütend, weil mir nichts einfiel, womit ich ihr den Mund stopfen konnte. Das mit dem Jungen aus der Hollerithabteilung wollte ich denn doch nicht über die Straße rufen. Da keifte Helga schon, dass Frau Halbe sich um ihren eigenen Dreck kümmern solle. «Sie sind nicht dafür bekannt, dass Sie sich totarbeiten in unserer Firma!»

Zufrieden ging ich ins Haus. Helga würde die Ferien für uns beide bei Touropa buchen. Touropa sei eine Klasse besser als Scharnow, sagte Helga. Den etwas heiklen Teil der Reise zu regeln, die Teilnahme Hans-Werners und Jochens, war meine Aufgabe.

Rutha und Christa wären furchtbar gern mitgekommen nach Italien. Aber das wollte Helga nicht und ich eigentlich auch nicht. Das gab ich aber nicht zu, ich wollte niemanden kränken.

Rutha und Christa rauchten heimlich, selbst Milla quengelte uns immer wieder eine Zigarette ab und ich glaube, sie inhalierte den Rauch sogar. Milla hatte über die Stränge geschlagen, ehe wir es uns versahen. Ihr Gesichtsausdruck war so verwegen, wie ich es mir nie erlaubt hätte. Sie schlug mit dem Lineal nach dem Lehrer und hatte schon ihren dritten Freund. Milla galt mit ihren dreizehn Jahren als verlaufen. Ein Todesurteil in Attenberg. Ihre Mutter musste dauernd in die Schule kommen, die Lage sei ernst, sagten die Lehrer, sie solle es mit der Klosterschule versuchen. Frau Bonnacker fragte mich, ob ich mitfahren würde nach Bonn-Venusberg, Milla streike sonst. An einem Sonntag fuhren wir frühmorgens los.

Wir kamen zu einem Gottesdienst zurecht. In den schön geschnitzten kalten Chorbänken saßen schwarze stille Nonnen, junge und alte. Sie sangen lateinisch, ich sah, wie eine sehr junge Schwester nach vorne kippte. Ehe man sie aufhalten konnte, tat es einen dumpfen Schlag, der durch die Kirche hallte. Man hob die junge Nonne auf, trug sie hinaus, die anderen Schwestern sangen weiter.

Milla rannte raus, ich bedeutete ihrer Mutter, dass ich nach ihr schauen würde. Milla hockte in einer Nische der Klostergänge, sie hatte wie vor ewigen Zeiten ihren Fuß zwischen die Schenkel geklemmt. Sie sah mich erwartungsvoll an:

«Hast du eine Senoussi für mich?»

«Milla, du darfst hier nicht rauchen!»

«Ich darf nirgends rauchen, dann kann ich es hier auch tun!»

Wir pafften, ich verschluckte mich, Milla nicht. Sie sah mich scheel an: «Du denkst doch nicht, dass ich bei diesen schwarzen Krähen bleibe?»

«Was willst du dagegen machen? Du bist dreizehn!»

«Du wirst schon sehen. Was so ein Nönnchen kann, kann ich schon lange!»

Bei dem Gespräch mit der Oberin saß Milla sittsam auf dem Stuhl und schien aufmerksam zuzuhören, was die Oberin über das Klosterinternat berichtete. Plötzlich sank Milla zur Seite, fiel lautlos auf den Boden und führte dort ein Affentheater auf von Krämpfen, Zähneblecken und Zucken, dass selbst ich mir nicht mehr sicher war, ob Milla nicht in den letzten Zügen lag.

Die Oberin sprang auf, lief den Gang entlang, rief nach der Krankenschwester, nach der Ärztin, Milla riss ihre Mutter mit sich, wir rannten in die andere Richtung, fanden schließlich einen Ausgang, und das Thema Kloster hatte sich für Milla zunächst einmal erledigt.

Ich dachte, dass ich mit dreizehn Jahren niemals gewagt hätte, mich derart aufzulehnen, nicht einmal auf die Idee wäre ich gekommen. Meine Mutter war für mich eine Autorität, die ich zwar unterlief, aber niemals so, dass es nach außen sichtbar wurde. Und niemals in wichtigen Konflikten – wie zum Beispiel in dem mit meinem Vater. Nie hätte ich mich früher getraut, ihn gegen den Willen meiner Mutter zu sehen.

Dafür genoss ich meine kleinen Freiheiten umso mehr. Ich konnte mir die teuerste Seife kaufen, sie hieß Luxor, kam aus Amerika, kostete 40 Pfennig und Marilyn Monroe benutzte sie. Auch Liz Taylor, überhaupt die meisten Hollywood-Filmstars. Die deutschen Schauspielerinnen sowieso. Marianne Koch, Marlene Dietrich, Hildegard Knef – einfach alle. Meine Schwester Mia nahm Luxor auch mit in den Urlaub. Sie fuhr mit ihrem Freund – sie durfte das natürlich! – auf dem Motorroller nach Wien, und als sie ankam, war in der Seifendose

Sand und eine Art weißlicher Milch. Ob Marilyn von der reinen weißen Luxor immer noch so begeistert wäre, wenn sie Mias Seifendose gesehen hätte?

Statt der ewigen Nivea meiner Mutter kaufte ich mir Tosca Cold Creme von 4711, und als ich sah, dass eine unserer Direktricen immer so sanft rosige Wangen hatte, während ich bleich aussah wie der Tod, fragte ich sie danach und sie zeigte mir, wie sie sich mit Tosca-Kompaktpuder mittels eines kleines Puderschwämmchens, das in dem Spiegeldöschen lag, roséfarbene Schatten auf die Wanden puderte. Ich dachte an die Schminkkünste meiner Tante Amelie, und fortan war ich mit Lidstrich und Rouge versehen, und zwar jeden Tag. Meiner Mutter passte das nicht, Friedrich sagte, dass ich ordinär aussähe, wie eine Aminutte, aber das verbat sich meine Mutter.

Großmama Auguste unterstützte mich in allem. Sie kaufte Mia und mir den ersten Pettycoat, er war in der Taille ganz eng, wurde nach unten immer üppiger und weiter, jedes Kleid, das man trug, wurde modisch eine Kühnheit, denn der Pettycoat war wadenlang und schaute schaumig und duftig unterm Rocksaum hervor. Ich war selig und verlieh ihn großmütig an Christa oder Rutha, sogar Kaloderma-Halbe habe ich ihn geliehen. Ausgerechnet an dem Tag lud mich Paul Brehm zum Jägerball ein, und ich musste meine alten gestärkten Leinenunterröcke anziehen. Auf dem Ball war auch Kaloderma mit meinem Pettycoat, und sie gab damit an und sagte zu mir beim Tanzen, dass meine Unterröcke zu schlabbrig seien. Ich hätte ihr meinen Pettycoat herunterreißen sollen, Milla hätte das sofort getan, Quatsch! Milla hätte ihren gar nicht verliehen – aber mir fiel nichts ein, wie ich es der Halbe heimzahlen konnte. Doch kurze Zeit später fand man sie mit dem Jungen aus der Hollerithabteilung in der Fabrikhalle, die demnächst abgerissen werden sollte, in den Trikotagenabfällen. Ihr wurde gekündigt, auf der Stelle. Herr Halbe musste am Abend ihre Sachen zusammenpacken. Der Junge war noch in der Ausbildung, er konnte bleiben. War ich schadenfroh? Ich wusste es nicht so recht. Aber ich glaube schon.

Ich war der Fuchtel Kalodermas längst entkommen. Nach der Modellabteilung und dem Konfektionslager kam der kaufmännische Teil der Ausbildung. Ich musste in die Buchhaltung. Der Chef dort, Otto Martel, insgeheim Martels Öhm genannt, war als äußerst streng, als unnachgiebiger Lehrlingsschinder verschrien. Ich hatte große Angst vor ihm, suchte ihm seine Wünsche von den Augen abzulesen. Ich glaube sogar, dass ich ihn anhimmelte, denn er erinnerte mich an meinen Großvater. Ich bewunderte ihn, wie er in tadellosem grauem Anzug, weißem Hemd und silbergrauer Krawatte über das Geld der Firma Ringsdorf regierte. Seine Hände waren mindestens so sorgfältig maniküt wie meine. Er roch nach Kölnisch. Ich saß allein mit ihm in seinem großen gläsernen Büro, das er Comptoir nannte – still und unberührt vom Klatsch um uns herum, bediente und bewunderte ich ihn.

So verging Tag um Tag und mein Versuch, ihm zu schmeicheln, gelang vollkommen und holte die Sonne in das öde Büro. Der Gefürchtete blieb zunächst stumm, doch schimpfte er nicht mit mir, er triezte mich nicht, ich tat, was er verlangte, und ich begriff auch, wie ich Rechnungen abzubuchen und Skonti auszurechnen hatte. Bald durfte ich Kuverts mit Überweisungsformularen zur Bank bringen, sogar Bargeld und Schecks vertraute er mir an. Kam ich zurück, schaute er von seinem Schreibtisch auf mit einem Lächeln.

Diese Gänge zur Bank waren mir die liebste Beschäftigung. Ich genoss das Wetter, egal welches, im Zeitungsladen kaufte ich mir jede Woche die *Constanze* oder die *Freundin*, erstand ich meine geliebten Schokoladenriegel, die bunten süßen Kissen, die Karamellbonbons von Werther. Ich ging gerne zur Bank, wo ich in den hohen kühlen Räumen etwas galt, ich kam von der Firma Ringsdorf, ich brachte Geld, ich war eine Person des Vertrauens. Die Süßigkeiten kaufte ich natürlich erst nach meinen Bankgeschäften, und dann ging ich schleckend zurück ins Martel'sche Comptoir, wo ich die Zähmung des Gefürchteten jeden Tag genoss.

In die Großstadt zu reisen, nach Köln oder Düsseldorf, erlaubte mir meine Mutter allerdings selten. Ich musste mir dafür auch einen Tag Urlaub nehmen, denn ich habe auch am Samstag zu arbeiten, mindestens bis 12.00 Uhr. Umso höher schlug mein Herz, wenn ich fahren durfte, allein fahren durfte, ich bereitete mich vor wie zu einem Fest, schaute mir die Leute an, die mit mir reisten, jeder ist etwas Besonderes, so oder so, ich sah selten Bekannte, da sie um diese Zeit arbeiteten oder zur Schule gingen, alle waren beschäftigt, nur ich durfte ich selber sein, nicht daheim und nicht bei Ringsdorfs, sondern nur bei mir selber. Ich liebte es über die Maßen, im Zug Senoussi-Zigaretten zu rauchen, wobei ich nicht inhalierte, sondern den wunderbaren Rauch im Mund genoss und dann durch die Nase wieder ausatmete. Das hatte ich von Eia gelernt, und es war geheim. Senoussi waren mir die liebsten, weil mich die Araber in den bunten Burnussen an Hadschi Halef erinnerten.

Das war unendlich viel für mich, und ich wusste, ich würde immer wieder nach Köln kommen, um mich im Hauptbahnhof zwischen den Reisenden zu bewegen, über den zugigen Domplatz zu eilen. Hohe Straße, Schildergasse! Ich atmete tief, mein Herz klopfte, ich schaute die Menschen an, einfache, vor allem aber exotische, reiche Leute, die im Excelsior abstiegen, sich vom Hoteltrottoir aus zögernd unter die Leute mischten, sie waren Zugvögel, über die ich Geschichten erfand.

Köln war für mich wie ein großer Zirkus, ich liebte Zirkusse, auch lausige, kleine, armselige. Aber den großen, glänzenden Zirkus Köln wollte ich immer wieder besuchen, dabei sein beim Gaukelspiel. C & A! Ein lila Jerseykleid mit Stehkragen bekam ich für wenig Geld, einen hellen Wollmantel, fast bodenlang. In Attenberg konnte ich zwischen fünf Kleidern auswählen, musste mich entschuldigen, wenn ich nichts für mich Passendes fand, bei C & A ging ich über weichen Teppichboden durch eine Landschaft von Kleiderständern, konnte aussuchen, anprobieren und wieder gehen, wie es mir gefiel.

Bei Tisch sagte Eia, ob wir die Angst in der Stadt nicht spürten. «Merkt ihr nicht, was los ist?»

«Wovon redest du?», fragte Friedrich schnell, ich sah, dass er nervös mit seinen Augen blinzelte.

«Ach, du weißt nichts davon?», fragte Eia zurück und Friedrich wurde sofort wütend, wie immer, wenn er seine Allmacht infrage gestellt sah. Ich spürte, dass Eia mit seinen Neuigkeiten vor allem Friedrich befremden wollte. Er sah Friedrich an und sagte, ob er denn tatsächlich nicht wisse, dass Ines Simon ihre beiden Fabriken, die sie an Westphal und Heikamp verpachtet hatte, nun verkauft habe. «Heikamp Zigarettenpapier an Gizeh, Westphals Pfeifen an die Kölner Niederlassung der Richmond Pipe Company.»

Friedrich lachte sein nervöses, abgehacktes Holzvergaserlachen. «Woher willst du das denn wissen! Du bist doch nur ein Maulheld, genau wie dein Großvater!»

Jetzt bekam Friedrich Streit mit meiner Mutter. Mia, Eia und ich verzogen uns, sagten, wir wollten mit Großmama Auguste ins Kino. *Jenseits von Eden* mit James Dean, einem unbändigen, schönen Helden, und ich hatte mich schon die ganze Woche auf den Film gefreut. Aber ich wusste, dass mein Bruder kein Maulheld war, dass er mit Jesko Heikamp und Karl Friedrich Westphal in eine Klasse ging, und wenn die das in der Schule erzählten, wusste es bald ganz Attenberg. Ich musste zu Ines Simon, sie sollte das wissen, sollte vorbereitet sein.

Karla kam ans Tor. Sie sagte, ich solle heimgehen. «Ist anständig von dir, dass du uns warnen willst! Mach dir keine Sorgen, Wicht. Die Frau Simon und ich, wir haben schon andere

Sachen durchgestanden!» Aus Karlas Stimme klang fast so etwas wie Stolz, und ich dachte, dass es anmaßend von mir gewesen sei, mich in ihre Angelegenheit einzumischen.

Ich ließ mir Zeit für den Weg nach Haus, die anderen waren im Kino, ich wollte weder Mutter noch Friedrich sehen. Fast tat es mir Leid, dass ich nicht mitgegangen war in Ringsdorfs Saal. Nach Attenberg kamen selten Filme, sehr selten, es war Wochen her, dass ich den Film *Sissi* gesehen hatte mit Romy Schneider, die war die Tochter von Magda Schneider, und Großmama Auguste wusste, dass Magda Schneider nicht mit dem Vater von Romy verheiratet war, der hieß nämlich Wolf Albach-Retty, und Romy Schneider hieß auch in Wirklichkeit Rosemarie Albach, und Auguste meinte, weil ihre Mutter berühmter sei als der Albach-Retty, hätte sie lieber deren Namen als Künstlernamen gewählt. Diese Romy war im Alter von Mia, genau wusste es Großmama nicht, jedenfalls sah sie zuerst gar nicht königlich aus, und der junge Kaiser von Österreich wollte ihre Schwester heiraten und nicht Sissi, aber dann verliebte er sich in sie, weil sie einfach war, fast noch ein Kind, vielleicht hat er gedacht, er könne sie dann leichter erziehen, aber als Sissi Kaiserin war, wurde sie halsstarrig, auch gegen die Kaisermutter Sophie, die auch noch ihre Tante war, die Schwester ihrer Mutter, die Magda Schneider spielte, Romys richtige Mutter. Komisch, wenn Mutter und Tochter Mutter und Tochter spielen. Eigentlich war der Film langweilig. Alles war geschwindelt. Verzuckert. Ich habe bei Mrs. Hartmann gelernt, dass es kalt und ekelhaft war in der Wiener Hofburg. Und dass der Kaiser ein trockener Bürokrat gewesen sei. Aber Romy Schneider und Karl-Heinz Böhm mussten ja spielen, was im Drehbuch stand.

Am nächsten Morgen wurde ich früh wach von einem Ton, den ich sonst beim Aufwachen nicht hörte. Dieser hallende, sich wiederholende Ton erinnerte mich sofort an den gestrigen Abend, an Eia, an Karla, an Ines Simon. Im Bad, beim Anziehen, immer derselbe Ton, und ich lief, ohne zu frühstücken, ohne jemanden zu unterrichten, zur Villa Simon. Es war mir ein Trost, dass die Glocken unserer Kirche läuteten wie immer, dass auf der Gasse immer noch der alte Hausmann «holder, holder Frühling» rief, das tat er jeden Morgen und meine Tanten sagten, er sei ein Ferkel, weil er eine sehr junge Frau geheiratet hatte. Ich fragte nicht danach, mir war es recht, und ebenso froh war ich, dass Vorndammes Pferdestall noch da stand und dass die große Miste dampfte und so gut roch, dass es den alten Friedhof noch gab mit seinen Steinen und Kreuzen – denn je näher ich der Villa Simon kam, je lauter hörte ich das Schlagen, das Rufen, diesen Ton, der in mir nachhallt, den ich nie vergessen kann: Attenberger standen am Tor, aber es waren die Söhne, Uhlmanns Rolf, Korbs Siegfried, Beckers Klaus, Roßbachs Martin, viele aus der Oberstadt, die Alten sah ich nicht, aber junge Männer und Frauen, die ich nicht kannte. Sie schlugen mit Eisenstangen an das Tor, sie riefen rhythmisch «Rauskommen, rauskommen».

Es waren nicht nur die jungen Arbeiter und Angestellten der Firmen Heikamp und Westphal, vormals Simon, es waren auch Verkäufer und Verkäuferinnen da, die von Neumanns Lebensmitteln, von Ochels, von Sickerlings, von Valberts und anderen. Sie waren von denen geschickt, die um ihr Geschäft fürchteten, das konnte ich verstehen, sie organisierten in der letzten Zeit viele Aktionen, zum Beispiel versuchten sie, mit herabgesetzten Preisen und Rabattmarken die Kunden davon abzuhalten, nach Gummersbach, Köln oder Düsseldorf zu fahren und dort einzukaufen.

Deshalb begannen die Attenberger Geschäftsleute eine Kampagne: «Kauft beim heimischen Einzelhandel!» Ich musste daran denken, dass in der Nazizeit an vielen Geschäften in Deutschland gestanden hatte *Kauft nicht beim Juden*. Auch in Attenberg, am Textilgeschäft der Guts, war es mit großen weißen Buchstaben am Schaufenster zu sehen gewesen. Die Guts sollten vernichtet werden, ein Attenberger Nazi hatte sie gerettet. Doch einige der Attenbacher Nazis wollten auch den reichen Fabrikanten Julius Simon und seinen Bruder, den Rabbiner Lasar Simon, vernichten und enteignen, um vor irgendeinem Obernazi damit Eindruck zu schinden.

In diesen Gedanken stand ich mit vielen Attenbergern vor der Villa Simon. «Rauskommen, rauskommen», riefen sie immer noch, und da kam Ines Simon über die Terrasse den Weg zum Tor hinunter. Hinter ihr ging Karla Immicker, bei ihr war der Chauffeur, der die drei Hunde an der Leine hielt. Die Hunde waren ruhig, schauten wach auf die Leute am Tor, die jetzt auch aufhörten mit dem Lärm.

«Ihr wollt wissen, warum ich meine Firmen an die Konkurrenz verkauft habe», sagte jetzt Ines Simon laut. «Warum ich sie auflösen will. Eigentlich könntet ihr euch die Antwort denken: So, wie mein Leben in Attenberg zerstört worden ist, zahle ich es euch jetzt zurück. Ihr sollt arbeitslos sein und eure Chefs kleine Rentner, die nirgends mehr neu anfangen können. Deshalb habe ich zehn Jahre vergehen lassen.»

Es war still. Für einen Moment. Dann rief ein junger Arbeiter: «Die Nazis haben Ihren Mann und Ihren Schwager umgebracht. Das weiß jeder hier. Und es ist schrecklich. Aber ich kann nichts dafür, ich war ein Kind damals, und viele andere, die hier stehen, auch.»

Ines Simon ging nahe an den Zaun heran. Sie rief: «Ich habe in Deutschland gelernt, was Sippenhaft heißt. Mein Mann war katholisch wie ich, doch weil sein Bruder Rabbiner war und viele Verwandte mosaischen Glaubens, traf ihn die Sippenhaft. Sie waren gut versteckt, mein Mann und mein Schwager. Niemals hätte die Gestapo sie gefunden. Doch eure Eltern sind als Denunzianten durch Attenberg geschlichen, der Gauleiter, der Doktor, die Herren Heikamp und Westphal – sie haben dafür gesorgt, dass man meine liebsten Menschen abgeholt hat.»

Ines Simon wies jetzt auf Karla und auf den Chauffeur: «Hier, Karla Immicker hat mit mir im Gefängnis gesessen, bis die Amerikaner kamen. Meinen Chauffeur haben sie zum Krüppel geschlagen, weil er meine Angehörigen nicht verraten wollte. Und jetzt sage ich euch noch eins: Was vorüber ist, ist nicht vorbei! Nicht für mich! In mir ist der Hass gewachsen und er wächst immer noch. Von mir habt ihr nichts zu erwarten.»

Nach einer Pause, mit einer heftigen Gebärde, sagte Ines Simon noch einmal: «Nichts.» Dann wandte sie sich ab und ging in ihr Haus zurück.

Die Leute entfernten sich ebenfalls. Niemand sprach. Ich hätte gern gewusst, was sie jetzt dachten. Ob sie Ines Simon verstehen konnten. Karla Immicker winkte mir, ich solle hineinkommen. Ich wäre lieber nach Hause gegangen, ich fühlte mich erschöpft und hungrig. Aber ich ging mit Karla. Ich wusste, dies war die letzte Möglichkeit, die Wahrheit über meine Tante Amelie zu erfahren.

«Ich wollte dir etwas zum Abschied schenken», sagte Ines Simon zu mir. Sie stand am Fenster ihres Salons und sah mir entgegen. «Es war fair von dir, dass du mich gestern warnen wolltest. Du bist wie Amelie. Weißt du, dass deine Patentante meine Freundin war?»

Ich nickte, aufs äußerste gespannt. Würde der nächste Augenblick mir die dunklen Stunden abnehmen, in denen ich an meine Amelie dachte, mich aufrieb an dem Warum? Ines Simon hatte die Arme vor der Brust verschränkt, sie sah hinaus in den Park, als läse sie die Worte von den Blättern der Bäume ab.

«Ich wusste, dass Amelie mit dem Doktor befreundet war, dass er sie liebte, wurde mir bald klar. Von Amelie dachte ich, dass sie es genieße, mit ihm zu musizieren, sich literarisch auszutauschen, aber ich konnte mir nicht vorstellen, dass auch sie ihn liebte. Sie war so jung!»

Ines Simon drehte sich zu mir um, sie sah mich traurig an. «Ich habe einen schlimmen Fehler gemacht, Agnes. Als ich erfuhr, dass der Doktor zu den Denunzianten gehörte, bat ich Amelie, herzukommen, mir beizustehen. Ich berichtete ihr, was ich gehört hatte, fand in meiner Wut nur anklagende Worte für den Doktor. Ich merkte nicht, dass Amelie totenblass wurde, dass sie sich nur mit Mühe aufrecht halten konnte. Das alles ist mir erst lange nach ihrem Tod klar geworden. Amelie hatte anscheinend nicht einmal gewusst, dass der Doktor Parteigenosse war.»

Karla brachte ein kleines Päckchen, gab es Ines Simon. Sie entfernte das Papier, öffnete eine Schmuckschatulle und gab mir ein ziemlich schweres, ziseliertes Amulett, das an einer goldenen Kette hing.

«Du kannst es aufmachen, wenn du willst», sagte Ines Simon freundlich. Ich drückte auf eine kleine Feder, und meine Tante Amelie sah mich an, blass und schön.

Ich hörte, wie Ines Simon sagte, dass sie mit Karla nach Portugal reisen werde, wahrscheinlich für sehr lange. Ich bekäme aber einen Schlüssel zur Villa, der Chauffeur bleibe hier wohnen, er sei über alles informiert, und wenn ich es daheim bei dem Stiefvater nicht aushielte, könne ich jederzeit in der Villa Simon wohnen. Im Obergeschoss gebe es ein Gästezimmer.

Ich hörte es und hörte es auch nicht. Ich sah Amelies Bild, doch nichts lebte in mir wieder auf von meiner Verzweiflung um sie. Ich fühlte mich im Augenblick sehr stark. Gestern und morgen spürte ich nicht. Nur heute. Diesen Augenblick.

19. KAPITEL

Eine hübsche Ratte und
ein junger Mann im Trenchcoat
Dieser Adoptivvater kommt nicht in Frage

Bis zu meiner Reise nach Alassio sah ich täglich in die OVZ, suchte sogar bei verschiedenen Sendern im Radio nach einem Bericht über den Verkauf der beiden Simon'schen Fabriken, über die jungen Arbeiter, die Rechenschaft von Ines Simon forderten. Hatte niemand der Redaktion in Gummersbach den Vorfall gemeldet? Nicht einmal Heikamp oder Westphal? Sie hätten jede Möglichkeit gehabt, das Interesse der Journalisten zu wecken, doch sie schienen überhaupt nicht daran interessiert, ihren Hinauswurf öffentlich bekannt zu geben. Nun, sie hatten viel zu verbergen, sie mussten jetzt neu planen, arbeiten, handeln. Für sie war Ruhe die erste Bürgerpflicht.

Mitten in der Schweiz wurde ich wach. Wir hatten Schlafwagen gebucht und von Helga war noch kein Laut zu hören, als ich begriff, dass ich durch die Landschaft von Heidi und Alm-Öhi fuhr. Ich sah die Berghütten mit schweren Steinen auf den Schieferdächern, gerade schmolz der Alm-Öhi über dem Feuer das riesige Stück Käse, für Heidi, die ich darum immer beneidet hatte.

Ich war im Urlaub! Nicht mit meiner Mutter, nicht mit Friedrich, nicht in Schwaz in Tirol, nicht im Plankenhof, der einem hoch gewachsenen jungen Grafen gehörte, der Säue züchtete und mich sehr freundschaftlich behandelte. Doch das nützte nichts, ich musste mit meiner Mutter und Friedrich an eiskalten Flussbächen sitzen, in die man nicht einmal einen

Zeh reinstecken mochte. Da lasen sie das, was sie gute Bücher nannten, und ich sollte das auch tun. Stattdessen hätte ich mit Peter Burston, einem Jungen aus London, der mit seinem Vater reiste, ins Schwazer Schwimmbad gehen können. «Das kommt gar nicht infrage. Du bleibst bei uns!» Dabei war Peter ein hübscher, nachdenklicher Junge und mein erster Engländer, obwohl er aussah wie James Dean. Wozu lernte ich bei Mrs. Hartmann Englisch? Meine Mutter machte mich darauf aufmerksam, dass ich Hans-Werner hätte, und Friedrich rief, ich könne nicht mit jedem Jungen was anfangen, der mir über den Weg laufe. Ich sei ja schon verrufen in Attenberg. Je mehr sie mir Peter verboten, desto kostbarer wurde er mir. Ihm erging es genauso. Sein Vater mochte keine Deutschen, für den waren alle Deutschen Nazis, da hatte er bei Friedrich sogar richtig getippt – aber dass er Peter verbot, mit mir zusammen zu sein, war übertrieben.

Also kletterte ich gegen zwölf in der Nacht vom Balkon meines Fensters. Das war leicht, wir wohnten im ersten Stock, Peter stand schon unten und fing mich auf. Wie laut so ein verdammter Kies knirscht! Aber dann waren wir allein unter einem brennenden Mond, der Plankenhof lag kreidig und schwarz in seinem Licht, wir sprangen wie Kinder Hand in Hand über eine Hecke, ich vergaß Hans-Werner und Piet, wie durch Zauberei entglitt mir Ebsi, ein großes Geheimnis löschte Paul aus – ich sah Peter an, er war kein steifer Brite aus meinem *English Students' Book*, er hatte Augen, die sich beim Lachen leicht zusammenzogen, wir lachten über die Alten, die im Plankenhof schliefen, Peter zog mich an sich: «*I would like so much to get to know you –*»

«*So would I*», flüsterte ich, und es war die reinste Wahrheit. Ich fand alles wunderbar, herrlich, gut, weit über meine wildesten Peter-Träume hinaus, die mir die Weigerung Mutters und Friedrichs bereits beschert hatten.

«*Unfortunately there is no time for that*», seufzte Peter glücklich und begann, mein Kleid aufzuknöpfen. Stumm betrachtete er mich, schluckte, sagte ein wenig stotternd, dass ich wie gedrechselt aussähe, perfekt, wie eine Sanduhr. Wie eine Sanduhr. Das hatte mir noch niemand gesagt. Es gefiel mir, ich begann, Peter auszuziehen, allein nackt zu sein schien mir kein Gleichgewicht – wir umschlangen einander und rollten uns herum, lachten und bebten vor diesem neuen, wilden Glück.

Friedrich hatte mein Verschwinden entdeckt. Als Peter und ich zurückkamen, stand er unter dem Balkon, ich sah für eine erschrockene Sekunde seinen Reptilschädel unter der Uniformmütze, den Ledermantel, den Schlagstock.

Mein Nazi-Stiefvater ohrfeigte mich. Da riss Peter ihn zurück, schleuderte ihn mit seiner ganzen Kraft gegen den Balkon, dass Friedrich mit dem Kopf dagegen schlug, zusammensackte und liegen blieb. Peter wartete, bis ich in meinem Zimmer verschwunden war.

Am nächsten Morgen sagte Friedrich, der an der Kopfhaut eine hübsche Verletzung hatte, dass ich mich anmale wie eine Aminutte und mich auch so benehme. Meine Mutter widersprach diesmal nicht, und ich dachte, dass die Alten nichts anderes kennen als Rein-raus. Dass ich gute Lust hätte, sie durch eine Schwangerschaft zu brüskieren. Wenn ich denke, wie Tante Korb sich grämt wegen Renates Billy und wie Tante Klara sich aufführt, weil meine Cousine ohne den Segen der Eltern im siebten Monat ist – das hätte ich auch meiner Mutter gegönnt, die so gern mit ihrem feinen Lächeln sagte, dass sie glücklich sei über ihre Töchter, die wüssten, was sich gehöre. Soll ihr doch das feine Lächeln einfrieren. Sie denkt wohl, jeder hätte vergessen, dass mein Bruder ein Sechsmonatskind war.

Und Friedrich! Das mit der Aminutte hatte er nicht umsonst gesagt. Das Wort wird auf ihn zurückkommen, das Wort ist schon einmal Fleisch geworden, es kann sich auch in etwas anderes verwandeln, in einen Unfall, in eine schlimme Krankheit oder in sonst ein Unglück. Dafür werde ich sorgen. Ich glaube nicht, dass ich spökenkieken kann, aber für Friedrich muss es reichen.

Heute, mitten in der Schweiz, im Schlafwagen durch die Almen reisend, denke ich an Peter. Er ist noch da, ein Schattenbild. Er sieht immer noch aus wie James Dean, der Traurige, Schöne. Vielleicht hat er geahnt, was Mrs. Hartmann immer sagt – dass Tod und Leben eins ist. In seinem Porsche ist James Dean verunglückt, in einem deutschen Auto. Manchmal frag ich mich, ob es sich lohnt, sich anzustrengen, gegen Friedrich zu kämpfen, für die Prüfung zu lernen, sich ein neues Leben zu suchen, wenn dann plötzlich ein Unfall passiert und man ist tot wie James Dean.

Ich sehe aus dem Abteilfenster, ein großes blaues Stück Himmel wölbt sich über mir, das saftig grün sich hinstreckende Land macht mich in einer Weise erwartungsvoll, dass ich es nicht erklären kann.

Helga wird wach, brummt etwas von einer Sardinendose, in der sie geschlafen habe, sie wirft gar keinen Blick aus dem Fenster, sie will in den Speisewagen, frühstücken.

Und dann Alassio. Für mich begann ein neues Leben zwischen dem Meer und dem kleinen weißen Hotel. Wir waren Signorinas, Helga und ich, wir wurden ziemlich schnell braun, gingen zum Friseur und ließen uns die Haare meckikurz schneiden, und Maniküre *per favore*. Die italienischen Jungen, mit denen wir am Strand radebrechten, drängten uns, am Schönheitswettbewerb um die Miss Alassio teilzunehmen. «Hier kennt uns doch keiner», entschied Helga und ich hatte nichts dagegen. Ein Cocktailkleid hatten wir beide dabei. Meines hatte mir Großmama Auguste zur Hochzeit meiner Schwester spendiert. Mia heiratete den jungen Mann mit dem Roller, der jetzt eine Isetta fuhr. «Menschen in Aspik» hießen diese Autos und sie waren, was Schnelligkeit anging, eher zurückhaltend. Trotzdem setzte mein Schwager die Isetta mit Mia und mir knapp vor einen Baum. Noch nie hatte ich Baumrinde durch ein Glas gesehen.

Mias Hochzeit sollte klein gefeiert werden. Im engsten Familienkreis. Da protestierten Tante Im und Großmama Auguste! Sie setzten sich durch, weil Auguste sämtliche Kosten übernahm. Meine Schwester sah aus wie eine Braut aus *Film und Frau*. Wie Brigitte Bardot oder Ingrid Bergman. Mias dichtes rotes Haar war unter einem Diadem aus weißem Pelz hochgesteckt, daraus quoll der weiße Schleier. Ihr Kleid war ärmellos, dafür trug Mia weiße Handschuhe bis an die Oberarme. Man konnte sehen, dass Auguste die Ausstattung übernommen hatte. Sie selber trug ein braunes Spitzenkleid mit Wasserfall. So nannte man die Mengen Spitze, die sich hinten auf ihrem Rock bauschten.

Mit meinem Brautjungfernkleid war ich auch äußerst zufrieden. Damit konnte ich mich sogar hier in Alassio sehen lassen: Es war hellblau mit weißen Ausbrennerblumen, schulterfrei, und der Rock sah über dem Pettycoat aus wie ein Tütü. Helga hatte ein Modellkleid an aus Paris, es war gelb, vorne kurz und lief hinten in einer langen Spitze zusammen, wirklich das Raffinierteste, was ich je gesehen hatte. Dazu die braune Haut Helgas und die Meckifrisur – so gut hatte Helga noch nie ausgesehen. «So müssten uns die Attenberger erleben!», sagte sie.

Wir bekamen aber nur den zweiten und dritten Preis, die Erste war blond, kam auch aus Deutschland und hieß Elke. Ich fand, dass sie wie eine hübsche Ratte aussah, und unsere italienischen Ritter vom Strand schimpften und behaupteten, die ganze Misswahl sei Schiebung gewesen. Helga und ich hätten unbedingt den ersten Preis haben müssen. Uns leuchtete das ein, aber es bewegte uns nicht weiter. Mir gefiel ungemein die italienische Sängerin, sie hieß Laetizia D'Atri oder so und ich hatte für einige Tage den brennenden Wunsch, so auszusehen, so zu singen und mich so zu bewegen wie sie.

Hans-Werner rief an. Er könne nicht kommen, sein Stiefvater habe von der Reise erfahren, er wolle unbedingt auch nach Alassio, samt Rosi. Als Hans-Werner sich beschwert habe, dass er mit seinem Freund allein reisen wolle, habe der Dicke ihm auf den Kopf zugesagt, dass Agnes in Alassio sei, und er wolle unterbinden, dass sich die Kinder ins Unglück stürzten. Hans-Werner solle für ein Jahr nach Amerika, dann habe diese komische Kinderverlobung sowieso ein Ende.

Ich hörte aus seiner Stimme, wie empört und verletzt Hans-Werner war. Seine Wut auf den Dicken war auf dem Höhepunkt angelangt. «Wenn meine Mutter nicht wäre», schrie Hans-Werner ins Telefon, «würde ich dem Dicken ein Messer in seinen Wanst rammen!»

Dass Hans-Werner seinen Stiefvater immer mal wieder umbringen wollte, war mir nicht neu und sprach mir aus der Seele, was Friedrich anging. Dass der Dicke meine Freundschaft mit Hans-Werner als Kinderverlobung ansah, machte mir mehr zu schaffen. Meine Mutter, meine verstorbene Großmama Marie, meine zahlreichen Tanten, sie alle sprachen von Hans-Werner wie von einem Verwandten. Frau Sickerling von Sickerlings Moden gratulierte meiner Mutter zu der Partie, die ihre Tochter machen werde. Warum verlobten sie einen gleich, warum musste ich einen Jungen, den ich gut leiden konnte, dem ich beim Haareaufkehren geholfen hatte, weil er auch mit einem ekelhaften Stiefvater leben musste, warum sollte ich den gleich heiraten? Warum war ich verrufen oder verlaufen, wenn ich mal an einem anderen Jungen schnupperte? Ich fand die Alten widerlich, sie spionierten mir nach, stöberten in meinen Schubladen, in meinem Schrank, sie suchten Briefe, sie wollten Geheimnisse an sich reißen, sie redeten über mich, machten Andeutungen oder schwiegen bedeutungsvoll, schauten sich mit gewissen Blicken an. Ich fühlte, wie sie mir mein Leben wegfressen wollten, sie wollten mein Leben so gestalten, wie sie ihres gerne gehabt hätten, wenn nicht der Krieg sie daran gehindert hätte. Der Krieg, der Krieg. «Sei froh, dass du lebst!» Wie oft hatte ich mir das anhören müssen.

Am ersten Tag, als ich nach der langen Krankheit und dem anschließenden Urlaub wieder bei Ringsdorf arbeitete, fühlte ich mich gleich wieder so zu Hause, wie ich es daheim nie gewesen war. Über den roten Kokosteppich ging ich durch die hohe Schwingtür, berührte die wuchtigen, kühlen Messinggriffe, die von Frau Teschner täglich mehrfach poliert wurden. Sie tat das mit einer Inbrunst, die mir stets imponierte, es war, als ob sich die zwergenhaft kleine, alte Frau Teschner an die Messinggriffe klammerte wie an einen Lebensinhalt. Ich mochte Frau Teschner, und wir grüßten einander immer freundlich. Heute sagte Frau Teschner, dass ich so gut erholt aussähe, so braun, und dann diese moderne Meckifrisur – ganz verändert sei ich, aber sehr schön.

Das sagten andere auch. Besonders meine braune Haut wurde bestaunt. Im Oberbergischen braun zu werden war nicht so einfach, es regnete auch im Sommer ständig, und wenn man mal versuchte, ein Sonnenbad zu nehmen, kam todsicher jemand, der sich wegen Unsittlichkeit aufregte oder einen an die Arbeit scheuchte oder sich lustig machte: «Ach, bist du aber schön braun! Braun wie Gips!»

Ich durfte nun nicht mehr die Treppe hochgehen zum Martels Öhm, leider, ich hatte den Gefürchteten lieb gewonnen, und er mich auch – aber zu meiner Ausbildung gehörte auch der Verkauf der Kollektion. Da es viele elegante Textilien aus Italien auf dem Markt gab, hatten wir zwei neue junge Direktricen eingestellt, die Kollektion enthielt jetzt ziemlich schöne Kostüme, Kleider, Pullover, Röcke. Am elegantesten waren unsere Badeanzüge. Mein Lieblingsmodell aus hellem Latex mit aufgedruckten stilisierten Chrysanthemen wurde für eine Werbekampagne ausgewählt. Eine Studentin aus Wipperfürth, sie hieß Petra Schürmann, wurde in dem Badeanzug fotografiert. Sie stand am Ufer eines Sees und wies mit spitzem Zeigefinger übers Wasser. Diese Fotos verschickten wir an alle unsere Kunden.

Als ich einige Tage im Verkaufsbüro war, rief die Fotoagentur an und teilte uns mit, Petra Schürmann hätte an der Wahl der Miss World 1956 teilgenommen und gewonnen. In unserem Badeanzug! Ich hatte nämlich genau den gleichen.

Mein Vater rief schon am ersten Tag nach meinem Urlaub an. Daheim konnte er mich nicht erreichen. Er sagte, er habe Sehnsucht, wollte mich unbedingt sehen. Da es in Attenberg nicht ginge, solle ich einen Ort bestimmen. Er werde kommen. Überallhin.

In Alassio hatte ich mit Helga über ihn gesprochen. Sie fragte eines Tages, was denn mit meinem Vater los sei. «Ist der eigentlich im Krieg gefallen?»

Das wäre normal gewesen, aber so musste ich Helga erklären, dass mein Vater aus dem Krieg zurückgekommen war, aber nicht zu seiner Familie.

«Ging ja auch nicht, da war ja Herr Röder», stellte Helga sachlich fest, sodass mir vieles zu erklären erspart blieb.

Als ich Helga von dem Anruf meines Vaters berichtete, sagte sie sofort, ich müsse zu meinem Vater fahren. «Du sagst, dass wir beide einen Sonntagsausflug ins Blaue machen, und dann fahren wir zu ihm. Ich gehe Eis essen, und ihr könnt endlich mal reden.»

Das schien logisch. Für Helga. Ich selber wusste gar nicht mehr, ob ich ein Wiedersehen wollte. Die Gedanken an meinen Vater, meine schmerzliche Sehnsucht nach ihm, waren nach all der Zeit tief in mir verborgen. Ich wusste nicht, ob ich es noch einmal heraufholen konnte. Mein Warten auf meinen Vater hatte zu lange gedauert, es war zu viel Schmerz, zu viel für mich. Ich glaube, tief innen war etwas gestört. Ich wollte nichts mehr wissen.

Am Abend, nach Büroschluss, wartete an der Treppe zum

Eingang ein großer, kräftiger Junge auf mich. Er schien älter als ich zu sein, trug einen Trenchcoat und einen Hut, was ungewöhnlich war. Zumindest in Attenberg. Hier hatten die Jungen enge Hosen an und karierte Hemden. Und keinen Hut. Ich wollte den Jungen abfertigen, aber ich hatte schon vorher aus dem Fenster den Mercedes des Dicken gesehen. Er stand gegenüber an der Verladerampe des Güterbahnhofs und konnte den Eingang bei Ringsdorf bequem im Auge behalten.

Schon um den Dicken zu ärgern, ging ich freundlich auf den Jungen zu, der seinen Hut leicht anhob und wieder in die Stirn drückte.

«Agnes, kennst du mich nicht mehr, ich bin doch Edith!»

Seltsam! Ich glaubte ihm sofort! Ich konnte mir gar nicht so rasch das Bild meiner früheren Freundin Edith Hart zurückholen, wie ich ihm glaubte. Schon vor dem Ende der Schule hatte Edith Attenberg verlassen. Eines Morgens blieb ihr Platz leer.

Wir gingen in das Bahnhofsgebäude auf der gegenüberliegenden Seite, nur wenige Meter vom Büro entfernt. Ich tat, als sähe ich den Mercedes nicht, und ging mit Edith in die Wartehalle, wo man immer etwas zu trinken bekommen konnte.

«Du kennst mich noch!», sagte Edith erstaunt, und nun war mir auch ihre Stimme wieder vertraut. «Ich will auch nur dich wieder sehen, dann bin ich wieder weg.» Wir schwiegen beide. Nach einer kleinen Pause sagte Edith: «Warum fragst du mich nichts?»

Ich musste lachen. «Wunderst du dich darüber? Ich bin einfach platt! Das muss doch anderen Leuten auch so gehen, oder?»

Mir lag plötzlich viel daran, dass nicht nur ich mich über Edith wunderte, dass ich es nicht allein war, die ihr sprachlos gegenübersaß. Ich wäre mir sonst ziemlich blöde vorgekommen.

«Ich bin nicht mehr Edith», sagte Edith in meine Gedanken

herein, «ich bin Erich. Ich glaube, ich war als Mädchen eine Schießbudenfigur. Stimmt's?»

In mir wirbelten die Bilder der Vergangenheit durcheinander. Edith im stets gleichen Faltenrock, den Träger quer über der Brust, die Haare struppig im Wind. Edith beim Fußballspielen, die Schuhe abgerissen, doch die Schüsse gingen todsicher ins Tor. Edith im Schwimmbad, allein auf dem Handtuch, Edith mit den traurigen Augen, dem vollen, verzogenen Mund. Mir fiel auf, dass Erich immer noch so aussah wie Edith, wenigstens im Gesicht. Sie war meine Freundin gewesen, ich nicht unbedingt ihre, aber ich konnte sie trotzdem fragen, ich musste es einfach wissen: «Wieso bist du jetzt Erich?»

Auf diese Frage hatte Edith natürlich gewartet. Sie hob ihre schweren Lider auf, sah mich an mit einem Blick, der eher bedeutsam als traurig war, und erklärte mir, dass sie ein unglückliches Mädchen gewesen sei. Ich wisse ja, dass sie sich nur für Fußball interessiert habe und hinterher für Autos. Einmal habe ein Mann mit einem nagelneuen Ford eine Reifenpanne gehabt. «Ein herrlicher Ford Taunus, himmelblau! Es passierte ziemlich nah bei mir zu Hause, der Mann war hilflos, ist immer um seinen Platten herumgelaufen. Da bin ich hin und hab ihm geholfen, den Reifen zu wechseln. Ich wusste, wie das geht, und ich hab im Kofferraum gefunden, was ich brauchte.»

Der Mann sei sehr dankbar gewesen, aber auch sehr erstaunt, er wollte Edith Geld geben, doch Edith hatte sich gewünscht, ein Stück mitfahren zu dürfen in dem himmelblauen Ford. Sie seien dann ins Reden gekommen, weil der Mann sich gewundert habe, dass ein Mädchen Reifen wechseln könne und überhaupt so kräftige Hände habe. «Plötzlich war mir alles egal», sagte Edith, «ich hab dem erklärt, dass ich lieber ein Junge wäre, schon immer, und dass ich als Mädchen überall verlacht werde und anecke. Da hat er mir eine Karte gegeben mit seinem Namen drauf. Er war ein Doktor, keiner für Medizin, aber er sagte, ich solle ihn in zwei Wochen anrufen, dann wäre er wieder in Köln und dann würde er mich zu Ärzten bringen, die mir helfen könnten. Und dann hat er mir noch Geld gegeben für die Fahrt nach Köln.»

Fast triumphierend sah Edith mich an. Ich brachte den Namen Erich nicht über die Lippen, aber Edith sagte, das sei nicht wichtig. Er habe mir sagen wollen, dass ich seine einzige Freundin gewesen sei, dass er darauf immer noch stolz sei. Und in ein paar Jahren könne man ihn vielleicht operieren, so dass er ein richtiger Mann würde. Nicht nur in der Seele und im Herzen, sondern auch im Körper.

Ich brachte Edith an den Zug nach Köln, der gerade einlief, Edith schob das Fenster runter, wir hielten uns an den Händen, bis der Zug abfuhr.

Als ich aus der Bahnhofshalle herauskam, stand der Mercedes vor der Treppe. Als sollte mir der Fluchtweg abgeschnitten werden. Sowie er mich sah, sprang der Dicke behände aus dem Fahrzeug, man sollte es nicht meinen, und riss mir die Tür zum Beifahrersitz auf. Eigentlich wäre ich lieber zu Fuß nach Hause gegangen, doch das Gespräch mit Edith hatte mich müde gemacht. Als ich in den weichen Lederpolstern saß, spürte ich es erst recht.

Auch der Dicke sagte mir, wie verändert ich aussähe nach Alassio, ich habe ihm immer gut gefallen, aber nun sähe ich richtig attraktiv aus. Attraktiv. Das kommt wohl von Attraktion. Die stellt man auf dem Schützenfest aus, auf der Kirmes. Trotzdem freute ich mich über das Kompliment des Dicken, ich spürte, dass er es ernst meinte. Dass ich ihm gefiel. Solche Eingeständnisse machten mich jedes Mal schwach. Wahrscheinlich war ich in meiner Kindheit zu oft heruntergeputzt worden.

Der Dicke roch gut. Es war schön, mit ihm durch die Stadt zu fahren. Die Leute sahen sich nach dem eleganten Mercedes um, sie guckten in das Wagenfenster, wollten sehen, wer in einem so teuren Auto fuhr. Auch das gefiel mir. Ich fand, dass mein Leben lange genug nur Nachteile für mich gebracht hatte, ich konnte ein wenig äußeren Glanz gut gebrauchen.

Ob Rosi wusste, dass der Dicke mich abgeholt hatte, dass er jetzt mit mir an die Aggertalsperre fuhr zum Abendessen? Ich kannte mich in Rosi nicht aus. Sie lud mich fast täglich ein, nach dem Büro in ihr Haus zu kommen. Ich mochte Rosi gern, sie war eine Freundin meiner Mutter, immer noch, auch wenn die Kriegszeiten vorbei waren und sie sich nicht mehr gegenseitig helfen mussten. Beide, Rosi und meine Mutter, freuten sich, dass Hans-Werner und ich miteinander gingen. Rosi kaufte mir bei Salzmann in Köln einen teuren Kamelhaarmantel, bei Mühlhäuser in München ein Pepitakostüm, sie schenkte mir Schmuck, und auf einer Reise nach Amsterdam bekam ich weiße Pumps, vorne spitz, mit einem sehr hohen, dünnen Absatz. Es machte Rosi Freude, mich auszustatten, der Dicke ermunterte sie, und ich sollte bei jeder Reise dabei sein, weil dann die Laune des Dicken erträglich war. Im österreichischen Mariazell, wo der Dicke eine Jagd besaß, nahm er meinen Arm, wenn ich in Rosis Persianer, neuer Sonnenbrille und Pelzstiefeln durch den Schnee stapfte und Passanten sich nach mir umdrehten.

Ich fand, dass wir ein Kasperltheater aufführten, doch ich tat es gern. Hans-Werner und Rosi wussten genau, was gespielt wurde, aber sie machten mit. Hans-Werner genoss es, einen Privatskilehrer zu haben, auch wenn er dafür irgendwann wieder Tritte bekam. Er wusste auch als Erster, dass sein Stiefvater in mich verliebt war. «Dauernd zieht er dich auf seinen Schoß, dauernd will er mit dir angeben, Liebes hier, Liebes da! Ist das nicht zum Kotzen? So ein alter Affe! Sag mal, merkst du das nicht?»

Fast musste ich lachen. Der gute Hans-Werner! Er wusste es schon ebenso lange wie ich und hatte doch ein luxuriöses, störungsfreies Leben lieber als die graue Wahrheit. Ich konnte es ihm nicht verdenken. Und was war mit mir? Ließ ich mich von dem Dicken anhimmeln, um teuer angezogen in Restaurants zu speisen, die ich sonst nur von außen zu sehen bekam? Duldete ich seine Affenliebe, weil ich in seiner Welt den Luxus lieben lernte? Die Schaufenster in Köln und München, in Wien und Salzburg, alles erschien mir großartig, ich suchte jetzt überall nach Qualität, nach schönen Dingen, nach Komfort.

Es war mehr. Auf eine verquere Weise fühlte ich mich zu dem Dicken hingezogen. Er sah aus wie ein belgischer Minister, oder wie Prinz Bertil von Schweden oder wie der Mond. Mit derselben Gier, mit der er sein Essen verschlang, wollte er auch mich auffressen, das stieß mich ab und zog mich zugleich stark an. Ich war gern in der Nähe des Dicken, noch lieber ganz nah, nur ausziehen sollte er sich nicht, ich hatte ihn noch nie nackt gesehen und wollte diese Zurückhaltung auch weiter pflegen.

Bald fand Rosi meinen Lippenstift an seinem Hemdkragen. «Was soll das?», schrien sie mich an, Rosi und Hans-Werner. Ich sagte ihnen die reine Wahrheit, dass ich mich so gerne in den Dicken verkriechen würde, aber das verstanden sie nicht, und ich bot ihnen an, mich künftig vom Hause Burger fern zu halten. Das wollten sie aber auch nicht riskieren. Rosi wusste noch genau, wie sie letztes Jahr am Heiligabend weinend im Wohnzimmer gelegen hatte, ihr Brillantarmband hatte sie in die Ecke gepfeffert, weil ihr der Dicke nicht einmal frohe Weihnachten gewünscht hatte und zu seiner alten Mutter gefahren war, die Rosi nicht empfing, weil sie davon überzeugt war, dass Rosi die erste Ehe des Sohnes zerstört hätte.

Ich selber hatte oft gesehen, wie der Dicke sich angeekelt abwandte, wenn Rosi ihm eine Kostprobe vom Fleisch oder eine Praline reichen wollte. Rosi hatte sich früher einmal beim Ondulieren den Zeigefinger verbrannt, das sah nicht schön aus, aber der Dicke hatte es vor der Ehe nie beanstandet. Seine anfängliche Zuneigung musste in irgendeinem Ehesturm untergegangen sein.

Es war oft nicht zum Aushalten im Hause Burger. Streiten,

Weinen, Türenknallen. Ich fühlte mich manchmal wie zerhackt davon. Ich wollte nie mehr hingehen, nie mehr. Daraufhin tobte der Dicke, dass Rosi und Hans-Werner mich aus dem Haus ekeln würden. Und er schwor ihnen, dass er eher auf sie beide verzichten wolle als auf mich. Er war ziemlich verrückt, glaube ich.

Und dann wieder, wenn ich ihn eine Zeit lang nicht gesehen hatte, war ich verwirrt, aufgeregt und angestachelt. Ich genoss es, dass andere Angst vor ihm hatten, dass sie vor ihm buckelten, während ich ihn um den Finger wickeln konnte.

So war es auch heute wieder. Ich ärgerte mich über mich selbst, schließlich war ich siebzehn Jahre alt, *köstlich jung*, hatte ich irgendwo gelesen, *köstlich jung*, na ja, die mussten ja wissen, was an der Jugend köstlich war. War es vielleicht köstlich, Lust auf einen alten dicken Mann zu haben, das war doch eine verwerfliche Lust, nicht nur wegen Rosi und Hans-Werner, es war doch sicher sittlich verwerflich, was ich tat, doch ich genoss über die Maßen das Leuchten in den Augen des Dicken, diese dichte Atmosphäre von Zuneigung und Begehren zwischen uns beiden. Auch wenn es ein Spiel war, zumindest für mich, spielten wir es beide ausdauernd und immer wieder.

An der Talsperre saßen wir an einem Tisch am Fenster, wir aßen überbackene Zwiebelsuppe und Leber mit Bananen nach dem Fernsehkoch Clemens Wilmenrodt. Die Inhaber des Restaurants, das Ehepaar Laschka, bedienten uns selber, fragten, wo Frau Burger sei und der Herr Sohn, und ich spürte hinter ihrem liebenswürdigen, fürsorglichen Lächeln, dass sie ahnten, was wir wussten, und ich musste ein Lachen verbergen.

Ich sah auf die Talsperre hinunter, das Wasser lag im Abendschleier still da, und ich dachte daran, dass auf dem Grund der Talsperre einmal ein Dorf gestanden hatte, dass dort unten Menschen gelebt hatten, die schon lange in alle Winde verstreut waren. Seltsam, dieser Gedanke beruhigte und erwärmte mich, was mir eben noch sündig und lächerlich erschien, verwandelte sich in ein romantisches Abenteuer, ich fuhr mit dem Dicken in ein Waldstück und wischte mir den Lippenstift ab.

Der Dicke lachte. «Hat Rosi dich auch hochnotpeinlich befragt?» Ich nickte und kuschelte mich an seinen beträchtlichen Bauch. Ich spürte seinen Atem und dachte, dass ich mich in mir selber ziemlich wenig auskenne. Und in dem Dicken noch weniger.

Da sagte er, dass er mich adoptieren wolle. «Weißt du, wenn du meine Tochter bist, kann niemand etwas dagegen unternehmen, wenn wir gemeinsam in ein anderes Land fahren, uns dort ein Haus kaufen und dort leben. Meine Geschäfte können von anderen geführt werden, Rosi kriegt eine gute Abfindung für sich und ihren Sohn» – der Dicke redete und redete, als hätte er es die Nacht über auswendig gelernt. Dass er bislang nur geschuftet habe in seinem Leben, als Kind im Ersten Weltkrieg den Vater verloren, nichts Rechtes zu fressen, und dann studiert, immer hungrig, immer müde vom Malochen am Tag. Dann kriegte ein Mädchen ein Kind von ihm, keiner wollte das Kind, sie ließen es abtreiben. Das Mädchen starb, der Dicke sollte ins Gefängnis, ein Anwalt konnte das abwenden. Als wieder eine Freundin schwanger wurde, bestand der Dicke auf der Heirat, der Sohn kam, aber die Ehe war schon am Ende. «Ich hab immer malocht, weißt du, ich hatte keine Zeit für die Frauen, nicht mal für den kleinen Peter. Dabei liebte ich ihn, er war mir ähnlich, nicht nur Fotos zeigten das. Aber meine Geschäfte nahmen mich immer mehr in Anspruch, ich war kein guter Ehemann, ich war nicht mal ein guter Vater.»

Mir wurde das alles zu viel, was der Dicke loswerden wollte, ich versuchte, ihn zu unterbrechen, ihn abzulenken, ihm zu sagen, dass ich jetzt dringend nach Hause müsse.

«Ja, entschuldige, aber eins musst du noch wissen – diese ganze Zeit, meine Gier nach Geld und Ansehen, ist für mich verlorene Zeit. Agnes, ich sehne mich immer mehr danach, für den Rest meines Lebens eine gute Zeit zu haben.» Der Dicke fasste mich bei den Schultern, sah mich mit einem fast irren Ausdruck an: «Ich glaube, ich muss jetzt handeln, Agnes, jetzt ist die Zeit gekommen.»

Wie redete er denn? Das war ja wie in der Kirche, wenn Häuffchen predigte! Der Dicke ging aber nie in die Kirche. Ich hatte tausendmal gebetet «… von nun an und für alle Zeit und in Ewigkeit. Amen.» Einmal, als Kind, hatte ich Großvater gefragt: «Großvater, was ist Ewigkeit, was ist Zeit?» Und Großvater hatte geantwortet, dass Zeit und Ewigkeit vielleicht wie der Sand seien, «der Sand, der dir durch die Finger rinnt. Oder die Uhr. Sooft die Uhr vom Kirchturm schlägt, sind wir eine Stunde älter, dem Tode näher, mit jedem Atemzug. Das ist Zeit und Ewigkeit, jeder Mensch hat seine eigene.»

Der Dicke wollte wissen, was ich denke. «Woran denkst du, an wen denkst du, sag es mir!»

Ich erklärte ihm, was Großvater mir über Zeit und Ewigkeit gesagt hatte, und der Dicke nickte lebhaft: «Genau das meine ich, Agnes, ich habe nicht mehr viel Zeit. In deiner Gegenwart fühle ich mich wohl, du bist der einzige Mensch in meiner Nähe, der ehrlich ist. Überleg dir meine Idee mit der Adoption, du hast Zeit genug, ich müsste alles in die Wege leiten, ohne dass es jemand erfährt. Und wenn du deine Prüfung bestanden hast, gehen wir weg von hier.»

Den letzten Satz sagte der Dicke langsam, genussvoll, als ließe er sich jedes Wort auf der Zunge zergehen.

Ich fasste es nicht. Abends, besonders an den blauen dunklen Abenden im Oberbergischen, wird ein Mensch leichter verrückt als am Tag. Der Dicke war verrückt, daran zweifelte ich nicht, aber mir selber traute ich auch nicht mehr. Da war ich mein ganzes Leben mit glühendem Kopf und rasendem Herzen hinter Leuten hergerannt, die mich adoptieren sollten – und nun saß da einer neben mir und bot es mir an, und ich wollte alles, aber das nicht.

20. KAPITEL

◆

Hört, ihr Herrn, und lasst euch sagen:
Hans-Werner fährt übers Meer
Mein Vater kommt und geht

Es war schon seit Monaten vorbereitet, und nun kamen die Festtage heran – Attenberg wurde 650 Jahre alt. Die Stadt war beflaggt, die alten Mauern und Wehrtürme als Kulissen errichtet, Eia, Mia und ich hatten schon vor längerer Zeit unsere Körpermaße schriftlich mitteilen müssen. Jetzt holten wir aus einer großen Kostümkammer ab, was wir in den nächsten Tagen anziehen sollten. Eia war ein Landsknecht mit Barett und Spieß, meine Schwester und ich Bürgertöchter in weiten Röcken, engen Miedern und seltsamen Hauben. Überall in Attenberg brannten Lagerfeuer, brieten die Landsknechte die von Metzger Ochel vorbereiteten Ferkel und Stücke vom Ochsen. Bei Bockemühlen Emma war das Hauptquartier der Landsknechte, Emma und Hildchen sahen großartig aus als Marketenderinnen. Der Nachtwächter zog mit Einbruch der Dunkelheit durch die Stadt, meldete jede Stunde: «Hört, ihr Herrn, und lasst euch sagen, unsere Glock' hat elf geschlagen. Der gute Bürger geht zur Ruh und deckt sein Eheweib schön zu!» Oder, zur Geisterstunde: «Hört, ihr Herrn, und lasst euch sagen, unsere Glock' hat zwölf geschlagen. Zwölf Uhr ruft die Stimm' der Zeit, Mensch, bedenk die Ewigkeit.»

Dieser Nachtwächter gefiel mir. Ich hätte ihn auch nach dem Stadtjubiläum gerne behalten. Die Nächte waren für mich immer noch Gespensterstunden, immer noch träumte ich, fuhr aus dem Schlaf mit klopfendem Herzen. Der Gedanke, dass da einer durch die Stadt geht und wacht und jede

Stunde seine Ansprache hält, beruhigt und tröstet, und man ist wieder einmal gerettet.

Gegen Ende der Feierlichkeiten wurde ein großer Zug zusammengestellt, der durch die Oberstadt lief, den Neuen Weg hinunter in die Unterstadt und zum Ohl. In der Oberstadt, auf der Bank vor Uhlmanns Haus, saß Martha und neben ihr der Höhö. Er hielt Marthas Hand und erklärte ihr eifrig, wer alles in den Kostümen steckte. Martha nickte dazu, sie schien fröhlicher geworden. Der neue Arzt, so hieß es, behandele Martha sorgfältig, er wolle ihr helfen, sich in ihrem Leben doch noch häuslich einzurichten, sie mache Fortschritte. Und der Höhö, der eiserne Junggeselle, in dem sein Kuss, der so viel Aufruhr nach sich zog, vielleicht immer noch nachbebte, Höhö hatte um Marthas Hand angehalten. Mit Blumen, wie es sich gehört. Der Uhlmann Paul wollte seine Schwester nicht verheiratet sehen, Schnelllöper sehr wohl. Derzeit schwelte der Streit zwischen den beiden. Martha und Höhö warteten ergeben, wer Sieger sein würde.

Auf der Höhe des Grafen von der Mark, vorne am Trottoir, sah ich meinen Vater. Er trug einen leichten hellen Anzug, einen eleganten Hut. Ich erkannte ihn sofort. Ich sah, dass er mich ansah, Mia und mich. Und Eia würde bald nach uns kommen. Ich fasste nach der Hand Mias, die neben mir ging, aber sie winkte gerade lebhaft Freunden zu, und da ließ ich es.

Am nächsten Tag rief mein Vater mich bei Ringsdorf an, und ich dachte an Helgas Versprechen, mich zu begleiten. Ich verabredete mich mit meinem Vater für den kommenden Sonntag in Köln. Am Dom, vor dem Excelsior, würde er auf mich warten.

Helga hatte Zeitungen mitgebracht für die Zugfahrt nach Köln. In einer waren viele Bilder der Hochzeit des Fürsten Rainier von Monaco und der amerikanischen Filmschauspielerin Grace Kelly, die als Fürstin Gracia Patricia heißen würde. Die Fürstin war wirklich auffallend schön, ihr Mann weniger. Dafür war Monaco herrlich, wir hatten es gesehen, Helga und ich, wir waren von Alassio aus mit zwei italienischen Jungen auf dem Motorroller hingefahren. Wenn man Fürstin von einem so herrlichen Land wird, von so viel Sonne und Meer, dann kann man über einen Ehemann hinwegsehen. Doch Helga sagte, sie habe gehört, dass Grace Kelly viel Geld mitgebracht habe nach Monaco, vom Baugeschäft ihres Vaters, ohne dieses Geld hätte sie nie Fürstin werden können. Was soll man dazu sagen. Ich war nervös, überhaupt nicht bereit, mir über Grace Kelly Gedanken zu machen. Helga sagte, wahrscheinlich, um mich aufzumuntern: «Na, freust du dich auf deinen Vater?»

Helga hatte gut reden. Ihr Leben lang war ihr Vater bei der Familie gewesen, nicht einmal in den Krieg hatte er gemusst, er war für die Leitung der Fabrik notwendig gewesen. Helgas Vater war immer für seine Tochter da, ich kannte ihn, er war vornehm, aber freundlich und nobel, glaube ich. Er schimpfte auch nicht mit Helga, weil sie sich in der Schule nicht anstrengen wollte. Vielleicht hatte er schon resigniert, begriffen, dass Helga grundsätzlich tat, was sie wollte. Wenn ich bei Ringsdorfs daheim war und ihren Vater antraf, strich er mir leicht übers Haar: «Du machst dich gut in der Firma, höre ich! Willst du nicht mit Helga gemeinsam lernen, damit sie auch die Prüfung besteht?»

Helga machte sich nach wie vor nichts aus Lernen. In der Berufsschule schrieb sie vor der Stunde noch rasch von mir ab. Es könnte leicht sein, dass sie durchfällt in der Prüfung. Ich verstand Helga nicht. Wenn ich mich umsah in der Villa Ringsdorf, wenn ich Helgas Mutter bedachte, Tochter des Schriftstellers Ludwig Ganghofer, ziemlich vornehm, glaube ich, dazu den einflussreichen Vater, dann fragte ich mich, ob ich nicht weitergekommen wäre, wenn ich auch meinen Vater bei mir gehabt, wenn ich von meiner Kindheit an seine Wärme, seine Fürsorge erlebt hätte.

Freute ich mich auf meinen Vater?

Ich sah ihn schon vom Bahnhofsvorplatz aus. Er stand vor dem *Excelsior*, und ich vergaß sofort, dass ich geglaubt hatte, er wäre mir inzwischen ein Fremder. Ich konnte mich zwar an das Gefühl der Fremdheit erinnern, aber mein Vater war mir nicht fremd. Ich hatte ihn lange nicht gesehen, eigentlich noch nie, aber schon in Attenberg hatte ich ihn sofort wieder erkannt. Wir blieben kurz voreinander stehen, dann zog er mich an beiden Händen zu sich, ich spürte seinen Mund überall auf meinem Gesicht. Wie konnte es sein, dass dies das erste Mal war?

Er war mir so nah wie mein Körper, mein Haar, meine Haut. Wir gingen wie Verliebte. Hohe Straße. Schildergasse. Orte meiner ersten kleinen Freiheiten. Wir hatten Zeit, Arm in Arm zu gehen, während in uns die Liebe in aller Ruhe ihre Arbeit tat.

Unser Leben würde mindestens noch ewig dauern. Wir würden diesen Reichtum nutzen, mein Vater, Eia, Mia und ich. Die bitteren Sehnsuchtszeiten waren vorbei

«Dass ich dich endlich bei mir habe!»

«Und ich dich!»

Vater sagte etwas von einer kleinen Operation, der er sich unterziehen müsse. «Leistenbruch. Ein unbedeutender Eingriff. Dauert nur ein paar Tage. Danach hole ich dich ab. Du sollst mein Haus sehen, meine Frau. Gertrud freut sich sehr auf dich.»

Am Hauptbahnhof kam mir Helga entgegen. In dem sonnenlosen Licht des späten Nachmittags konnte ich ihr Gesicht zunächst kaum erkennen. Doch dann schlug sie mit einer für sie typischen Gebärde nach einer Fliege und sagte: «Du siehst aus, als hättest du im Toto gewonnen.»

Stimmt! Und wie! Ich habe alles, was ich will. Ich habe einen Vater! Nichts habe ich erzählt, niemandem. Nur Eia und

Mia wissen es. Eia, der in Köln Maschinenbau studiert, sieht unseren Vater öfter. Ich werde wieder bei ihm sein, wenn er aus der Klinik kommt und ich aus Rotterdam zurück bin. Hans-Werner geht nämlich für ein Jahr nach Amerika. Jeder beneidet ihn, außer mir, die ich jetzt nicht wegwollte aus Deutschland, um keinen Preis! Hans-Werner ist auch nicht wirklich froh, er will mich nicht allein lassen mit dem Dicken. Wenn er wüsste, wie weit das alles hinter mir liegt! Der Dicke und Rosi haben mich eingeladen, nach Rotterdam mitzufahren. Wir wollen Hans-Werner aufs Schiff begleiten.

Wir fahren mit dem ersten Orangerot des Morgens los, frühstücken in Eindhoven. Dort haben sie kleine Perserteppiche auf den Tischen und machen wunderbar pappiges Porridge. Alles wird in schwerem Silber serviert, der Speck, die Eier, duftendes Brot. Der Dicke schickt Hans-Werner zum Telefonieren, und Rosi soll auf der Toilette ihr Lippenrot erneuern und die Haare ordnen, damit er mich fragen kann, ob er Schritte einleiten solle wegen der Adoption.

Doch da kommt Rosi schon wieder zurück, und wir reden über die Prostituierte Nitribitt, die vor wenigen Tagen ermordet wurde. In ihrer Frankfurter Luxuswohnung. Alle redeten davon. Vor allem Schnellöper konnte sich nicht einkriegen. «Eine Nutte! Im Mercedes Cabrio! Edelste Schneiderkostüme! Das musste ja so enden!»

«Sie hat eben den Hals nicht voll gekriegt», sagte der Dicke verächtlich, und auch Rosi meinte, es geschehe dieser Hure ganz recht. Schon der Name! Nitribitt!

Die Polizei suchte wie verrückt nach dem Mörder. Angeblich gab es noch keine Spur, eine ziemliche Blamage für die Polizei. Wo sie doch das Terminbuch der Nitribitt hatten. Aber über ihre Kunden wurde natürlich strengstes Stillschweigen bewahrt. Dafür hatten die Reichen aus der Wirtschaft und aus dem Adel ganz schnell gesorgt.

Mich interessierte Rosemarie Nitribitt wenig. Ich hätte

gern so einen Mercedes gehabt, so klasse Kostüme und Hüte, aber dauernd alte, reiche Kerle wie den Dicken – bloß nicht!!

Wir hatten noch Zeit bis zur Abfahrt des Schiffes, fuhren nach Schloss Doorn, wo unser letzter Kaiser so lange Holz gehackt hatte. Sogar den Holzklotz und das Beil wollte Rosi sehen, und es gab nicht viel, was mich weniger interessierte, aber ich dachte an meine Großmama Marie: «Mitgehangen, mitgefangen!»

Hans-Werner versuchte ständig, wenigstens einen Moment mit mir allein zu sein. Der Dicke wusste das zu verhindern. So ein aufdringlicher, alter Herr ist ziemlich unerträglich. Wie hatte ich den nur anziehend finden können! Aber ich war wiederum froh, denn der Abschiedsschmerz Hans-Werners, seine Sorgen um unsere Zukunft machten, dass ich mir nichts anderes wünschte, als mindestens hundert Jahre Ruhe vor Hans-Werner zu haben.

Wir standen auf dem großen Schiff. Die *New Amsterdam* bebte sanft unter unseren Füßen, ich dachte an Piet van der Meulen, der auf einem Segelschulschiff zur See fuhr. Er schrieb mir Briefe und Karten über das Leben an Bord. Hans-Werner durfte das nicht wissen. Ich dachte an das Schiffsunglück, das ganz Deutschland bewegt hatte. Die *Pamir* war untergegangen. Achtzig junge Seeleute im Atlantik ertrunken! Ich machte mir seitdem Sorgen um Piet. Wenn auch sein Schiff unterging? Seit Piet auf See war, dachte ich oft an ihn, er war mir viel näher als in Attenberg.

Plötzlich schluchzte Rosi neben mir laut auf. «Ich darf gar nicht an die *Pamir* denken! Am liebsten wäre mir, wenn Hans-Werner wieder mit zurückfahren würde!» Der Dicke rief grob, dass Rosi eine sentimentale, dusslige Kuh sei. «So ein Pott wie die *New Amsterdam*! Den kannst du doch nicht mit einem Schulschiff vergleichen!»

Seltsam, ich hatte keine Sekunde daran gedacht, dass die *New Amsterdam* mit Hans-Werner untergehen könne.

Das Schiff würde bald abfahren, wir mussten von Bord.

Hans-Werner klammerte sich an mich, der Dicke machte darüber Witze, und Rosi weinte. Unter dem Vorwand, ich müsse auf die Toilette, machte ich mich los und lief über das Deck, rannte eine Treppe herunter, lief wieder in eine andere Richtung, die WC-Schilder ignorierend. Ich wollte nur auf diesem riesigen Schiff stehen und eine Minute mit mir allein sein.

Ein älterer Herr stand neben mir. Er rauchte eine dünne Zigarre, sah mich von der Seite an.

«Reisen Sie auch nach New York?»

Eigentlich hatte ich nicht die geringste Lust zu reden. Aber der Fremde gefiel mir sofort. Er war alt, sogar ziemlich alt, glaube ich, aber er sah klug aus, irgendwie edel. Er sprach mit einem französischen Akzent. Auch das gefiel mir. Also antwortete ich ihm, dass ich meinen Freund hierher begleitet hätte. «Er reist in die Staaten. Für ein Jahr.»

Er sah mich an, lächelte liebenswürdig.

«Sind Sie traurig?»

Ich dachte, es sei angemessen, traurig zu sein. Und ein wenig war ich es ja auch. Darum bejahte ich seine Frage. Doch er war damit nicht zufrieden. Er schüttelte sanft den Kopf.

«Sie sollten nicht nur einen Freund haben. Es sollten mindestens fünf sein. Und die müssten Sie gegeneinander ausspielen!»

Verwirrt lief ich zurück. Sicher kam dieser Mann aus Frankreich. Dort mussten die Mädchen vielleicht nicht so unabdingbar ihren Eltern gehorchen. Dort durften sie sicher mindestens fünf Freunde haben und nicht nur einen, den sie dann nach sieben Jahren Miteinandergehen heiraten mussten. Warum war ich nicht in Frankreich geboren?

Aber ich war guter Dinge. Ich hatte ja meinen Vater. Ihn konnte ich fragen, er würde mir sagen, was richtig war. Schon jetzt wurde mir bewusst, dass ich bei allem, was ich tat, mich fragte, wie er an meiner Stelle handeln würde. Wie würde er beurteilen, was ich bisher gemacht hatte? Ich spürte eine völlig neue Sicherheit. Die Sicherheit, dass mein Vater da war.

Wieder in Attenberg, holte Ebsi mich vom Büro ab – «komm schon, gib mir einen Kuss, sieht doch niemand» –, und seine selbstbewusste Frechheit gefiel mir aufs Neue.

Ebsi war erfreut, dass Hans-Werner für ein Jahr «von der Straße weg» war, wie er das ausdrückte. «Der hat dich ja förmlich bewacht!» Ebsi wollte wissen, was im Büro los gewesen war und ob ich Angst vor der Prüfung hätte. Es war gut, mit Ebsi den Neuen Weg hinaufzugehen, ich genoss es bewusst. Dieses Jahr verstreicht nicht so einfach wie die anderen vorher, das garantierte ich mir. Vor allem musste ich die Prüfung gut bestehen, eine ziemliche Befreiung, glaube ich. Ich wollte künftig jeden Augenblick besitzen, jeden Ton hören vom Lärm des Lebens. Ich hatte das Gefühl, als bekäme ich Flügel, vielleicht fühlte sich so ein Schmetterling, der ausschlüpft.

Vor unserem Haus rief Ebsi mir zum Abschied noch zu, ob ich morgen mitkäme nach Köln in Omas Schnapshaus, er feiere da seinen Geburtstag. Ich sagte: «Ja, Ebsi, ganz sicher!», und ging durch die dunkle Kühle unseres Flurs die Treppe hinauf zum Essen. Als ich eintrat, stand meine Mutter neben Friedrich am Buffet. Es schien mir, sie ständen näher beieinander als sonst. Meine Mutter sagte: «Du – Agnes –», doch dann brach sie ab, reichte mir einen Brief, weiß mit schwarzem Rand. Wer war von unserer zahlreichen Verwandtschaft gestorben? Wenig neugierig öffnete ich den Brief, doch dann, plötzlich halb blind und am Ersticken, las ich: – *Michael Hans Ruge – plötzlich und unerwartet –*

Ich sah auf die Buchstaben, ich sah wie durch Nebel Mutter, die einen Schritt auf mich zu machte, doch Friedrich hielt sie zurück. Verschwommen dachte ich, dass sie mir nichts anmerken sollten. Nichts.

Mit dem kühlen Brief in der Hand stand ich in unserem dunklen Flur. Ich hörte, wie die Zeit verging, ich hörte sie in meinem Ohr rauschen.

Historische Unterhaltung bei rororo:
Große Liebe, unvergleichliche Schicksale, fremde Welten

Charlotte Link
Wenn die Liebe nicht endet
Roman 3-499-23232-4
Bayern im Dreißigjährigen Krieg: Charlotte Links großer Roman einer Frau, die ihr Schicksal selbst in die Hand nimmt.

Charlotte Link
Cromwells Traum oder
Die schöne Helena
Roman 3-499-23015-1

Magdalena Lasala
Die Schmetterlinge von Córdoba
Roman 3-499-23257-X
Ein Schmöker inmitten der orientalischen Atmosphäre aus 1001 Nacht.

Fidelis Morgan
Die Alchemie der Wünsche
Roman 3-499-23337-1
Liebe, Verbrechen und die geheime Kunst der Magier im England des 17. Jahrhunderts.

Daniel Picouly
Der Leopardenjunge
Roman 3-499-23262-6
Das große Geheimnis der Marie Antoinette. Ein historischer Thriller voller Charme und Esprit.

Edith Beleites
Die Hebamme von Glückstadt
Roman
Das Schickal einer jungen Hebamme im Kampf gegen Angst und Vorurteile.

3-499-22674-X